정보해석학의 전망

윤 병 렬 지음

정보해석학의 전망

윤 병 렬 지음

철학과현실사

머리말

오늘날 정보사회의 출현을 '제3의 물결'로 파악하고 이를 인류 문명사에서 획기적이고 새로운 기원으로 보는 이(앨빈 토플러)가 있는가 하면, 또 다른 이(존 나이스비트)는 '대변혁(megatrends)'이라고 하여 그 변화의 강도를 더욱 강조하고 있다. 그러나 그렇다고 정보사회가 이때까지의 모든 사회유형과 단절된, 인류문명사에서 전혀 생소하거나 다른 유형의 사회라고 항변할 필요는 없다. 그것은 어떤 유형의 사회이든 다름 아닌 인류가 연속적으로 삶을 영위하면서 탄생시킨 사회이기 때문이다.

물론 정보사회와 정보화시대 및 현대의 정보문화가 새롭게 열고 밝힌 특수하고도 획기적인 세계상이 확고하게 존재하고 있음은 부인할 수 없을 것이다. 필자는 이런 새로운 세계상과 시대상을 고려하여 정보해석학이 오늘날 우리의 학문분야와 사회에 절실히 요구됨을 인식하고서 『정보해석학의 전망』을 집필해 보았다. 흔히들 학자들은 "과학기술문명의 발전에 학문이든 정책이든 항상 뒤떨어진다."는 사실을 토로하곤 한다. 우리의 정보해석학도 엄밀히 말하면 정보통신기술이나 정보통신의 문명에 결코 앞선 것이 아니라, 여기에 부응하고 병행하여 혹은 뒤따라 탄생되었다고 보는 것이 온당할 것이다.

분명한 것은 현대의 변화된 정보사회와 정보문화 및 정보화의 시대에 '고전해석학'만으로 이런 시대와 사회에 감당하겠다는 것은 오히려 불성실하고 무책임한 태도로 보인다. "철학은 시대의 아들이다."라는 헤겔의 역설을 견주어 봐도 정보해석학이 절실할 뿐만 아니라 활성화되고 또 활발하게 논의되어, 이 시대와 사회에 하나의 이정표의 역할을 담당해야 한다고 여겨진다.

고전해석학의 역사는 참으로 오래되었다. '해석학'으로 번역되는 '헤르메노이티케(hermeneutike)'가 플라톤의 대화록에서 언급되고 테마화된 데에서 시작하여 철학의 영역뿐만 아니라 문학, 법률, 신학 등 여러 방면에서 확고한 분야로 자리 잡게 되었던 것이다. 그러기에 해석학은 인류의 소중한 철학적 유산이라고 할 수 있다. 플라톤은 그의 『법률후편(*Epinomis*)』에서 여러 가지 '기술적인 앎(techne)' 중에서 특별히 신들의 뜻을 묻고 해석하는 기술적인 앎을 '해석학'이라고 했는데, 이런 전문적인 영역을 담당하는 자를 '해석자' 또는 '통역자'라고 칭했다. 이 해석자는 신의 사자(使者)인 헤르메스(Hermes)처럼 신의 뜻을 이해하고 해석하여 이를 사람들에게 전달해 주는 매개자의 역할을 담당한 것이다.

또한 해석학(hermeneutike)의 동사형은 헤르메노이에인(hermeneuein)으로서 '해석하다', '전하다', '선포하다', '밝히다', '해명하다', '통역하다' 등으로 번역되는데, 이는 해석학에 입문한 사람에겐 친숙한 용어들이다. 이 용어들은 동시에 해석학의 영역이 광범위하다는 것을 시사하고 있다. 고대 그리스의 해석학은 철학의 영역뿐만 아니라 여러 다른 분야에서도 끊임없이 발전되어 왔는데, 중세와 근세를 거쳐 19세기에는 슐라이어마허라든지 딜타이와 같은 뛰어난 해석학자가 등장하였고, 또 이런 해석학의 흐름은 20세기 후반의 하이데거와 가다머에 이르기까지 대단한 역사를 이루게 되었다. 물론 이때 저명한 해석학자들이 '고전해석학'의 차원에만 머물지 않고 자신들의 사상에 적합한 새로운 차원의 해석학을 탄생시킨 것은 주지의 사실이다.

그런데 필자는 정보해석학을 저런 고전해석학과 마치 전적으로 다른 분야인 것처럼, 혹은 양자가 전혀 무관한 것으로 볼 필요는 없다고 본다. 정보해석학도 해석학인 만큼 고전해석학과도 장(章)을 함께하는 면이 분명히 있고, 또 수행하는 학술적 성격이 서로 유사한 데가 있기 때문이다. 물론 정보해석학의 테마와 특수성이 독특하고, 많은 영역에서 고전해석학과는 다른 문제와 과제들이 있음을 간과해서는 안 된다.

오늘날 우리가 살고 있는 시대가 정보화시대이고, 이런 정보사회에서 정보문화를 꽃피우고 있다는 것은 주지의 사실이다. 더욱이 정보화시대, 정보사회 및 정보문화가 바탕이 된 시대적 흐름이 전 지구적 현상으로 정착되었기에, 정보해석학의 태동과 활성화는 당연한 귀결로 여겨진다. 이런 시대적 흐름을 주시하는 이들에게 이 책의 일독을 권하고 싶다. 끝으로 '인문학의 위기' 시대에도 굴하지 않고, 또 경제적 수익이 보장되지 않는 어려운 가운데서도 이 땅에서 철학의 지평 확대를 위해 애쓰시는 철학과현실사 여러분께 감사드린다.

2007년 12월
수리산을 바라보면서
윤 병 렬

차 례

1 장
서 문

오늘날 정보사회와 매체문화에 대해, 그리고 이러한 정보사회와 매체문화에 의한 인류의 미래에 대해 지식인들은 상반된 두 가지 입장을 보이고 있다. 그것은 정보사회와 매체문화를 마치 인류에게 구원이라도 되는 것처럼 '새로운 유토피아(utopia)'로 여기는 것과 또 한편 이와 상반되게 정보사회와 매체문화가 마치 원죄라도 되는 것처럼 '암울한 디스토피아(dystopia)'로 보는 태도이다. 전자는 매체문화가 오직 긍정적인 의미만을 갖는다는 태도이고, 후자는 이와 반대로 오직 무의미하고 무가치한 것만 양산한다는 태도이다. 전자는 '급진적 매체문화론'의 양상으로, 또 후자는 매체문화에 대한 허무주의의 양상으로 드러난다.

물론 이들의 입장들은 전혀 근거가 없는 단순한 견해가 아니라 미래를 바라보는 혜안에서 나온 것으로 곰곰이 곱씹어보면 설득력 있는 면모를 많이 갖추고 있는 것으로 여겨진다. 그러나 정보사회와 매체문화가 우리의 생활세계와도 밀접한 관계에 놓여 있을 뿐만 아니라 인류의 미래와도 연계되기에, 이들 양쪽의 입장 중에서 어느 한 쪽으로 기울어서는 바람직하지 않다고 생각된다. 물론 그렇다고 단순한 맹목적인 중립의 태도를 취하거나 방관자의 태도로 일관해선 더더욱 안 된다고 생각된다.

유토피아로 보는 것이 금물인 것은 오늘날 매체문화에서 많은 부정적이고 부도덕한 양상들이 발생하는 것이 자명하게 되었기 때문이고(인류에게 해악이 되는 경우도 분명히 존재한다), 또 이와 반대로 단순히 디스토피아로 볼 수 없는 것은 매체문화가 이미 인류를 지배해 가고 있는 이데올로기로 자리 잡은 데에 있고, 누구도 그 흐름을 막지 못하는 현재진행형이기 때문일 뿐만 아니라 분명히 긍정적인 기여를 하는 부분이 있기 때문이다. 현대인에게 매체의 역할을 하는 각종 기계들(텔레비전, 컴퓨터, 이동통신기기, 각종 영상매체와 음향기기 등)이 단순한 도구가 아니라, 신체의 연장물과도 같은 위치에 있다는 것을 부인할 자는 아마 없을 것이다.

미디어 학자 볼츠(Norbert Bolz)는 오늘날 정보사회의 도래를 획기적인 신기원으로 파악하고 컴퓨터와 전자 미디어들이 구텐베르크-은하계(Gutenberg-Galaxis)라고 부르는 한 세계의 종말을 재촉하고 있다고 본다.[1] 그러면서 "오늘날 우리의 사회적 체계들의 기능 작용을 이해하기 위해서라면, 소프트웨어에 관한 지식들이 정치경제학의 고전들에 대한 독서보다 유용하다."[2]고까지 선언한다.

'구텐베르크-은하계'의 종말을 선언한다거나 오늘날 정보사회의

---

1) N. 볼츠(윤종석 옮김), 『구텐베르크-은하계의 끝에서』, 문학과지성사, 2000, 14쪽.

2) 앞의 책, 14쪽.

현대인이 "근세를 선도해 온 책이라는 미디어와 단절하고 새로운 커뮤니케이션 상황 속에서 생활하고 있다."는 볼츠의 표현들은 다소 과격한 표현임에는 틀림없지만, 현대의 정보사회와 매체문화가 새로운 유형의 사회라는 것을 인정하는 데에는 의심의 여지가 없다. 그러나 이러한 사회가 곧 인류가 걸어온 이전의 모든 유형과는 다른, 어떤 획기적인 유토피아인지, 혹은 그 반대자들의 말대로 '암울한 디스토피아'인지는 속단할 수 없다고 본다.

그러나 모든 학문의 존재근거가 인간을 위해서인 것처럼 모든 매체와 정보통신기술 또한 예외가 아니다. 인간을 해치는 것은—그것이 어떤 학문이든 혹은 과학기술이든— 존재근거를 상실한다. 정보사회와 매체문화는 유토피아나 디스토피아라고 규명하기 이전에 가치중립적인 상태를 견지하고 있다. 그러나 인간주체들이 어떻게 하느냐에 따라 유토피아도 될 수 있고 또 디스토피아도 될 수 있는, 말하자면 약이 되기도 하고 또 독이 될 수도 있는 '파르마콘(Pharmakon)'인 것이다.

우리는 정보사회를 일구어나가는 각종 정보통신기기와 매체들을 '바보상자'로도 또 보물상자로도 취급할 필요가 없다. 매체는 그 자체로는 보물상자도 아니고 또 판도라의 상자도 아니기 때문이다. 그러나 이를 지배하는 인간의 태도에 따라 보물상자로도 또 판도라의 상자로도 될 수 있다. '의미의 상실'과 '의미의 파괴' 및 '의미의 함열(implosion of meaning)'과 '의미의 죽음'이 매체문화에 깔려 있는 현상을 장 보드리야르는 예리하게 관찰하고, 또 니힐리즘적인 진단을 한 마르틴 하이데거 또한 인류의 미래를 위한 예지적 시각임에 틀림없기에, 우리에게 깊이 와 닿는 부분이 많을 뿐만 아니라 우리가 의미를 상실하고 무의미의 세계로 전락하지 않기 위한 훌륭한 경고장으로 받아들일 필요가 있다고 여겨진다.

그렇지만 의미구성과 의미생산은 정보사회와 매체문화에서도 결코 불가능한 것은 아니며, 이런 바탕에서 정보해석학 또한 의미가 있는 것이다. 또 그렇게 함으로써 정보사회와 인류의 미래가 유의미하다는 것을 밝히는 것이 이 책의 주된 목적이다.

문명의 발달로 인해 매체문화가 급속도로 발전하고 있다. 또한 다양한 매체들의 활성화로 인해 새로운 문화양식도 등장하고 있다. 이러한 변화에 맞추어 학문적 연구도 이들 문화 및 문명의 세계와 궤를 함께 하는 것이 사실이다. 이러한 새로운 매체들을 중심으로 한 매체문화에 대한 포괄적인 인문학적 접근은 '정보해석학'이라고 할 수 있다. 문자와 이 문자의 인쇄 및 텍스트(text)를 기준으로 하는 기존의 해석학에서 다양한 매체와 정보 및 하이퍼텍스트(hypertext) 등을 중심으로 하는 '정보해석학'으로의 지평확대는 우리 시대의 학문적이고 사회적인 요청이라고 하지 않을 수 없다. 오늘날 인류는 책이나 신문 및 잡지 등에만 의존하던 종래의 문화생활에서 벗어나 텔레비전이나 인터넷, 각종 통신장비 등 특수하고 다양한 매체문화를 접하고 있다. 그에 따른 해석학이 전통적 텍스트 중심에서 하이퍼텍스트를 중심으로 하는 정보해석학으로 영역을 확대하는 것은 필연적 귀결이다.

그런데 우리는 매체들의 발달을 단순히 문명의 혜택이라는 범주에서 안주할 수만은 없으므로 이들의 세계를 문화적인 공간과 연결시키는 일은 지극히 당연한 귀결이라고 할 수 있다. 그래서 실제로 저러한 다양한 매체들을 중심으로 새로운 양식의 문화들이 활성화되고 있는 실정이다. 이런 맥락에서 정보해석학은 매체문화에 의미와 방향성을 제공하고 인간과 이들 문화 및 문명 사이의 관계며 올바른 활용에 대해서도 길라잡이 역할을 수행한다. 매체문명의 발달속도에 문화가 미치지 못해 아무렇게나 굴러가게 내버려둘 수도 없을 뿐만 아니라, 또 실제로 세계 각국에서도 이에 따른 노력을 게을리 하지 않고 있다. 따라서 이런 맥락에서도 매체문화에 의미와 방향성을 제공하는 정보해석학이 시급히 정상 궤도에 올라야 하는 것이다.

또한 현대인은 스스로 매체문화에 의미를 부여하고 이를 체계화하기 위해 정보해석학과 같은 학문의 분야를 찾고 있다. 이런 맥락에서도 정보해석학의 체계적인 정립은 적극적으로 필요하며, 또한 나아가 선진문화를 향한 외국과의 경쟁에서도 필수적이어서 앞으로 문화산업의 육성에도 기여할 것으로 생각된다. 따라서 이러한 학문적 노력은 학문의 분야뿐만 아니라, 건전한 매체문화의 정립에도 근간을 이룰 수 있을 것으로 여겨진다.

이제 해석학은 인문학적인 텍스트에만 의존하는 것이 아니라, 여러 가지 다양한 매체와 표현인문학을 바탕으로 정보해석학을 꽃피울 수 있게 되었다. 따라서 해석학은 아카데미의 학문적 영역에만 갇혀 있는 데에서 벗어나, 사회의 구체적이고 현실적인 삶의 영역으로 그 시각을 확장한다. 급변하는 정보사회와 매체문화를 통해 정보해석학의 영역은 더욱 확대되고 또 활성화되어 가고 있다.

철학의 여러 분야들은 매체에 대해 논의하고 또 탐구할 수 있다. 철학적 탐구의 대상이 되지 않는 것은 없기 때문이다. 그 중에서 해석학의 방면에서는 더욱 적절하게 접근할 수 있다. 해석학은 물론 그리스어의 '헤르메노이에인(hermeneuein)'에 뿌리를 두고 있다. 그러나 오늘날 정보사회에서의 정보해석학은 그때처럼 고매한 개념을 그대로 쓰기보다는 이 개념의 응용 내지는 변형을 필요로 한다. 고대 그리스에서의 '해석학(hermeneutike)'은 신의 뜻을 인간의 언어로 풀어내는 기술이었으며 이해할 수 없는 언어의 의미를 쉽게 풀어낸다는 뜻을 갖고 있다. 그래서 이 '해석'의 개념은 신의 뜻을 풀어서 인간에게 전해 주는 헤르메스(Hermes) 신에 그 어원이 있다는 것이다.

그러나 '**정보해석학**'에서의 '해석'은 앞에서와 같은 신의 뜻이나 신탁의 언어 대신에 매체[3]와 정보, 매체의 매개에 의한 커뮤니케이션과 정보사회에 관한 것이고 또 이 매체에 등장하는 여러 가지 기호언어와 상징어들도 그 영역에 포함된다.[4] 그러기에 해석과 이해 및 의미의 문제는 여전히 고대에서부터 현대에 이르기까지 일관된 해석학의 테마이다.

이 책은 정보해석학과 정보문화의 토대형성에 관계되는 주체와 의미구성의 문제를 중요한 과제로 다룬다. 정보해석학엔 기존 철학분야에서의 해석학 못지않게 '주체'와 '이해' 및 '의미'의 문제가 중요한 과제로 나타난다. 포스트모던은 바로 이런 해석학의 주요 테마인 '주체'와 '의미'를 비판하고 해체하는 편이지만, 정보해석학에서는 이들 테마가 더더욱 긴요하고 요청되는 실태이다. 해

---

3) 우리는 매체의 개념을 오늘날 일반적으로 통용되는 것, 즉 대중매체나 기술매체에 국한시키고 맥루한의 포괄적인 개념에까지 연장하지는 않는다. 맥루한의 매체규명은 수(數)와 의복, 주택과 돈, 놀이, 심지어는 인간의 신체와 감각기관, 사랑, 권력과 제도, 시간과 공간 등도 포함시킨다(이기현, 「매체의 신화, 매체의 야만」, 김상환 외, 『매체의 철학』, 나남출판, 1998, 409쪽 참조).

4) 매체해석학은 저명한 해석학자들이 고심하고 탐구한 주된 테마와도 관련지을 수 있다. 이를테면 '보편적 이해의 기술'을 중심으로 하는 슐라이어마허의 해석학과 철학적 지평을 확대한 가다머의 해석학은 매체해석학을 해석학의 지평 안으로 끌어오며, 딜타이의 '삶의 해석학'과 하이데거의 '현존재 해석학'은 말할 것도 없이 매체와 정보(사회)의 구조 속에서 살아가는 현대인의 삶을 그 해석학적 테마의 중심에 놓을 수 있을 것이다. 이 외에도 하버마스와 아도르노며 또 최근의 보드리야르에게서 엿볼 수 있는 비판적 해석학도 매체해석을 중심 테마로 삼고 있다.

석학과 정보해석학에서의 주요 테마가 되는 '주체'와 '의미' 및 '이해'와 실재의 문제가 포스트모던적인 매체관의 지배를 받을 경우 하이퍼텍스트로 규명되는 매체문화가 무질서로 전락될 위험에 처하게 된다. 그것은 무엇보다도 하이퍼텍스트의 특성상 주체와 의미의 문제가 불명확함에 따라 그 책임소여의 문제뿐만 아니라 갖가지 혼란이 야기되기 때문이다.

오늘날 인터넷의 '정보바다'에 주체은닉에 의한 익명의 유령적 자아들이 무차별의 '욕티즌'과 '섹티즌'으로 변하여 벌떼처럼 인신공격을 자행하고 홈페이지를 다운시키는 등 인터넷 문화를 저질로 만들어가는 데에도 그 악영향이 잘 드러난다. '네티켓'(인터넷 에티켓)의 문제는 날로 심각해져 가고, 이로 인해 문명의 혜택에 심각한 오점을 남기는 결과가 벌어지고 있는 실정이다(인터넷 문화의 바이러스라고 할까). 따라서 해석학에서의 주요 관건인 '주체'와 '이해' 및 '의미'의 문제를 포스트모던의 유행철학에 떠밀려 외면할 것이 아니라, 이를 면밀히 검토하고 판단하는 것도 정보해석학에서 절실한 과제로 여겨지고, 또 나아가 이들을 정보사회 및 매체문화와 결속시킴으로써 바람직한 정보사회의 발전을 가져와야 할 것이다. 이러한 측면들을 고려할 때 이 책은 하이퍼텍스트 문화에서 바람직한 이정표의 역할을 하리라 의심치 않는다.

이제 우리는 다시금 자신의 정체성과 확실성을 구해야 하는 처지에 놓여 있다. 이토록 일그러진 시대엔 주체의 확실성과 의미구성, 나아가 상호주관성과 상호문화성 등 이러한 과제에 부응하는 후설 현상학이 요청된다고 여겨진다. 말할 것도 없이 오늘날의 정보해석학과 매체문화에서도 현상학적 모델은 당연히 그리고 긴급하게 요청되는 바이다. 우리는 정보해석학과 매체문화의 측면에서 또한 후설 현상학의 측면에서 주체의 복권과 의미구성 및 의미생산의 문제를 심도 있게 논의한다. 이 외에도 탈근대 이후의 주체 회복에 심혈을 기울인 칼빈 슈라그의 논의를 덧붙이며, 특히 정보 해석학과 매체문화에 긴요한 그의 '담론적 자아'와 '행동적 자아' 및 '공동체적 자아'를 부각시킨다.

이 책을 쓰는 데에는 많은 철학자들의 논의가 도움이 되었다. 의미의 상실에 대한 문제며 실재와 시뮬라크르(가상물)의 문제에 천착한 보드리야르, 탈근대 이후 주체(의미구성의 당사자로서)의 복권문제에 심혈을 기울인 칼빈 슈라그, 적극적인 의미구성에 토대적 사유를 제공한 후설과 하이데거, 정보사회와 매체문화를 되도록 좌우로 치우치지 않은 견지에서 바라보고 또 되도록 철학의 깊은 영역과 연결을 시도한 마이클 하임 등이 대표적인 협력자였다.

최근에 프랑스의 철학자 보드리야르는 매체문화에 대한 비판을 통해서 오늘날 현대인이 삶을 영위하는 도처에 '의미의 함열'현상이 심각할 정도로 일어나고 있다고 경고한다.[5)] 시뮬라크르(simulacres)가 실재의 세계를 지배하고 대신하는 시대에 인간은 혼란을 거듭하고 방향감각을 잃으며 가치관의 전도현상을 일으킨다. 또 '정보의 홍수시대'에 정보의 과다 인플레이션 현상에서 의미의 디플레이션 현상이 일어나는 현상을 보드리야르는 예리하게 지적한다.

이러한 보드리야르의 지적은 정보해석학에서 주체문제와 의미 물음이 주요 과제로 드러남을 명백히 보여준다. 오늘날 기술문명과 대중매체문화가 지배하는 세계에서 주객전도현상은 너무도 빈번히 일어나며 인간의 존재의미는 성찰할 여유도 또 들여다 볼 시

5) 장 보드리야르(하태환 옮김), 『시뮬라시옹』, 민음사, 2004, 143쪽 이하, 「매체 속에서 의미의 함열」 참조.

간도 없다. 그만큼 현대인은 외부세계에만 쏠려 있으며, 인간 개개인의 존재의미의 중량에 대해선 묻지도 않는 실정이다. 그래서 개개의 인간은 스스로 의미를 생산하는 일에 자꾸만 둔하고 무능해져 가고 있으며, 그 대신 캡슐화된 거대문화에 휩쓸려가는 실정이다. 부도덕하고 혼란스러운 사회와 걷잡을 수 없는 방향으로 달아나는 정보사회와 대중문화는 역으로 인간주체와 삶의 의미를 긴요한 과제로 부각시킨다.

끝도 없는 무의미한 정치 논쟁거리, 죽도록 심취하는, 혹은 심취해 봐도 별반 변화도 없는 경제문제, 걷잡을 수 없는 방향으로 달아나는 일반사회와 대중문화, 방송, 신문, 연예, 스포츠 등 사회의 거대 흐름과 대중문화만 주요 이슈로 등장하고, 반면에 인간의 실존적 삶과 존재의미 등은 아무런 이슈가 되지 않기에 현대인에게서 삶의 의미는 일그러져 있다. 부도덕하고 혼란스러운 사회와 걷잡을 수 없는 방향으로 달아나는 정보사회와 대중문화는 실로 인간주체와 삶의 의미를 긴요한 과제로 부각시킨다.

그리하여 이 책은 주체의미의 복권과 의미의 제반 문제(의미구성, 의미생산, 의미창조 등)를 정보해석학의 중요한 과제로 보고, 그 해결책을 파악하는 데 주안점을 둔다. 매체는 정보해석학이라는 채널을 통해 그 부정적인 요인이 제거되고 인류에게 의미생산의 도구역할을 수행해야 한다는 것이 이 책의 강조점이다.

논의의 전개과정은 우선 정보해석학의 주요 토대가 되는 정보사회와 과학기술문명, 인터넷을 비롯한 각종 매체문화 등을 다루고, 두 번째 단계로는 정보해석학과 해체론과의 대화 및 대결을, 세 번째 단계로는 보드리야르가 주로 천착한 정보사회와 매체문화에서의 의미상실현상을, 네 번째 단계로는 의미구성의 당사자인 주체문제를, 마지막으로 적극적인 의미구성의 문제를 다룬다.

2 장
정보사회와 인간

1. 정보사회와 과학기술문명

정보해석학은 정보사회와 과학기술문명, 인터넷을 비롯한 각종 매체문화 등을 기반으로 하므로, 우선 이러한 영역을 파악하는 것이 주요 과제로 여겨진다. 정보사회를 '제3의 물결'로 파악하고서 이를 긴 인류역사의 흐름 가운데 획기적이고 새로운 기원으로 본 미래학자 토플러(Alvin Toffler)의 규명은 이미 잘 알려져 있다.[1] 컴퓨터와 정보통신 및 전자공학 분야가 중심적인 위치를 점하게 되는 '제3의 물결' 시대에는 산업사회에서의 특징인 규격화와 전문화, 집중화와 동시화, 극대화 등의 유형에서 벗어나 탈규격화와

1) 토플러는 인류의 역사에서 약 1만 년 전의 농업으로 시작한 출발을 '제1의 물결'로, 또 산업혁명으로 시작한 산업사회를 '제2의 물결'로 규명하고, 이에 비하여 오늘날의 정보사회를 '제3의 물결'로 파악하여 인류의 기원적인 발전사를 분류하고 있다.

다양화, 탈전문화와 탈동시화, 탈집중화와 탈극대화 및 분권화와 같은 특징을 지닌 정보사회가 도래한다고 내다보았다.

또 이와 유사하게 나이스비트(John Naisbitt)도 정보사회에서 두드러진 변화를 보인 과학기술의 발전에 따른 사회체계의 이행을 '대변혁(megatrends)'이라고 규명하였는데, 그 '대변혁'의 내용으로는 기존의 산업사회에서 정보사회로, 강제적인 규격화의 기술에서 하이테크 및 하이터치로, 국가경제에서 세계경제로, 중앙집권화에서 분권화로, 수직사회에서 네트워크 형태의 수평사회로, 대의민주주의에서 참여민주주의로 등과 같은 것들이다. 나이스비트는 이러한 '대변혁'을 전제로 인류는 앞으로 개개인의 의식발달에 더욱 집중할 수 있는 탈공업사회에서 살게 될 것이라고 내다보았다.[2)]

토플러나 나이스비트처럼 세계사의 기원 구분적 차원에서 접근하지는 않지만, 마이클 하임(Michael Heim)은 정보사회에 의한 변화된 현대사회의 실상을 적절하게 드러내고 있다:

"모든 시대에는 그 시대만의 애정행각이 있기 마련이며 그 시대를 특징짓는 정념과 열의가 있기 마련이다. 피라미드나 성당 건물이 우리 시대를 대표하지 못하며 쇼핑몰이 영속하지도 않을 것이다. 우리 시대는 믿음이나 이성의 시대가 아니라 정보의 시대이다. 플라톤이 상기시켜 주듯 광기란 양면적인 것이다. 그것은 신성한 것일 수도 있고 비정상적인 상태일 수도 있으며, 영감에 찬 상태일 수도, 마약에 중독된 상태일 수도 있다. 연인들, 발명가들, 예술가들은 모두 광적인 상태에 있으며 컴퓨터에 열광하는 사람들도 마찬가지다. 정보광들에게 워드프로세서는 단순한 도구가 아

2) J. Naisbitt, *Megatrends*, Warner Books: New York, 1982.

니다."[3]

과연 토플러에게서 정보사회가 산업사회와 현저하게 분리될 수 있는지, 또한 나이스비트에게서 우리 인류가 탈공업사회에서 살게 될 것인지에 대해선 다소 신뢰되지 않는 부분이 있지만, 정보사회가 새롭고 지배적인 현대사회를 구성하고 있는 현상을 부인하기는 어렵다. 더욱 경각심을 불러일으키는 것은 현대의 정보사회 내에서도 그 변화의 폭이 심하기에 기든스(Anthony Giddens)는 현대사회를 일컬어 '질주하는 세계'로 보는데, 이러한 규명은 온당하게 보인다.[4]

반도체 메모리의 기술발전(디스켓에서 CD와 USB 메모리로)이나 정보통신기기의 발전(각종 소형 전자기기에서 핸드폰, LCD 등의 기술) 및 정밀한 디지털 기술과 세밀한 나노기술에 이르기까지 기술발전의 변화속도는 엄청나다. 이러한 변화의 속도 때문에 사회적 갈등이 야기되기도 하는데, 이를테면 '아날로그 세대'와 '디지털 세대'와 같은 용어들은 그러한 예를 보여주고 있다. '지배적인 매체'인 컴퓨터와 인터넷, 각종 정보통신기기, 기존의 중요한 매체들인 신문과 텔레비전 등은 정보사회를 형성하는 주요 요인들이고 현대인은 이러한 정보사회의 주요 요인들로부터 (원하건 원치 않건) 벗어나기가 어렵다.

현대인에게 매체의 역할을 하는 각종 기계들(텔레비전, 컴퓨터, 이동통신기기, 각종 영상매체와 음향기기 등)은 이제 단순한 도구가 아니라, 신체의 연장물과도 같고 하나의 대용 세계와 같은 구

---

3) 마이클 하임(여명숙 옮김), 『가상현실의 철학적 의미』, 책세상, 2001, 39쪽.

4) 앤서니 기든스(권기돈 옮김), 『현대성과 자아정체성. 후기 현대의 자아와 사회』, 새물결, 1997, 58-66쪽 참조.

실을 하고 있다는 사실은 이미 앞에서 지적한 바 있다. 그렇다면 종래의 인간본질 규명만으로 정보사회에서의 인간을 다 이해할 수는 없다. 그것은 정보사회에서의 인간이 기계와 정보매체와의 내재적 공속성과 상호의존성 및 상호규정성과 상호보완성을 전제하지 않을 수 없기 때문이다. 특히 현대인은 컴퓨터와 더불어 살아가는 실정이고, 여기서 그는 글쓰기와 의사소통, 정보통신, 은행거래, 쇼핑, 공부, 음악과 미술 등 예술 활동을 비롯하여 각종 취미 활동과 직업 활동까지 수행하는 실태이다.

더욱이 현대인의 생활에서 효율성이나 속도, 통신망 등은 중요한 요건이기에, 현대인은 자신의 생활리듬을 의식적, 무의식적으로 컴퓨터의 처리속도에 맞추는 경향이 있을 정도이다. 현대인과 컴퓨터의 밀착관계를 마이클 하임은 다음과 같이 규명하고 있다: "컴퓨터 기술은 우리의 사고 처리에 너무나 유연하고 융통성 있게 들어맞기 때문에 우리는 곧 그것이 외부적인 도구라는 생각을 덜하게 될 것이고, 제2의 피부나 심적인 인공 보철물처럼 여기게 될 것이다."[5)]

또 과학기술의 분야는 말할 것도 없고 예술과 의학 분야, 나아가 사업 분야와 현대인의 생활주변에 일어나는 모든 분야에 이르기까지 컴퓨터화됨에 따라 지식에 대한 접근법마저도 전적으로 바뀌어가고 있다. 이토록 인간이 과학기술문명에 얽매이고 지배를 받으면서 살 수밖에 없는 운명은 곧 과학기술문명이 인간의 삶을 지배하고 구속하는 이데올로기로 군림하고 있다는 것을 시사한다. 그럼에도 불구하고 이러한 운명을 애써 부인할 필요는 없다. 그것은 과학기술을 재료로 문명을 만들고 개척하며 디자인하는 인간

5) 마이클 하임(여명숙 옮김), 『가상현실의 철학적 의미』, 115쪽.

의 태도에 달려 있기 때문이다.

박이문 교수는 그러한 인간의 태도를 직시하는데, 그는 문명의 위기와 생태학적 위기의 처방으로 나쁜 과학기술을 낳지 않는 인간의 태도를 부각시킨다. 과학기술은 결코 액면 그대로 부정적이지는 않다. 과학기술은 그러한 기술을 낳는 과학적 지식과 연결되어 있고, 또 그러한 과학적 지식은 그것을 수행하는 인간과 관련되어 있다. 따라서 진실되게 인류의 진보를 가져오는 지식을 낳아야 한다는 것이다. 그렇기에 문명위기의 근원적 원인은 과학기술이나 과학지식이라기보다는 그러한 과학기술과 과학지식을 어떤 목적달성을 위해 사용하는가 하는 인간의 지혜와 선택이며 결단에 의해 결정되는 것이다. 박이문 교수의 지적에 따르면 양자역학이나 일반상대성원리가 원자탄을 만드는 기술이나 첨단의술, 나아가 전자통신기구를 생산하는 기술에 다 같이 사용된다는 것이다. 따라서 우리에겐 인류를 위하는 긍정적인 방향의 기술을 선택하는 것이 중요한 문제로 된다.[6)]

그러나 앞에서 지적한 태도와는 달리 일방적인 과학주의를 표방할 경우 포괄적인 본성을 가진 이성은 오히려 왜곡되고 일면화되어 과학기술에 종속당하는 도구적 이성으로 전락되고 만다. 잘 알려졌듯 프랑크푸르트학파의 제1세대 철학자들인 호르크하이머(Max Horkheimer)와 아도르노(Theodor W. Adorno)는 『계몽의 변증법』에서 근세를 기점으로 하여 이성이 그 본래적 포괄성을 상실하고 도구화되어('이성의 도구화') 생활의 모든 영역에 침투했다고 지적한다. 말하자면 포괄적 이성에 대한 도구적 이성의 우위가 근대 서구의 행로를 결정짓는다고 그들은 파악하며 동시

---

6) 박이문, 『자연, 인간, 언어』, 철학과현실사, 1998, 21쪽 이하 참조.

에 이러한 도구적 이성을 극복하는 것이 당대의 가장 큰 책무라고 보았다. 프랑크푸르트학파의 후속세대 사회철학자인 하버마스(J. Habermas)도 이러한 진단을 받아들이고 있으며 그가 고안한 '의사소통적 합리성'으로써 저러한 '도구적 이성'을 극복하려 하고 있다.

호르크하이머와 아도르노에 의하면 계몽사상으로 대표되는 근대의 이념이 과학과 기술의 경이적인 발전과 그에 따른 부의 축적을 이유로 그 정당성을 다 입증받을 수는 없다는 것이다. 이러한 발전과 함께 환경오염이나 생태학의 위기, 핵을 비롯한 각종 무기로부터의 멸망 가능성, 산업사회에서의 인간소외 등으로 인하여 인류가 진정으로 인간적인 상황에 진입하는 것 대신 오히려 새로운 형태의 야만상태로 전락하고 말았다고 경고한다. 실제로 오늘날 과학기술은 과학최고주의와 과학만능주의 및 과학제국주의를 건설하여, 스스로 신화가 되었다. 말하자면 인간의 이성과 과학에 바탕을 둔 계몽이 신화나 미신을 몰아내었지만, 결국 자신이 이 자리에 올라앉았음을 밝혀주는 것이다.

정보사회에서 정보통신기술과 각종 전자기계들은 중요한 구성요소이다. 그러나 이들도 결국 인간의 필요에 의해 (그리고 인간을 위해) 생산되므로 인간보다 더 신격화되거나 우상시될 때 인간과의 갈등을 야기한다. 그렇다면 인간은 기계와 기술에 종속당하게 되고 양자 사이에 '주객전도현상'이 일어나 오히려 이 후자가 인간을 지배하고 위협하는 도구로 변하게 된다.

이기상 교수는 이러한 현상을 하이데거의 철학에 입각하여 좀 더 첨예하게 드러내고 있다. 그에 의하면 소위 기술의 혁명은 "인간의 자유를 위한 방향으로 움직여 나가고 있지 않고 오히려 기계들의 전체주의라는 방향으로 전개되어 나가고 있다."[7]는 것이다.

그리하여 인간은 주인으로 승격된 기계의 시중을 드는 노릇을 하게 된다고 지적한다: “기계 조작에서 우리는 마치 우리가 기계의 주인인 양 착각하지만 자세히 들여다보면 기계 사용에서 주인은 우리가 아니고 기계이다. 우리는 기계를 조작하는 것이 아니라 기계의 시중을 들고 있는 것이다.”[8)]

과학은 어디까지나 — 후설의 현상학에서도 명백하게 드러나듯[9)] — 생활세계의 토대 위에서 탄생된 것이고 또 인간주체들로부터의 상호주관적 이해의 산물인 것이다. 그러나 그럼에도 불구하고 만약 본말이 전도되어 인간이 오히려 과학기술 전체주의에 시종 노릇을 하게 되면 이미 위기의 상황에 처하게 된 것이다.

주지하다시피 오늘날 정보통신기기와 정보통신망을 이용해 구축한 사이버스페이스는 마치 새롭게 발견된 신대륙과도 같이 혹은 ‘지도 밖의 블루오션’과도 같이 받아들여지고 있으며, 이는 국가적, 국제적인 경제와 정치의 주요 현안일 뿐만 아니라 이를 선점하려는 기업들과 국가들 간의 경쟁도 치열한 실정이다. 그러기에 이러한 현상을 몰고 온 과학기술문명의 헤게모니는 극도에 이르렀다고 볼 수 있다.

정보통신기술과 매체의 지배력은 오늘날 정보화시대에 절정에 이르렀고, 정보사회뿐만 아니라 정치경제의 권력사회, 나아가 군사기술의 영역에 이르기까지 이러한 정보기술에 절대적으로 의존

---

7) 이기상, 「존재 역운으로서의 기술: 사이버 시대에서의 인간의 사명」, 『하이데거 연구 제6집』, 철학과현실사, 2001, 321쪽.

8) 앞의 책, 320쪽.

9) 이러한 생활세계의 현상학을 후설은 그의 만년의 대작인 『위기(*Krisis*)』, 『경험과 판단(*Erfahrung und Urteil*)』, 『데카르트적 성찰』(*Cartesianische Meditationen*)을 중심으로 전개하며, 소위 새로운 ‘비-데카르트적인 길’을 걸으면서 실재론적 경향이 뚜렷한 생활세계의 현상학을 펼쳤다.

하고 또 이 정보기술에 의해 재편성되는 실정이다. 이토록 매체가 절대권력을 갖게 되자 이를 이용하는 사람들에 의해 정보가 교묘하게 조작되거나 변형, 왜곡, 허위전파, 교란되는 온갖 부도덕한 현상도 증폭되는 실정이다.

그런데 저러한 '신대륙'을 형성하는 데 중심적 토대를 이루는 것은 다름 아닌 컴퓨터와 인터넷이다. 컴퓨터의 능률은 — 비록 인간과 직접적으로 비교할 수는 없지만 — 어떤 특정한 면에서는 인간의 능률보다 훨씬 뛰어나다고 할 수 있다. 컴퓨터의 인공지능은 저장 메모리의 능력이나 산술적 계산의 영역에서 인간지능의 한계를 넘어서고 있으며, 또 이러한 컴퓨터의 능력은 기술의 발전에 따라 점차 확장되고 있다. 더욱이 컴퓨터는 기계이기 때문에 인간이 범할 수 있는 추리상의 오류나 계산상의 과오를 범하지 않을 수도 있다.

그러나 아무리 컴퓨터의 기능이 능란하다고 해도 인간의 영역을 침범할 수 없는 범위는 비교 불가능할 정도로 많다. 이 모든 것에 의미를 부여하고 생산하며 체험하는 것은 인간의 몫이기 때문이다. 현대인은 이러한 사실을 간과하는 편인데, 우리의 정보해석학은 바로 이런 사실을 인지시켜야 한다. 컴퓨터의 탄생 자체가 인간에 의해서이며, 컴퓨터 자체도 기호논리학[10]과 전자공학의

10) 마이클 하임에 의하면 "컴퓨터를 가능케 한 현대논리학은 라이프니츠(G. W. Leibniz, 1646-1716)의 연구에 기반을 두고 있다. 라이프니츠의 발견은 컴퓨터 시스템과 정보시대의 초석을 다져놓았다."(마이클 하임, 여명숙 옮김, 『가상현실의 철학적 의미』, 46쪽) 또 다른 곳에서 마이클 하임은 그 어느 논리학자들보다 컴퓨터 공학의 발전에 기여한 라이프니츠의 업적을 높이 평가한다: "컴퓨터를 탄생시킨 최초의 싹은 세계언어를 고안하느라 열정을 아끼지 않았던 17세기 합리주의 철학자들에게서 비롯되었다. 세계언어라는 개념은 근대 초기에 나타났다. 라이프니츠는 기호

발전에 의해서 가능해졌으며, 인간의 논리적 사고와 산술적 계산 능력의 모델을 바탕으로 기계화된 것이다. 또한 인간이 갖는 정서나 감정, 의지와 욕구 및 자의식과 관련된 영역은 컴퓨터가 도달하기 어려운 영역으로 남아 있다. 특히 컴퓨터는 인간의 프로그래밍에 의존하기 때문에, 인간의 이러한 독창적인 사유를 뛰어넘는 컴퓨터 자체의 창조력은 생각할 수 없을 것이다.[11)]

정보통신기술[12)]과 정보사회, 매체와 사이버 문화에 대해 긍정적인(낙관적인) 시각과 부정적인(비관적인) 시각을 가진 전문가들이 많다. 이를테면 정보사회와 사이버 문화를 '새로운 유토피아'로 여기는 부류의 사람이 있는가 하면 또 이와 반대로 '암울한 디스토피아'로 보는 이들도 있다. 전자는 사회변동의 추진력을 기술의 발전으로, 즉 정보통신기술이 완전히 새로운(기존사회와 별개의 혹은 질적으로 다른) 사회를 탄생시킨다고 보며, 이에 반해 후자는 기술의 비약적 발전을 인정하지만, 그러나 기술과 정보사회도 사회구조의 틀 전체를 지배하는 어떤 독립변수가 아니라, 오히

의 과학으로서 근대논리학의 기초를 세웠다. 그는 합리주의로 근대 정신사에 그 족적을 남겼다. 그의 저서는 하이퍼텍스트, 총체적 텍스트, 상호텍스트성 및 텍스트 중의 텍스트의 출현을 예견하고 있다."(앞의 책, 73쪽) 물론 논리학의 창시자라고 할 수 있는 아리스토텔레스의 고전논리학과 19세기 기호논리학의 대가인 조지 불(George Boole)과 존 벤의 업적도 많은 기여를 했음은 부인할 수 없는 사실이다. 마이클 하임의 예리한 지적은 현대의 기호논리학이 "실재로부터 완전히 이탈하여 완벽하게 논리적이 될 수 있기에"(앞의 책, 53쪽), 추상화의 현상이 심하게 일어나며 "급성 인포매니아의 증세" 현상도 일어난다는 것이다(앞의 책, 52-53쪽 참조).

11) 소흥렬, 『논리와 사고』, 이화여자대학교출판부, 2003, 24쪽 참조.

12) 정보통신기술(information and communication technology)이란 정보의 수집, 가공, 저장, 검색, 발신, 수신, 교환 등 정보유통의 전 과정에 사용되는 기술수단을 총체적으로 나타내는 개념이다.

려 그 구조 속에 있으며 일종의 매개역할을 한다는 것이다.[13)]

우리는 그러나 이들 양쪽의 시각 중 어느 한 편에 설 필요는 없고 — 물론 무책임한 중립의 태도나 방관자의 태도도 바람직하지 않다 — 냉철한 현실과 상식에서 출발할 필요가 있다. 그것은 무엇보다도 긍정적이고 부정적인 시각이 오로지 인간이 쓰기에 따라 결정되기 때문이다. 말하자면 인간이 그것을 잘 이용하면 많은 도움을 얻게 되고, 반대로 잘못 사용하고 오용하면 그 정도에 따라 엄청난 화를 입기 때문이다. 따라서 매체와 정보문화도 인간주체에 의해 쓰이기에 따라 약이 될 수도 있고 또 독이 될 수도 있는 파르마콘(Pharmakon)과 같은 개념을 내포하고 있다.

분명히 긍정적인 요소가 있는가 하면 부정적인 요소도 없다고는 할 수 없다. 뛰어난 기술문명에 입각한 매체를 중심으로 정보사회에서의 현대인은 필요한 정보를 획득할 뿐만 아니라 원활한 의사소통을 전제로 고질적인 개인주의를 극복할 수 있으리라는 것도 일종의 긍정적인 발상이다. 그러나 이와 반대로 인간이 실제적이고 생산적인 교류나 의사소통보다는 인터넷에만 얽매인다거나 홀로 가상공간에만 탐닉할 때 개인주의의 극복은커녕 되레 자신만의 고립된 세계에 처하게 될 가능성도 많다.

이런 정보사회에 대한 비판가들과 비난자들의 목소리를 볼츠는 언급하는데,[14)] 볼츠에 의하면 그들은 '황폐화 이론(Verschwörungstheorie)'과 '저주이론(Verblödungstheorie)'을 통해 세계가 MS-DOS[15)]에 의해 노예화되고 또 문화의 상실현상이 일어난다는 것

13) 추병완, 『정보윤리 교육론』, 울력, 2001, 36쪽 이하 참조.

14) N. Bolz, *Die Sinngesellschaft*, ECON, 1997, 181쪽 이하 참조.

15) MS-DOS는 마이크로소프트 디스크 운영체계(Microsoft Disk Operating System)의 약자이다.

을 경고한다.[16] "사회는 허물어지게 되는데, 우리는 그 죄책을 대중매체에 돌린다."[17]고까지 볼츠는 덧붙인다. 볼츠에 의하면 새로운 매체들이 정보사회를 형성했기에, 이러한 매체들은 탈산업사회의 희생양이 된 것이다.

매체에서의 그리고 매체를 통한 사물은 존재론적 변환의 현상을 겪는다. 그것은 사물이 자신의 본래적이고 일차적인 의미를 상실하고서 매체라는 기구를 통해서 드러나기 때문이다. 존재론적 변환과 조작 현상의 정도에 따라 사물은 실제성과 비실제성 사이에서 자신의 위상을 갖게 된다. 사물은 낯선 기호로 혹은 디지털 부호로 대치되는 과정에서 이미 탈사물화 현상을 겪게 되고 그에 따른 지식은 코드화된 정보로 전환되고 있다. 이러한 탈사물화 현상에는 탈인간화 현상도 예외가 아니다.

이러한 맥락에서 정보사회에서는 사물의 의미든 사물의 실재든 혹은 인간의 위상과 실재마저도 정보매체가 부과하는 모델과 유형 및 매체문화와 이데올로기에 구속되어 있는 것이다. 말하자면 사물의 본래성이나 실제성, 나아가 인간의 실제성마저도 정보매체가 부과하는 재편성(경우에 따라선 강압적)에 따라 그 의미가 달라지는 것이다. 그러기에 실재의 상실현상 및 실재의 조작현상과 그에 따른 '의미의 함열'현상에 대한 보드리야르의 지적은 예리하고 온당한 것으로 여겨진다.

기계와 기술 및 매체에 의한 생활공간과 활용공간의 무한한 확장과 변형 가능성은 역설적으로 이들이 이제는 인간존재를 구성하는 요소로 승격되었고, 이들에 의해 제공된 사이버 공간은 오늘

---

16) N. Bolz, *Die Sinngesellschaft*, 182쪽 참조.

17) 앞의 책, 181쪽.

날의 정보사회에서 현실적 공간을 무력하게 하는 위치에 서게 되었다. 그리하여 보드리야르의 지적대로 기호의 자기증식과 시뮬라시옹에 의해 실재와 가상의 구분마저 사라져버린 시뮬라크르의 시대가 도래하고, 더욱이 이러한 시대에선 실재보다 더 실재적인 것으로 받아들여지는 '하이퍼-리얼(hyperréel)'이 범람하고 있는 것이다.[18] 시뮬라크르의 세계를 지배하는 단순한 기호학적 현실이 현실세계의 실재성을 무력화시킴으로써 코드의 단순한 조합에 불과한 가상실재가 오히려 현실과 실재를 대체해 버리는 결과를 가져온 것이다. 그리하여 이 가상실재가 오히려 실재의 모델이 되며 패러다임이 된다는 점에서 실재보다 더 실재적이며 현실보다 더 현실적인 위치를 차지하게 된다는 것이다.

그러나 이토록 시뮬라크르 시대가 진을 치고 '하이퍼-리얼'이 실재를 대체하는 시대에 인간은 자신의 소외된 모습을 떠올리고 자신의 잃어버린 존재의미를 들추어낸다. 말하자면 극단적으로 영위되는 테크놀로지의 문명이 인간의 통제범위를 넘어섬으로써 야기되는 비인간화 현상들은 급기야 인간의 위상을 추락시키고 인간성의 훼손에 대한 불안을 불러일으켜, 결국 인간으로 하여금 휴머니즘으로의 회귀를 자극하는 것이다.

정보사회가 초래하는 심리적 불안과 도덕적 위기감은 인위·조작적인 기술문명에 대한 불신, 순수한 것과 자연적인 것에 대한 향수, 인공적인 것에 대한 평가절하 등의 현상을 야기했다. '문명의 진보'만 추구하는 것이 오히려 인류의 미래를 어둡게 하는 요소를 동시에 동반함을 여실히 목격하게 하는 것이다. 이런 맥락에

---

18) 보드리야르의 *Simulacres et simulation*(Galilée: Paris, 1981)과 맥루한의 *Understanding Media: The Extension of Man*(New York: McGraw-Hill, 1964)은 저서의 전반에 걸쳐 이러한 현상을 밝히고 있다.

서 정보해석학에서의 의미문제를 중요한 과제로 하는 우리의 논의는 절실하고 또 필연적인 것이라고 할 수 있다.

우리는 포스트모던의 혹독한 주체비판과 이성 및 의미 비판을 가로질러 정보사회에서 인간의 건전한 주체개념의 획득과 의미구성이야말로 정보해석학의 필수적인 과제로 파악하지 않을 수 없다. 더욱이 도덕적으로 성숙된 자율적 인간이 요구되는 사이버 문화의 시대엔 저 구조주의와 포스트모던적 해체주의의 주체개념을 가로질러 스스로 의미를 추구하고 구성하는 능동적인 주체개념이 전제된다. 따라서 이러한 주체개념을 복권시킴으로써 오늘날 매체문화에서 새롭게 부각되고 있는 가상현실에 대한 문제들을 정보해석학적 측면에서 풀어나갈 수 있을 것이다.

2. '존재사적 운명'으로서의 과학기술문명

우리는 앞 절에서 매체와 정보문화가 그 쓰임새에 따라 약이 될 수도 있고 또 독이 될 수도 있는 파르마콘과 같은 성격을 내포하고 있다는 것을 언급했다. 인간의 태도에 따라 긍정적인 요소와 부정적인 요소는 그 함수값을 달리한다. 과학기술문명에 대한 많은 우려에도 불구하고 하이데거는 단도직입적인 긍정이나 부정을 일삼지 않았고, 섣부른 유토피아나 암울한 디스토피아로 범주화하지도 않았다.

더욱이 그는 어떤 편파적인 태도로 과학기술문명의 발전을 반대하지도 않았고 또 기술문명에 대한 터부나 기술공포증에 걸리지도 않았는데, 그는 자신의 이런 태도를 낙관론적으로나 비관론적으로 규명하려는 시도에는 동의하지 않았다.[19] — 마치 자신의 종교적 태도를 (유신론이라거나) 무신론으로 규명하고 분류한 사르트르의 견해에 반대하듯이. 그는 이미 컴퓨터에 의해 획기적으로 변화되는, 나아가 컴퓨터가 인간의 본질을 지배하게 되는 시대를 꿰뚫어보았으며, 이러한 시대가 인간에게 밀려드는 기술문명에 대한 욕구를 더더욱 몰아세울 것을 간파하고 있었다:

"언어기계[20]는 기계적 에너지와 기능에 의해 우리들의 사용 가능한 언어문구 양식을 미리 규정하고 조정한다. 언어기계는 현대화된 기술이 그와 같은 언어의 양식과 언어세계를 짜 맞추는 하나의 방식이다. 그러는 사이에도 인간은 자신이 여전히 언어기계의 주인이라는 생각이 지배적이다. 그러나 실상은 언어기계가 언어를 능란하게 다루며 그런 식으로 인간의 본질을 지배하게 된다는 것이다."[21]

또 이와 유사하게 하이데거는 그의 『이정표(*Wegmarken*)』의 서문에서도, 얼마 안 있어 사람들이 의미의 세계에는 관심을 두지 않고 정보자료에만 강박적으로 집착하는 추세를 예견했는데, 이를테면 인간의 사고작용을 비롯해 역사와 전승까지도 정보처리의 시스템 속으로 집어넣는 현상이다:[22]

---

19) 마이클 하임(여명숙 옮김), 『가상현실의 철학적 의미』, 38쪽, 116쪽 참조.

20) 마이클 하임은 하이데거가 사용한 '언어기계(Sprachmaschine)'라는 용어가 무엇을 의미하는지 심사숙고해 보고, 이것이 오늘날의 컴퓨터일 것이라고 타진하는데, 이는 올바른 지적으로 보인다. 마이클 하임에 의하면 "'언어기계'는 워드프로세싱의 초기 현상을 일으키기 위해 하이데거가 암중모색한 용어였다."(마이클 하임, 여명숙 옮김, 『가상현실의 철학적 의미』, 111-112쪽 참조)

21) M. Heidegger, *Hebel: der Hausfreund*, Neske: Pfullingen, 1965, 27-28쪽.

22) 드레이퍼스는 『컴퓨터가 할 수 없는 것』에서 하이데거의 기술비판을 받아들여 정보공학이 인간의 정신을 정보처리기로 정의하는 연구방식을 비판한다(마이클 하임, 여명숙 옮김, 『가상현실의 철학적 의미』, 105-107

“아마도 역사와 전승은 동일한 방식의 정보저장 시스템 속으로 유연하게 들어가게 될 것이며, 이러한 시스템은 인조인류를 만들려는 피할 수 없는 계획의 원천으로 작용할 것이다. 문제는 사고작용 역시 정보처리의 장치 속에서 마비될 것인지의 여부이다.”[23)]

하이데거에게서 중요한 관건은 바로 과학기술문명의 본질과 그 내용인 것이었다. 그는 — 마이클 하임이 잘 지적하듯 — “기술로 인한 충격을 흡수할 만한 다른 방식을 연구하는 반면에 운명을 받아들이기도 하는 유연한 결정론자였다.”[24)] ‘존재사적’ 측면에서서도 드러나듯 그는 기술에 실재로서의 위상을 부여하였다. 본래적으로 섬뜩한 것은 하이데거에 의하면 세계가 기술적인 세계로 된다고 하는 데에 있지 않다.[25)] “위험한 것은 기술이 아니다. 기술의 악귀(Dämonie)는 존재하지 않는다. 위험한 것은 기술의 본질에 놓인 비밀이다.”[26)]

이런 맥락에서 하이데거는 우리가 오늘날 기술문명과 정보문화의 시대에도 현명하게 대처할 수 있는 이정표를 제시한다. 그는 우리가 기술문명의 노예로 전락하지 말고 초연할 것을, 그리고 오히려 이를 유의미하게 쓸 것을 권고한다. 이런 도식은 정보문화에

쪽 참조).

23) M. Heidegger, *Wegmarken*, Vorbemerkung IX-X, Klostermann: Frankfurt a. M., 1978.

24) 마이클 하임(여명숙 옮김), 『가상현실의 철학적 의미』, 116쪽.

25) 하이데거는 비서(R. Wisser)와의 대담에서도 밝히듯이 기술문명에 의해 초래된 역사를 몰락의 역사로 치부한다거나 비관주의로 일관하지 않았다. 그것은 그에게서 몰락의 역사가 아니라 오히려 존재의 자기 숨김이며, 이러한 숨김 속에 우리가 처해 있다는 것이다(R. Wisser, *Martin Heidegger im Gespräch*, Alber: Freiburg/München, 1970, 70쪽).

26) M. Heidegger, *Vorträge und Aufsätze*, Günther Neske: Pfullingen, 1990, 31-32쪽.

도 그대로 적용될 수 있을 것이다. 사물의 쓰임새에서 이 사물의 의미를 찾는다면, 정보나 매체도 마찬가지로 이와 같은 쓰임새에서 그 의미를 찾을 수 있을 것이다.

우리가 기술이 지배하는 오늘날에도 초연한 태도로 임하도록 하이데거는 기술과 기계의 문명에 대해 다음과 같이 규명한다:

"어떤 사람에게는 더 많이, 또 다른 사람에게는 더 적게이긴 하지만 오늘날 기술적 세계의 시설들과 기기들이며 기계들은 우리들 모두에게 없어서는 안 되는 것이다. 기술적 세계에 맹목적으로 역행하는 것은 어리석은 짓일 것이다. 기술적 세계를 악마의 작품으로 저주하려 하는 것은 근시안적인 태도일 것이다. 우리는 기술적 대상들에 의존해 있고, 심지어 그러한 대상들은 우리들에게 점점 증가하는 개선을 요구한다. 우리는 자신도 알지 못하는 가운데 우리가 기술적 대상들의 노예상태로 전락해 버릴 정도로 그것들에 얽매어 있다."[27]

그러기에 우리는 기술에 대해 두 가지의 태도를 취할 수 있는데, 그것은 첫째로 우리가 기술적 대상들의 필요한 이용에 대해 '예'라고 응할 수 있고, 둘째로 그것이 우리들을 독점적으로 주문 요청하고 닦달하는 한, 그래서 그렇게 우리 인간의 본질을 왜곡하고 헝클어지게 하며 황폐하게 할 때엔 '아니오'라고 맞서야 하는 것이다.[28] 이토록 우리가 기술적 세계에 대해 '예'와 '아니오'를 동

---

27) M. Heidegger, *Gelassenheit*, Neske: Pfullingen, 1982, 22쪽. 하이데거의 사유를 자신의 정보해석학 분야에 상당 부분 적용한 마이클 하임도 하이데거와 유사하게 기술의 양면적 특성을 지적한다: "불행히도 기술은 한 손으로 무언가를 주고 다른 한 손으로는 준 것을 빼앗아간다. 기술은 인간의 직접적인 상호의존성을 점차 제거시키고 있다."(마이클 하임, 여명숙 옮김, 『가상현실의 철학적 의미』, 165쪽)

28) M. Heidegger, *Gelassenheit*, 22-23쪽 참조.

시에 말하는 태도를 하이데거는 '사물들에게 초연함(Gelassenheit zu den Dingen)'이라고 규명한다.[29] 우리는 기술적 대상들을 결코 어떤 절대적인 것으로서가 아니라 더 높은 것에 의존한 채 머무는 사물들로서, 그 자체에 머물러 있도록 놔두어야 한다.

문제는 인간이 변화된(기술문명으로 일면화된) 세계에 대해 준비가 되어 있지 않다는 것이며, 우리 인간이 여전히 '뜻을 헤아리는 사유(das besinnliche Denken)' 속에서 이토록 변화되는 세계에 대해 아무런 준비도 또 대처할 능력도 없다는 데 있다.[30] 더욱 인간에게 섬뜩하게 된 것은 "기술적 세계의 의미가 감춰져 있다."[31]는 데 있다. 하이데거가 기술을 운명으로 받아들인 데에는 '기계들의 반란'보다 은폐된 상태로 인간에게 가해지는 기술의 도전과 위협이 인간성을 변형시키고 급기야는 인간의 실존을 왜곡시키는 현상을 염두에 두었던 것으로 여겨진다. 말하자면 기술이 인간실존의 가장 깊숙한 곳으로 들어와, 인간이 인식하고 생각하며 계획하고 의도하는 모든 방식을 바꾸어놓는다는 데에 문제의 심각성이 놓여 있는 것이다.

오늘날 정보화로 가속되어 가는 정보사회는 그렇다면 정보와 지식, 각종 정보기기와 매체, 정보를 다루는 기술, 각종 기호와 이미지, 전자언어, 전자화폐 등에 의해 규정되는 사회이다. 이러한 요소들이 지배력을 행사하는 사이버 공간이 오늘날 인간의 현존재를 규정하는 그러한 시대에 우리가 살고 있는 것이다. 여기서도 기술문명이 인간을 속박하고 호리며 눈멀게 하고 기만하는 시대상을 만들어갈 것이다. 그리하여 급기야는 '뜻을 헤아리는 사유'

29) 앞의 책, 23쪽 참조.

30) 앞의 책, 23-24쪽 참조.

31) 앞의 책, 24쪽.

가 도태되고 그 대신 '계산하는 사유'만이 유일한 사유로 통용되고 활용되는 데에 섬뜩한 위험이 놓여 있는 것이다.[32)]

하이데거에 의하면 기술 헤게모니는 그러나 개개인의 실존과만 관계 맺는 것이 아니라, 인류의 운명과도 연루되어 있다. 마이클 하임도 적절하게 지적하듯 "어느 철학자도 하이데거만큼 예리하게 기술과 인간적 가치 사이의 충돌을 강하게 표현하지 못했다. 그는 기술을 형이상학의 중심문제로 만들었을 뿐만 아니라, 그가 '전 지구적 기술과 맞부딪친 유럽의 인간성'이라고 묘사하였던 … 20세기 악의 근원을 기술 속에서 찾아보기에 이르렀다."[33)]

'파르마콘'의 속성을 지닌 과학기술문명은 하이데거에 의하면 전통 존재론에서 유래하면서 동시에 이 존재론의 한계를 드러내고, 기존 형이상학 안에서 꽃을 피워 그 '완성(Vollendung)'의 현상을 펼쳐 보이면서 이 형이상학의 울타리를 벗어나 새로운 사유의 도래를 예시하는 시발점의 역할을 하고 있다. 이런 측면에서도 과학기술문명은 하이데거에게서 양면적 속성을 지닌 모습을 하고 있다.

하이데거의 존재사유에 의하면 과학기술문명은 '시원적 사유'가 탕진된 형이상학에서 유래하여 그 영화로움의 정점을 드러내었지만, 이는 동시에 니힐리즘의 꽃을 피운 것이기도 하여 새로운 시대의 도래를 예고하고 있다. 이러한 과학기술문명의 유래와 본성은 그러나 '존재의 역사(Seinsgeschichte)'에, 즉 존재의 자기전개에 있다. 말하자면 그것은 존재사적 운명 혹은 '역운(Geschick)'에 의한 존재의 자발적인 보냄(schicken)과 도착(Ankunft)의 연속

---

32) 앞의 책, 24-25쪽 참조.

33) 마이클 하임(여명숙 옮김), 『가상현실의 철학적 의미』, 101쪽.

적 과정의 일환인 것이다.

그러기에 형이상학이 지배하는 시대는 존재망각과 니힐리즘이 지배하는 암울한 분위기이지만, 이 또한 존재사의 지평 위에서 일어나는 사건이고 존재의 진리가 자신을 드러내는 탈은폐의 방식인 것이다. 존재사적 차원에서 과학기술문명에 대한 하이데거의 해석은 대략 세 가지의 성격으로 규명된다. 말하자면 과학기술문명은 '형이상학의 완성(Vollendung der Metaphysik)'이고 동시에 '존재망각(Seinsvergessenheit)'의 현상이 정점에 도달한 '최고의 위험'이며, 또 이런 위험 안에서 싹트는 '구제의 힘'이다.[34)]

하이데거에 의하면 형이상학의 탄생엔 이미 '시원적 사유'가 사라진 터이기에 '존재망각'이 자리 잡고 있으며, 이 형이상학이 완성된 과학기술문명의 시대엔 그렇다면 존재망각에 의해 허용된 온갖 가능성들이 지배한다. 과학기술문명은 바로 이러한 가능성을 극단적으로 펼쳐 보이고 있으며, 그런 맥락에서 그것은 형이상학의 완성이자 종결이다. 이때 '종결'이란 형이상학이 존재사적인 측면에서 탈은폐적(a-lethes) 진리의 시효적 지배력을 소진하고 탈형이상학적 세계를 향한 운동이 시작됨을 고지하는 것이다. 과학기술문명의 지배가 정점에 이른 시대는 그러기에 스스로를 은폐하고 물러서있던 존재가 가장 먼 곳까지 이르렀다가 되돌아오는 시점인 것이다.

주지하다시피 과학기술문명이 지배하는 우리 시대에 도착한 존재의 탈은폐 방식[35)]은 위험하고 도발적이어서 우리에겐 위협으로

---

34) M. Heidegger, *Vorträge und Aufsätze*, 30쪽 이하, 76쪽 이하 참조.

35) 하이데거는 그래서 「기술에 대한 물음」에서 기술을 '탈은폐의 한 방식'이라고 규명하고, 우리 시대에 기술의 탈은폐 방식이 위험(Gefahr)하다고 한다(*Vorträge und Aufsätze*, 30쪽 이하 참조). 또한 존재사적 운명이

다가온다. 이러한 탈은폐의 방식을 하이데거는 '몰아세움(Ge-stell)'이라 규명하는데, 이는 과학기술문명이 인간을 몰아세우고 닦달거리며 주문요청(Be-stellen)하기 때문이다.[36] 원래 고대 그리스의 테크네(techne)는 인간의 존재이해와 세계인식이며 — 특히 아리스토텔레스에게서 분명하게 드러나듯[37] — 아무런 과오 없이 진리인식을 이루어내는 능력의 의미가 내포되어 있었다. 그래서 하이데거도 올바르게 지적하듯 테크네는 시(詩)와 아름다운 예술의 창작력으로서의 '포이에지스(poiesis)'와도 상통하였고, 또 자연의 자기 개시적 개방운동으로서의 퓌지스(physis)와도 관련되었다.[38]

그러나 오늘날 과학기술문명이 지배하는 시대에서 이러한 테크네의 원초적 의미는 사라져버렸고, 포이에지스 및 퓌지스와 조화를 이루는 테크네도 찾아볼 수 없으며, 단지 사물을 조작하고 지배하며 이용하는 테크닉(Technik)만 남아 있다. 따라서 과학기술문명이 지배하는 현대사회에서 인간은 이토록 단순화된 테크닉을 통하여 세계 및 사물과 관계한다. 세계의 의미도 그 본래적인 유기체적 코스모스나 총체(Holon)에서 벗어나 눈앞에 전개되는 대상으로 전락되었고, 사물의 의미 또한 생산적 공작을 위한 부품이나 자산으로 취급된다. '자연' 또한 원초적 퓌지스에서 벗어나 실

'몰아세움(Ge-stell)'의 방식으로 지배할 때는 '가장 위험스런 상태(die höchste Gefahr)' 혹은 '극단적으로 위험스런 상태(die äußerste Gefahr)'라고 내다본다(앞의 책, 30-32쪽 참조).

36) M. Heidegger, *Vorträge und Aufsätze*, 23쪽 참조.

37) Aristoteles, *Nikomachische Ethik*, VI, übersetzt von F. Dirlmeier, Reclam: Stuttgart, 1983, 1139b. 존재이해와 진리인식을 이루어내는 다섯 가지의 능력으로 아리스토텔레스는 이 테크네(techne) 외에도 사려(Episteme), 도덕적 통찰(Phronesis), 지혜(Sophia) 및 영적 예지(Nous)를 들고 있다.

38) M. Heidegger, *Vorträge und Aufsätze*, 38쪽 참조.

용적 이익을 추구하는 인간의 과도한 욕구와 주문에 닦달 당한다. 그러나 인간이 이토록 퇴락된 의미의 세계와 사물 및 자연과 관계 맺고 살아갈 때에 존재 자체는 가장 멀리서 은폐된 상태로 머물고 있는 것이다.

하이데거가 특히 우려하는 것은 원래 인간을 위한다는 명목으로 탄생된 기술이 극대화되어서는 인간의 통제범위를 벗어나, 오히려 인간을 조종하고 지배하는 경우이다. 외양으론 인간이 여전히 기술을 지배하는 주인처럼 보이나, 실제론 역으로 인간 자신마저도 사물화 되어 기술적 조작의 대상이 되거나 하나의 부품으로 전락하는 경우이다.

전 지구를 휩쓸고 '몰아세움'으로 인간의 운명을 뒤바꾸는 과학기술문명에 대해 하이데거는 어떤 처방을 내려놓는가? 그것은 세계를 뒤엎는 혁명도 아니고(그렇게 할 수도 없거니와), 망치를 들고 때려 부수는 니체적인 작업도 아니며(그렇게 할 수도 없다),[39] 또 아무런 근거도 이유도 없이 허물기만을 일삼는 데리다의 '해체'도 아니다. 필요한 것은 한 걸음 물러서서 시원으로 돌아가 세계와 새로운 관계를 맺는 것이다:

"필요한 것은 한 걸음 물러섬(Schritt zurück)이다. 어디로 물러선단 말인가? 시원으로 물러섬이다. … 한 걸음 물러섬이란 세계문명 앞에서, 이것과 거리를 두고, ― 물론 이것을 부인하지 말고 인정하면서 ― 서구 사유의 시원에서 (이러한 세계문명이) 이미 명명되고 또 그렇게 우리의 사유에게 미리 말해졌음에도 불구하고, 서구 사유의 시원 속에 아직 사유되지 않은 채 남아 있어야

39) 하이데거는 인간이 인위적으로 때려 부술 수(aufbrechen, durchbrechen) 없다고 한다. M. Heidegger, *Aus der Erfahrung des Denkens*, Neske: Pfullingen, 1977, 146-147쪽 참조.

하는 그러한 사유로 돌이키는 것이다."[40]

하이데거에 의하면 우리는 심사숙고할 수 있는 능력, 즉 '뜻을 헤아리는 사유(das besinnliche Denken)'를 할 수 있다. 이를 일깨워서 '계산적 사유'로만 일관하는 태도에서 벗어나야 한다.[41]

40) M. Heidegger, *Aus der Erfahrung des Denkens*, 147쪽.

41) M. Heidegger, *Gelassenheit*, 25쪽 참조.

3 장
정보해석학에서의 공간개념

1. 사이버 공간

대중매체의 기능은 무엇보다도 사람과 사람, 지역과 지역(국내에서 국외까지), 발신자와 수신자, 정보를 나누고 공유하려는 사람들 사이의 시공간적 거리를 좁히는 데 있다. 대중매체를 통하여 시공간적인 거리를 좁힌다는 것은 발신자와 수신자 간, 네티즌들 간의 정보교환과 커뮤니케이션의 장을 마련하는 것이다. 즉 매체의 기능은 무엇보다도 의사소통의 거리를 단축하고 사이버 공간을 구축하는 것이다.

오늘날 우리가 통상적으로 사용하고 있는 '사이버 공간'[1)]이란

1) '사이버 공간(cyberspace)'이란 용어는 윌리엄 깁슨(William Gibbson)이 1984년 그의 소설 *Neuromancer*에서 처음 사용했는데, 그 의미는 가상현실 기반으로서의 컴퓨터 네트워크였다. 여기서 깁슨은 모든 컴퓨터가 하나의 네트워크로 연결된 미래세계와 그 사회에서 전개되는 상황을 묘사

컴퓨터 네트워크가 창출하는 공간으로서 가상의 실재들이 짜여지는 광범위한 전자망을 말한다. 컴퓨터의 커뮤니케이션 시스템에 의해 열리는 이 특별한 사이버 공간을 베네딕트는 다음과 같이 규명한다: "전 지구적 영역으로 네트워크된, 컴퓨터에 의해 유지되며 컴퓨터에 의해 접근 가능한, 그리고 컴퓨터가 만들어내는, 다차원적이며 인공적인 또는 '가상적인' 공간이다."[2] 그런데 이러한 공간을 조정하고 지배하는 것은 다름 아닌 키보드의 조작에 의해서이며, 키보드의 조작에 의해서 모든 시공간을 불러오고 압축·확대하는 현상이 일어난다.

이러한 공간은 특정한 서버나 발신자에 의해 집단적으로 구성되고, 나아가 다른 사람들과 공유하는 네트워크상의 가상세계로서 일종의 물리적 공간이고 사회적 공간이며 문화적 공간이다. 그런데 이 공간은 어떤 지상적인 영토도, 권력도, 기하학적 구조도 갖지 않는 탈영토화, 탈물질화, 탈구조화된 공간으로 이루어져 있으며, 어떤 특별한 중심점이 없고 개방적이며 상호 의존적인 네트워크에 의해 구축되어 있다.

이러한 사이버 공간의 특성을 한편으로는 파악할 수 있지만, 그러나 이를 개념적으로 엄밀하게 규명하기는 여의치 않다. 그것은 사이버 공간이나 가상현실을 굳이 실재성의 세계로 보기도 마땅치 않거니와 또 관념성의 틀에 묶는 것도 타당하지 않기 때문이며, 나아가 아리스토텔레스나 칸트의 범주로 붙잡는 것도 적절하지 않다. 이런 맥락에서 사이버 공간과 가상현실은 '탈형이상학적'이라고 할 수 있는데, 데리다는 이런 탈형이상학적 성격을 '유령

하고 있는데, 오늘날 온라인상의 서비스나 월드 와이드 웹이며 인터넷 등은 모두 사이버 공간이라고 할 수 있다.

2) M. Benedikt, *Cyberspace: first steps*, MIT Press, 1991, 122쪽.

적'이라고 표현하며,[3] 그는 오늘날의 정보통신기술과 정보매체에서 '환원 불가능한 유령적 차원'[4]을 부각시킨다.

그런데 오늘날 정보화와 그에 따른 정보사회의 도래는 거의 역사적 숙명이 되었고, 인류의 미래에 대한 예측도 이러한 정보사회가 주도하고 있다. 따라서 정보사회를 구성하는 정보통신망과 사이버스페이스는 마치 새롭게 발견된 신대륙과도 같이 혹은 '지도 밖의 블루오션'과도 같이 이를 선점하려는 기업들과 국가들 간의 경쟁이 치열하게 전개되고 있는 실정이다. 그러나 이런 '지도 밖의 블루오션'은 주지하다시피 다름 아닌 정보통신기계로서의 컴퓨터를 통해 열리는 가상세계이고 정보공간인 것이다.

이곳에서 네티즌들은 서로 빛의 속도로 정보를 송·수신하고 검색·교환하며 저장하는 등 커뮤니케이션을 실현할 수 있고, 블로그나 홈페이지 및 인터넷 등을 통하여 네티즌 자신을 다양하게 표현할 수도 있으며 게임을 즐길 수도 있다. 게다가 네티즌들은 전자상거래(국내적, 국제적)를 할 수 있고, 각종 동호회를 비롯하여 가상공동체 형성 및 참여민주주의를 실천하며 원격회담이나 사이버 강의, 원격치료 등 온갖 다양한 방식으로 '블루오션'을 항해한다.

그러나 이와 반대로 사이버 공간이 알게 모르게 인간의 의식세계와 세계관을 바꾸거나 조작하는 일도 분명 일어난다. 오늘날 첨단의 과학기술문명이 지배하는 정보화시대의 가상현실과 사이버 공간은 인간의 의식과 지각 및 판단을 교란시키기도 하고 인간으로 하여금 이러한 뒤틀린 사이버 문화에 종속되도록 하기도 한다.

---

3) J. Derrida, *Spectres de Marx*, Galilée: Paris, 1993, 89쪽, 92쪽 참조.

4) 앞의 책, 92쪽.

여러 가지의 기술적 장치가 인간을 조종하고 통제하는 것은 이미 잘 알려져 있다. 정보화시대의 각종 첨단기술은 이러한 비인간적인 종속화 현상을 산출할 뿐만 아니라 가속화시키기도 하는데, 바로 이런 시대일수록 인간의 주체정신과 의미생산 및 실존성이 강력하게 요청된다. 이 사이버 공간은 결코 자연적으로 형성된 자연공간이 아니며, 인간에 의해 인공적으로 구축된 공간이다.

그러기에 이 공간의 주체는 바로 우리 인간이며 이 공간과 관련된 그 어떠한 것도(이를테면 정보통신기술) 인간관계의 이치로부터 벗어난 것은 없다. 정보사회와 정보문화, 나아가 사이버 공간의 승패 여부는 그 중심에 인간주체가 놓여 있으며, 여기에서 일어나는 제반 문제의 원인과 해결점도 인간주체들과 연루되어 있다. 그러기에 바람직한 정보사회(정보문화, 사이버 공간)를 실현하기 위한 법적, 사회적 환경을 만들고 또 건전한 사회적 협약을 창출해야 한다.

정보사회의 현대인들도 산업사회나 농경사회 등 인류가 걸어온 여느 다른 사회와 마찬가지로 그들이 추구하는 목적을 — 이미 아리스토텔레스가 지적했듯이 — '행복(eudaimonia: 잘사는 삶)'이라고 할 수 있다. 따라서 정보문화를 일구어 가는 현대인들도 그들의 정보사회를 삶의 목적(행복)에 부합되게 일구어 나갈 수 있으며, 더 나아가 사이버 중독이나 비윤리적 현상 등 여러 가지 부정적 요소가 제거되면 '최대 다수의 최대 행복'(공리주의)도 그 가능성을 드러내 보일 수 있다. 그것은 사이버 공간이 공공의 복리에 이바지할 수 있는 가능성을 갖고 있기 때문이다. 말하자면 사이버 공간이 '모두로부터의 책임(responsibilities from all)' 및 '모두를 위한 책임(responsibilities for all)'의 책임문화가 실현되는 공간이라면, 이 사이버 공간은 인류에게 '모두를 위한 기회(opportunities for all)'가 될 수 있을 것이다.[5)]

그런가 하면 이와 반대로 책임문화가 형성되지 않고 또 네티즌들 사이에 공유된 도덕적 협약과 규범이 없다면, 또한 선정적이고 부도덕한 상업주의가 네트워크를 지배한다면, 사이버 공간은 무법천지로 전락할 수도 있으며, 그야말로 홉스(Thomas Hobbes)가 말한 난장판의 '자연상태'('만인의 만인에 대한 이리')로 추락할 수도 있을 것이다.

문화평론가 슬로카(M. Slouka)는 사이버 공간의 어두운 측면을 잘 지적하고 있다. 슬로카에 의하면 이 공간에서 자유는 오히려 능욕당하고 익명성이란 것은 음란전화와 음란물을 위한 것이 되며, 이 공간에서 "물리적 육체로부터의 자유는 다른 누군가의 가상의 육체를 고문하기 위한 초대장이 되는"[6)] 그러한 세계가 사이버 공간인 것이다. 익명성을 이용한 언어적 폭력, 무절제한 음란성, 범람하는 상업행위, 네티즌을 유혹하는 악덕 상혼과 각종 금융사기 사건, 걸러지지 않은 저질문화, 잡담의 문화화, 피상적인 것에 대한 탐닉, 견제되지 않은 충동 등 온갖 부정적인 양상들이 결합되어 타락의 온상을 키우는 곳이 사이버 공간이기도 하다.

현대인이 정보통신기술의 발전에 매료하고 그 기술이 제공하는 편의에만 골몰하는 사이에 많은 부작용과 윤리적 문제가 수면 위로 떠올랐다. 정보문화와 정보통신기술은 — 앞에서도 지적했듯이 — 그 사용하는 주체에 따라 약이 될 수도 있고 또 독이 될 수도 있는 파르마콘(Pharmakon)이고 두 얼굴을 가진 야누스이다. 이를테면 부도덕으로 오염된 정보의 바다는 정보문화 자체를 위협하

5) 추병완, 『정보 윤리 교육론』, 92쪽 참조.

6) M. Slouka, *Wars of the worlds: cyberspace and the high-tech assault on reality*, Basic Books, 1995, 88쪽 참조.

는 독이 되고 이는 곧 의미상실현상을 동반한다.

따라서 정보문화와 정보통신기술이 야기하는 현상에 낙관론만 펼쳐도 문제이고 또 이와 반대로 비관론만 펼쳐도 온당하지 않다. '오염된 정보의 바다'나 '사회악의 백화점', 인터넷 중독이나 게임 중독,[7] 엽기문화 형성, 자폐증 질환, 가상과 실재를 혼동하는 '사이버 맨' 탄생, 각종 금융사기 사건, 충동구매, '사이버 집단테러',[8] '욕티즌과 섹티즌의 범람', '리셋 증후군'[9] 등 갖가지 신종 범죄들의 양산 등은 온갖 영역 — 정치, 경제, 문화, 사회 등 — 에 걸쳐

---

7) 사회심리학자 터클(S. Turkle)에 의하면 게임광들은 게임을 통상적인 오락의 일종으로서가 아니라 마약, 섹스 및 종교적 명상의 차원으로 받아들인다고 한다. 여기서 종교적 명상이란 마치 선(禪)사상에서와 같이 나 자신을 고도로 집중시키면서도 전혀 집중하고 있음을 느끼지 못하는 시간의 흐름인 것이다. 따라서 여기서의 게임은 중독현상이고 강하게 사로잡는 흡인력인 것이다(S. Turkle, *The second self: computers and the human spirit*, Simon & Schuster, 1984, 86쪽 이하 참조).

8) 인터넷상에서 어떤 이가 공격의 대상으로 지목되면(이를테면 2005년 6월에 있었던 인터넷상의 '개똥녀 사건'), 마녀사냥식 혹은 인민재판식 무차별적 집단테러가 일어나는 현상이다. 테러를 당하는 이는 말할 수 없는 곤욕을 치르기도 하고, 경우에 따라선 견디다 못해 자살을 하는 경우도 있다. 심지어 정확한 정보가 아닌데도 사이버 집단테러가 일어나는 경우도 더러 있다(이를테면 가수 트위스트 김이 포르노 사이트를 운영한다는 허위사실). 더욱이 어처구니없는 일은 포털 사이트가 광고수입을 위해 저런 사이버 집단테러를 삭제 조치하지 않고 오히려 방조하는 것이다.

9) 리셋 증후군은 일종의 디지털 질환으로서, 컴퓨터상에서 쉽게 명령을 내려 마음대로 처분하는 습관이 굳어져 일어나는 현상이다. 자기 마음에 들지 않거나 마음대로 되지 않으면 모두 뒤집어 엎어버리거나 없애버리며, 쉽게 바꿔버리는 태도가 증상으로 드러난다. 그리하여 참을성이 점점 상실되어 가고, 온라인과 오프라인을 구별 못하거나 이 양자 사이에서 갈등을 빚으며, 현실세계를 착각하거나 사이버 공간에서 일어난 일을 현실세계에 그대로 적용해 버리는 경향이 일어난다.

광범위하게 유포되어 있다.

그러기에 사이버스페이스가 갖는 두 가지의 양면적 특성을 마이클 하임은 잘 지적하고 있는데, 그 첫째는 다음과 같다: "정보시대에 사이버스페이스라는 용어는 신비한 빛을 발하고 있다. … 사이버스페이스는 정보를 옮기고 자료를 찾아 마음대로 다닐 수 있는 컴퓨터화된 차원을 암시한다. 사이버스페이스는 표상된 세계 혹은 인공적 세계, 즉 우리가 가진 시스템이 산출하고 우리가 다시 그 시스템 속으로 피드백시키는 정보로 이루어진 세계를 연출한다."[10)]

그러나 두 번째로 사이버스페이스는 위와 대조적으로 인간의 삶을 수동화시키고, 인간 자신에 대해선 잊게 하는 속성도 갖고 있다. 말하자면 우리가 우리의 편리를 위해 만든 기술에 의해 자가당착적으로 지배를 당하는 현상을 잘 보여준다: "사이버스페이스는 우리의 삶을 수동화시키는 마법을 걸 수 있다. 우리는 시스템에게 무엇을 해야 하는지를 지시함으로써 시스템과 이야기하지만, 시스템의 언어와 처리방식이 우리의 심성을 지배하기에 이르렀다. 우리는 관음증 환자로 시작해서, 종국에는 우리가 돌보는 환상적인 시스템에게 우리의 정체성을 내던져버리는 결말을 맞이한다. 우리를 네트워크로 유혹하는 과제들은 우리가 처리과정 중에 잃어버린 기본적인 것들이 무엇이었는지에 대해 괘념치 않게 만든다. … 우리는 우리 자신에 대하여 잊고, 우리가 어디에 있는지조차 잊어먹는다. 우리는 우리가 만들어낸 세계 속으로 들어가면서 우리 자신에 대하여 잊는다. 우리가 그것에 대하여 고개를 세우면 인터페이스[11)]는 보이지 않는다."[12)] 이런 양상의 사이버스

---

10) 마이클 하임(여명숙 옮김), 『가상현실의 철학적 의미』, 133쪽.

페이스를 윌리엄 깁슨은 '무한한 감옥'이라고 나타내었다.[13]

이토록 사이버스페이스에는 역설적인 현상이 일어나는 공간이다. 한쪽으론 무언가를 제공하고 다른 한쪽으론 이것과는 다른 무언가를 빼앗아간다. 사이버 공간은 실제적인 육체나 물질 및 자연과 물리적인 것으로 구성된 생동적인 세계를 대신하고, 그로 인해 우리는 비실제적이고 허구적인 것, 가공되고 조작된 것들과만 교류하게 된다. 이런 가공되고 조작된 것들엔 이를테면 육체도 대리 육체이며, 또 유기체적 생명 에너지도 고작 심적인 동작을 일으키는 기계장치의 조작일 따름이다. 거긴 자아도 인격도 정신도 도덕도 필요치 않고 기쁨도 슬픔도 없는 인조인간만으로도 충분히 운영된다. 사이버스페이스의 시공간에서 주어지는 경험은 따라서 대체로 엉뚱한 경험이고 조작된 경험이며 비현실적인 경험들로 채워지기 일쑤다. 그러기에 사이버스페이스에서의 네트워크가 확장될수록 실제성의 상실과 순수함의 상실 및 생동성의 상실이 따라붙는다. 마이클 하임도 이러한 어두운 역설을 잘 언급하고 있다:

"오늘날 컴퓨터 통신은 소통과정에서 물리적인 얼굴을 아예 삭제해 버린다. 컴퓨터는 모니터와 헤드세트, 데이트수트 뒤에 가려진 영혼의 창문을 찌른다. 심지어 화상회의조차 얼굴을 맞대고 하는 미팅에 대한 시뮬레이션이나 진짜 미팅의 외형만을 덧붙일 뿐이다. 살아 있는 얼굴, 표상 불가능한 얼굴은 책임의 일차적 소재지이며 사적인 육체들 사이를 직접적이고 온정 있게 연결짓는 고

11) 인터페이스는 두 시스템 간의 소통장소로서, 하드웨어나 소프트웨어, 혹은 둘의 결합물에 적용된다. 인터페이스는 인간과 디지털 기계 간의 연결점을 지시하므로 기술철학에서 아주 중요한 개념으로 보인다.

12) 마이클 하임(여명숙 옮김), 『가상현실의 철학적 의미』, 134-135쪽.

13) 앞의 책, 135쪽 참조.

리이다. 다른 사람들을 물리적으로 직접 만나지 않는다면 우리의 도덕감은 느슨해질 것이다."[14]

인간이 서로 얼굴을 마주하지 않는 사이버스페이스에서 도덕적 책임감은 점점 유약해질 것이다. 거긴 타자(의 인격)를 의식해야 할 필연성도 줄어들 것이고 신용을 중시해야 할 의무감도 유발되지 않을 것이다. 그래서 타자의 얼굴에서 이타주의 철학을 전개하는 레비나스(Emmanuel Levinas)의 기획은 애초부터 기능하기 어렵다. 이러한 분위기에서 도덕적인 무관심은 점점 증폭되어 갈 것이다. 더욱이 컴퓨터는 인간들 사이에서 발생하는 일에 직접적으로 반응해야 할 필요성을 없애버리거나 약화시키기에, 도덕의 위상은 구조적으로 줄어든다. 그래서 일찍부터 '사이버 테러'니 '온갖 범죄의 백화점'이라는 구호가 따라붙고 있다.

가상공동체에선 다른 구성원들과 얼굴을 맞댈 필요도 없거니와 그렇게 할 수도 없으며, 이들과 물리적인 만남이 없어도 자신만의 분리된 삶을 영위할 수 있다. 그러기에 온라인 문화가 확산될수록 실제적이고 유기적인 공동체 의식은 점점 사라져갈 것이다. 그러나 그로 인해 인간은 외톨이로 또 갇힌 존재자로 변해 가고 만다. 그래서 인간들 사이의 만남과 사귐은 잠식되어 가고, 컴퓨터 속에서만 세상을 들여다보는 자폐증 문화가 증가되는 실정이다. 사이버 공간의 저변확대가 커지고 사용자의 규모가 커질수록 공동체 정신도 또 도덕성과 인간성도 무대 뒤로 사라지고, 그 대신 바이러스를 유포시키는 악당들, 신출귀몰한 해커들, 수단방법을 가리지 않는 악덕 상혼들, 안면몰수의 유령주체들이 떠다니는 등 사이버스페이스는 전례 없는 야만족으로 들끓을 것이다.

---

14) 앞의 책, 168쪽.

우리가 앞에서 논의한 양면적 특성을 고려할 때 사이버스페이스를 유의미한 공간으로 만드는 과제는 우리 자신들에게 주어져 있다. 아무리 사이버스페이스를 '신대륙'이라고 해도, 그것은 철저하게 네티즌에 의해 만들어져 가기 때문이다. 따라서 우리는 정보사회가 인류문명 발전사에서 전적으로 새로운 '제3의 물결'(앨빈 토플러)이라고 하더라도, 또한 정보사회가 첨단의 과학기술로 무장되어 있고 매체문화로 장식되어 있다고 선언하더라도 앞에서 언급한 역설들에 무책임 무대응으로 일관한다면 사이버스페이스뿐만 아니라 우리 인간들의 공동체 모두가 저질의 야만으로 전락할 것이다.

마이클 하임은 사이버스페이스가 플라톤주의의 산물임을 언급하고 "사이버 세계의 공간을 차지하는 대상들은 플라톤적인 상상의 구성물"이라고 보는데, 그것은 "사이버 공간 속의 정보(inFORMation: 형상화하기)가 플라톤이 말한 형상(FORM)들의 아름다움을 계승하고 있다는 의미에서이다. 컴퓨터는 관념적인 인지내용에 경험적인 구체성을 불어넣음으로써 고대의 플라톤주의를 재활용하고 있다."[15] 사이버스페이스가 현대화된 플라톤주의의 산물임을 마이클 하임은 또 이렇게 지적한다: "우리 앞에 앉아 감각 입력장치에 매여 있는 사이버 인간은 이 세계에서 정말로 길을 잃은 듯이 보인다. 컴퓨터 공간에 떠 있음으로써, 사이버 인간은 육체의 감옥을 떠나 디지털 감각의 세계로 돌입한다."[16]

---

15) 앞의 책, 150쪽 참조. 사이버스페이스가 현대화된 플라톤주의의 산물임을 마이클 하임은 또 이렇게 지적한다: "우리 앞에 앉아 감각 입력장치에 매여 있는 사이버 인간은 이 세계에서 정말로 길을 잃은 듯이 보인다. 컴퓨터 공간에 떠 있음으로써, 사이버 인간은 육체의 감옥을 떠나 디지털 감각의 세계로 돌입한다."

16) 앞의 책, 150쪽.

사이버스페이스를 '더 유익한 형이상학적 실험실'[17]로 만들려는 마이클 하임의 태도는 우리의 정보해석학에도 고무적인 것으로 여겨진다. 그러나 이때까지의 논의에서 분명하게 드러났듯 자연상태에서 부정적인 요소들은 얼마든지 일어나고, 그로 인해 사이버 문화에서의 의미의 상실현상이 유발됨을 인지해야 하며, 이는 또한 정보해석학의 과제가 됨을 전제로 해야 할 것이다.

2. '세계-내-존재'의 관계망

정보사회에서의 사이버 공간은 전적으로 정보문화를 이루고 삶을 영위하는 인간에 의해 구축된 일종의 인위적 공간이다. 사이버 공간은 비록 어떠한 지형이나 기하학적 구성요소도 갖지 않은 전자공간이지만, 그러나 정보문화 속에서 살아가는 네티즌의 네트워크에 의해 생동하는 공간으로 된다. 물론 엄밀하게 고찰하면 동일시되기는 어려우나, 이 공간은 어떤 물리적이고 연장적인 공간이 아니라는 데에서 '세계-내-존재(In-der-Welt-sein)'의 관계망을 형성하며 삶을 영위하는 하이데거의 '현존재'의 공간과도 유사한 면이 있다.

이리하여 우리는 하이데거의 사유가 정보해석학에 기여되는 두 가지의 시사점을 발견한다. 그것은 첫째로 공간개념의 확장,[18] 즉

---

17) 앞의 책, 143쪽.

18) 하이데거는 그의 초기 대작인 『존재와 시간』에서 이미 비물리적이고 비연장적인 시간과 공간의 개념을 기본 틀로 삼는다. 현존재의 시간성과 '세계' 및 '세계-내-존재'를 논의하는 전 과정에서 독특하고 확장된 시공개념을 목격한다.
김상환 교수도 지적하듯이 "시공간적 거리의 다의적 의미를 철학적 차원에서 환기시켜 준 것은 누구보다도 하이데거이다."(김상환, 「매체와 공간

비연장적이고 비물리적인 공간의 도입과, 둘째로 인간 현존재가 세계를 열고(Erschlossenheit) 그 열린 세계에서 관계망을 형성한다는 것이다. 이러한 두 가지의 시사점을 우선 파악해 보기로 하자.

인간 현존재가 '세계-내-존재'라는 것은 우선 그가 '내-존재(In-sein)'의 특징을 갖는다는 것이다. 그러나 이때의 '내-존재'는 하이데거도 누차 경고하듯이 어떤 물리적 공간을 뜻하지는 않는다.[19] 그에게서 공간성이란 현존재가 세계와 관계하는 방식에서 유래한다. 주지하다시피 현존재의 공간은 '실존범주(Existenzial)'로서[20] 도구적이고 사물적인 범주와는 전혀 다르다. 하이데거는 이러한 현존재의 '내-존재'를 다음과 같이 설명한다: "in은 '거주한다(wohnen, habitare)', '체재한다(sich aufhalten)'를 의미하는 innan-에서 유래한다. 그 어근에서 'an'은 '나는 습관이 되었다', '…와 친숙하다', '나는 뭔가를 돌본다'를 뜻한다. 그것은 '나는 거주한다'와 '나는 존중(존경)한다'라는 의미의 '나는 돌봐준다'라는 뜻을 갖고 있다."[21]

하이데거에게서 인간 현존재는 이미 세계 안에 존재하면서 사물과 타자 및 자기 자신과도 관계를 맺고 살아간다. 그러기에 우리가 만약 "나는 존재한다."라고 말한다면, 그것은 이미 나는 타자의 '곁에' 머물며, 세계와 관계를 맺고 또 그렇게 거주하고 산다

의 형이상학」, 김상환 외, 『매체의 철학』, 19쪽)

19) M. Heidegger, *Sein und Zeit*, §12-13, 25, 28 참조. 사물을 파악하는 범주공간은 사물의 본질을 연장(res extensa)으로 파악한 데카르트적 공간에 잘 드러난다.

20) 앞의 책, 54쪽 참조.

21) 앞의 책, 54쪽.

는 것을 의미한다. 그리하여 인간 현존재의 공간개념은 짧게 요약될 수 있다: "그러기에 내-존재(In-sein: 안에 있음)는 세계-내-존재라는 본질적인 구성틀(Verfassung)을 가지고 있는 현존재의 존재에 대한 형식적이고 실존론적인 표현이다."[22)]

하이데거에 의하면 '내-존재'로서의 인간 현존재는 '거리 없앰(Ent-fernung)'과 '방향 잡음(Ausrichtung)'이라는 특징을 갖는다.[23)] '거리 없앰'이란 소원한 간격을 없앤다는 뜻으로서 이는 곧 인간 현존재의 '친근성으로 향한 본질적인 경향'[24)]을 나타낸다: "현존재가 존재하고 있다면, 그것은 곧 그가 방향 잡으며 거리를 없애는 현존재로서(als ausrichtend-entfernendes Dasein) 이미 자신의 발견된 방면(Gegend)[25)]을 가지고 있다는 것이다. 방향 잡음도 거리 없앰과 마찬가지로 세계-내-존재의 존재양식으로서 배려함의 둘러봄(Umsicht)에 의해 선취적으로 수행되고 있다."[26)] 소원한 원거리성이나 폐쇄성 및 배타성을 제거하고 소통과 친근성을 열어가는 현존재의 이러한 경향이 곧 그가 세계에 거주하는 방식이고, 또 그렇게 열린 소통과 친근성의 장소가 곧 그의 체험하는 공간이다.

이를테면 우리가 어떤 사람과 전혀 관계를 맺지 않을 때, 이 사람과의 사이엔 연장적인 거리와 물리적 공간개념만이 주어질 것이다. 말하자면 그는 나와 무관한 사람이다. 그러나 내가 그와 어떤 인간관계를 맺게 되면(친분관계나 거래관계 등) 이러한 물리적

---

22) 앞의 책, 54쪽.

23) 앞의 책, 108쪽 참조.

24) 앞의 책, 105쪽.

25) 하이데거의 용어에서 'Gegend'는 '지평(Horizont)'과 유사어이다.

26) M. Heidegger, *Sein und Zeit*, 108쪽.

공간개념이 사라지고, 그 대신 실제적인 교류나 커뮤니케이션 현상이 일어난다. 인터넷에서의 커뮤니케이션도 익명성이라는 특수성이 있지만, 어쨌든 (소극적인 형태일지라도) 타자와의 관계맺음이다. 하이데거에게서 인간 현존재는 커뮤니케이션적 형태 속에서 존재하고 있다고 볼 수 있다. 그의 '세계-내-존재'는 볼츠도 지적하듯이 "무조건적인 '커뮤니케이션-내-존재'로 구체화된다."[27]

내가 어떤 사람과 커뮤니케이션을 통하여 더욱 친근해진다면, 나와 그 사이엔 '거리 없앰'의 현상이 일어나게 된다. 하이데거에 의하면 인간 현존재는 본질적으로 소원한 거리를 없애며 존재한다: "소원한 거리를 없애는 것은, 말하자면 어떤 것과의 소원함을 폐기하는 것이고, 그래서 서로가 가까워지게 됨을 뜻한다. 현존재는 본질적으로 소통하면서(거리를 없애면서) 존재하며, 그는 스스로 존재자로서 존재자를 친근성(Nähe) 안에서 만날 수 있도록 한다."[28] 인간 현존재가 '세계-내-존재'라는 것은 그가 원초적으로 다른 존재자와 사물들과의 소통적 거리를 트면서 존재하는 것을

---

27) N. 볼츠(윤종석 옮김), 『구텐베르크-은하계의 끝에서』, 44쪽. 카푸로(R. Capurro)는 정보사회에서의 현대인에게서 가상성(Virtualität)이 실제성(Wirklichkeit)을 압도함에 따라, 말하자면 현대인이 사이버 공간으로 진입할 때 일상세계조차도 가상세계의 한 양태에 지나지 않는 것으로 여기는 데에서, 인간 현존재의 근본 특징이 이제 더 이상 하이데거가 말하는 '세계-내-존재'가 아니라 '사이버 공간-내-존재'라고 주장한다(R. Capurro, *Ethik im Netz*, Wiesbaden, 2003, 146쪽 이하 참조). 그러나 이러한 카푸로의 규명은 사이버 공간과 가상세계에 머물고 안주하는 이들을 위해서는 적합한 규명인지는 몰라도 하이데거의 '세계-내-존재'를 대체할 만한 개념일 수는 없다. '세계-내-존재'는 '사이버 공간-내-존재'와는 차원이 다를 뿐만 아니라 더욱 포괄적이고 보편적이기 때문이다. 즉 '세계-내-존재'라면 '사이버 공간-내-존재'일 수 있기에 전자는 후자와 대립적 위치에 설 필요는 없는 것이다.

28) M. Heidegger, *Sein und Zeit*, 105쪽.

말하며, 이는 곧 어떤 친근성의 공간을 열어놓는 것을 의미한다. 그렇다면 인간 현존재의 공간체험은 저 근원적인 친근성 속에서 사물과 다른 존재자와 세계를 재정위하는 소통의 사건으로부터 주어진다.

그러기에 현존재가 타자와, 다른 존재자와 관계를 맺음으로써 세계가 열리게 되지만, 이와 반대로 아무런 관계를 맺지 않고 나 혼자만의 세계에 갇혀 있는 한, 나는 소외되고 또 세계는 열리지 않게 된다. 그러기에 인간 현존재는 세계와 관계를 맺음으로써 세계를 드러내거나 혹은 이와 반대로 아무런 관계를 맺지 않고 세계를 은폐된 채로 방치할 수도 있다.

이리하여 '관계'의 의미는 이미 하이데거의 전기 사유에서조차도 — 레비나스의 하이데거 비판과는 달리 — 부각된다. 현존재는 자기 자신과 관계를 맺을 뿐만 아니라, 다른 현존재 및 인간이 아닌 존재자와도 관계를 맺고 살아간다. 이처럼 현존재가 관계를 맺으며 살아가는 존재양식을 하이데거는 『존재와 시간』에서 큰 테마로 다루고 있다.

하이데거는 현존재가 어떤 사물을 사용하거나 만들며, 관찰하거나 잃어버리는 것 등으로 이런 존재자와 관계를 맺는 양식을 '배려(Besorgen)'[29]라고 하며, 자기 자신과 관계를 맺으면서 실존해 가는 양식을 '염려(Sorge)'[30]로, 특히 이 현존재의 실존적 이웃으로, '공동현존재(Mitdasein)'로 경험되는 타자와는 현존재가 그를 위해 각별한 마음가짐과 조바심을 갖고서 관계를 맺는데, 이러한 양식을 '심려(Fuersorge)'[31]라고 한다.

---

29) 앞의 책, §15-16, 26, 69, 79 참조.

30) 앞의 책, §39-45, 57, 63-65 참조.

31) 앞의 책, §26 참조.

‘세계-내-존재’로서의 현존재는 ‘세계’라는 지평인 바로 ‘거기(Da)’에 처해 있으면서 주위 세계 및 타자와 관계를 맺고, 타자와 공동의 세계 속에서 ‘서로 함께의 존재(Miteinandersein)’로 살아간다. 현존재가 세계 속에서 만나고 관계를 맺는 타자는 결코 어떤 객체가 아니라, ‘공동현존재’인데, 이는 양자가 함께 ‘서로 함께의 존재’, 즉 공동의 존재론적 관계망을 구축하고 있다는 것이다. 우리는 그렇다면 ‘공동현존재’로서 타자와 공동의 세계를 서로 구성하고 나누며(mit-teilen), 이러한 나눔을 통하여 하나의 열린 장(Offenheit)을 구축하는 것이다. 현존재가 갖는 이러한 관계망은 바로 정보해석학과 매체문화에서도 네티즌이 갖는 관계망의 근본적인 모형이 될 수 있다.

인간 현존재는 이미 타자들이 이루어놓은 관계망 속으로 들어오기에(피투성, Geworfenheit), 타자의 존재의미가 부각되지 않을 수 없다. 또한 타자들과 세계로부터 현존재에게 주어진 ‘선이해(Vorverständnis)’도 공동현존재와 여타의 존재자와의 철저한 관계는 말할 것도 없고, 이들 후자들의 존재의미의 절대성을 드러낸다고 볼 수 있다. 말하자면 ‘선이해’는 절대적으로 타자로부터, 공동현존재와의 ‘더불어 삶’으로부터 제공된 것이다. 이런 맥락에서도 하이데거의 존재사유가 결코 유아론으로 흐르지 않음을 목격할 수 있다.

이미 하이데거의 현존재에 관한 전기 사유에도 인간이 자신만을 위한 관계망을 형성하거나 유아론적 주체중심주의가 될 수 없는 구조가 엄밀하게 짜여져 있다. 이를테면 인간 현존재가 자신의 실존에 이르는 과정도 결국 자신의 개인적인 업적에 의한 것이 아니라, 끊임없이 세계와 이웃과의 관계를 통해서 이루어진다는 것이다. 현존재는 자기 자신과 관계를 맺을 뿐만 아니라, 다른 ‘공동현존재'나 비인간적인 존재자와도 관계를 맺고 살아간다. 인간 현존재가 세계 속으로 들어오는 것은 이미 타자가 이루어놓은 관계망 속으로 들어오는 것이기에(Geworfenheit), 또한 인간 현존재가 이러한 세계에서 삶을 영위하다가 갖게 되는 '선이해'도 결국 다른 현존재 및 여타의 존재자와의 관계를 통해 쌓아올린 것이기에, 현존재는 근원적으로 주체중심주의를 구축할 수 없다.

이토록 '관계'는 하이데거의 전기 사유에서부터 중요한 위치를 차지하고 있는데도 레비나스는 하이데거의 존재사유에 '관계'와 '사귐'이 결여되었다고 비판한다.[32] 레비나스는 '다른 사람에 대한 응답'을 내세워 하이데거의 실존자들 사이에 만남이 없고 관계의 아프리오리가 없다고 하지만,[33] 이것은 말할 것도 없이 존재오해인 것이다. 그것은 주체와 타자는(이들은 이미 존재에 의한 존재자인 것이다!) 존재가 밝힌 세계에 드러나며, 또한 이와 같이 실존자들은(그들은 이미 실존을 배태하고 있다) 존재의 지평에 드러나 관계를 맺기 때문이다. 그러기에 존재는 관계를 맺게 해주는 장본인이다. 하이데거의 존재사유엔 이미 '관계'의 의미가 내포되어 있다. 레비나스는 존재자가 이미 존재와 철저한 관계 속에 있음을 잊고 있다.[34] 존재 없이 존재자는 존재자로서 드러나지 않는다(즉 존재할 수 없다).

---

32) 엠마누엘 레비나스(양명수 옮김), 『윤리와 무한』, 다산글방, 2000, 65쪽, 71쪽 이하 참조. 레비나스는 그러나 하이데거의 존재를 억지로 '외톨이'로 만들고서 '관계'가 없다느니, '사귐'이 없다느니 하고 있다(앞의 책, 65쪽, 100쪽 참조).

33) 앞의 책, 16쪽 참조.

34) 슈미트(G. Schmidt)가 지적하듯이 "존재는 모든 관계의 근원이다."(G. Schmidt, *Vom Wesen der Aussage*, 78) 존재는 거기에-있음이고, 세계-내에-있음이며 모든 있는 것들을 있게 한 것이다.

그는 철저하게 존재를 격리시키고서(하이데거의 '존재론적 차이'는 존재와 존재자의 위상적인 차이를 지적했지, 결코 존재자가 존재 없이 존재한다는 것을 말하지 않았다), 그 존재에게 섬뜩하고 부정적인 부가어를 동원해 격리된 존재자로 만들었다. 그리고서 레비나스는 "'있음'에서 벗어나야 한다."[35]고 말하지만, 그가 가상으로 꾸민 '있음'에서는 벗어날 수 있을지 몰라도 존재에서 벗어날 수는 없다. 그것은 존재가 어떤 형태로든 레비나스에게서처럼 존재자를 감금하는 것이 아니라, 존재자를 있게 하기 때문이다. 그런 벗어남을 그는 존재자로(그래서 소위 '존재에서 존재자로') 생각하지만, 그 존재자는 존재 없이 거기에 존재할 수 없는 것이다.

레비나스가 존재에서 '관계'와 '사귐'을 읽어내지 못한 것은 존재가 세계의 지평을 열고 의미부여하며 관계를 맺어주는 장본인임[36]을 이해하지 못하고 오히려 '외톨이'로 내몬 결과이다. 더욱이 이러한 외톨이는 레비나스로부터 주관적인 느낌이 채색되어(이를테면 끔찍하고 혐오스런) 이상야릇한 존재자로 전락되었다. 그래서 레비나스에게서 '존재에서 존재자로'라는 구호는 '존재로부터의 탈출'을 의도하는데, 이는 자연적이고 필연적인 관계를 강제로 끊겠다는 시도가 들어 있지만, 존재 때문에 존재하는 존재자는 그런 관계망 속에 있을 따름이다.

존재자는 철저하게 존재와의 관계망 속에서 존재하는 것이다. 이를 레비나스는 착각하고서 존재자를 존재로부터 격리시키려고 시도한다. 존재 없이 존재자는 있을 수 없다. 만약 존재자가 구체

35) 엠마누엘 레비나스(양명수 옮김), 『윤리와 무한』, 74쪽.

36) 이러한 존재의 역할을 하이데거는 '비춤(Lichtung)'으로, '개시성으로 보내기(zur Unverborgenheit bringen, enthüllen)'로 파악하고 있다.

적으로 존재하고 있다면, 그것은 존재자로 하여금 그렇게 있게 한 장본인이 존재인 것이다. 『형이상학이란 무엇인가』에서 하이데거는 "존재는 존재자 없이 현성하지만, 그러나 어떤 존재자도 존재 없이는 결코 존재할 수 없다."[37]고 하였다. 존재자는 '존재의 빛 가운데서(im Lichte des Seins)' 존재자로 드러나는 것이다. "존재의 밝힘이 첫째로 존재자의 개시성을 가능케 하는 것이다."[38] 그러기에 어떠한 (구체적으로 존재하는) 존재자도 ― 레비나스의 기획과는 달리 ― 존재로부터 '탈출하기' 전에 이미 존재와의 관계망 속에 있는 것이다.

그러면 앞에서 요점으로 언급된, 하이데거에게서의 인간 현존재가 세계와 맺는 관계망을 좀더 면밀히 파악해 보자. 하이데거에게서 '세계'는 어떤 응고된 물리적 공간도 아니고 또한 의식 앞에 놓여 있는 객관적인 대상도 아니다. 그것은 무엇보다도 인간에게 가까이 있고 살아 있는 실존의 공간이다. 인간과 세계의 근원적인 친숙한 관계는 하이데거가 인간을 '현존재(Dasein)'라고 하고 또 '세계-내-존재(In-der-Welt-sein)'라고 규명한 데에도 잘 드러난다. '현존재'의 접두어 '현(Da: 거기)'은 곧 현존재가 세계와 관계 맺는 근원적 방식을 지칭하고 있는데, 이는 생생하고 구체적인 현사실성(Faktizität)을 표명함과 동시에 시공의 '거리 없앰(Ent-fernung)'을 규명한다.

'세계-내-존재'로서의 인간 현존재는 소통이 가능한 개방된 지평에서 세계와 관계 맺는 존재자이다. 그는 자신을 둘러싸고 있는

---

37) M. Heidegger, *Was ist Metaphysik?*, 26쪽: zur Wahrheit des Seins gehoert es, "daß das Sein wohl west ohne das Seiende, daß niemals aber ein Seiendes ist ohne das Sein."

38) M. Heidegger, *Vom Wesen des Grundes*, 13쪽.

주위세계 속에서 두리번거리며 세계와 교섭하고서 세계성을 경험하고 또 여기에서 자신의 실존을 획득한다. 그러기에 이러한 '세계'는 주관에 의해 탐구되고 분석되어야 할 물리적 대상이 아니라, 오히려 인간이 그 속에 처해 있으면서 체험하며 살아가는 실존의 공간이다. 즉 '세계'는 물리적 공간에서 눈앞에 전개되는 '현전의 존재(Vorhandensein)'가 아니라, 항상 인간의 곁에, 말하자면 인간이 그에 붙들려 있는, 손 가까이 있는 존재(Zuhandensein)인 것이다. 이러한 세계는 실존하는 인간과 서로 얽혀 있음을 규명하고 있다. 이러한 세계는 '연장적 실체(res extensa)'로 사물화된 데카르트의 세계와는 확연히 다르다.

'세계-내-존재'로서의 인간은 어떤 것을 만들거나 사용하거나 잃어버리거나 얻거나 목격하는 것 등의 여러 가지 양식으로 세계와 관계를 맺는다. 이러한 인간의 관계 맺음을 하이데거는 세계에 대한 '배려(Besorgen)'라고 한다.[39] 특히 타자는 하이데거에게서 사물적인 존재자와는 차원을 달리하는[40] '공동현존재(Mitdasein)'로 받아들여지며 현존재에겐 실존적 이웃으로 경험된다. 인간 현존재가 이처럼 '공동현존재'인 타자와 서로 실존적으로 얽혀 있으면서 그와 관계 맺는 존재양식을 하이데거는 '심려(Fürsorge)'라고 나타내는데, 이때 현존재는 실존적 이웃으로 경험되는 타자를 위해 각별한 마음가짐과 조바심을 갖고서 관계를 맺는다.[41]

인간은 세계에 '던져진 존재(Geworfensein)'로서 일상적인 삶을 꾸려나가다가 대체로 자신의 존재의미를 상실하고 살아가지만, 그

---

39) M. Heidegger, *Sein und Zeit*, §15-16, 26, 69, 79 참조.

40) 사물적 존재자는 인간 현존재와는 달리 자신의 존재이해를 할 수 없고 자신의 실존을 획득할 수 없다.

41) M. Heidegger, *Sein und Zeit*, §26 참조.

러나 특별한 계기들에 의해 이 일상의 삶에서 안주하는 것으로부터 벗어나 진정한 자기 자신을 회복하려는 실존적 기획을 감행하면서(Entwerfen) 살아간다. 그렇다면 인간은 비록 거대한 지평인 세계에 던져져 때론 일상적이고 비본래적인 삶의 형태('퇴락', Verfallensein)로 살아가지만, 그러나 조바심을 갖고 살면서 본래적인 삶의 형태를 회복할 실존 가능성을 가진 현존재이기도 한 것이다. 이토록 인간 현존재가 자신의 존재와 관계를 맺으면서 실존을 획득하는 양태를 하이데거는 '염려(Sorge)'[42]라고 한다.

인간 현존재는 다른 존재자와는 달리 자신의 존재가 문제되고, 자신의 존재를 부채로 안고 살아간다. 인간 현존재는 많은 다른 존재자들처럼 그냥 놓여 있는 전재자(前在者)가 아니라, 자신의 존재를 문제 삼는 존재자이다. 그는 이미 '던져진 존재'로서 세계의 지평에서 자신의 삶을 영위하는 가운데 자기 자신으로 존재하든지 혹은 그렇지 않든지의 방식을 취하고 있다. 즉 그는 실존할 가능성을 갖고 있고 또 그렇지 못할 가능성도 갖고 있다. 그래서 인간 현존재는 자신의 본질을 만들어간다. 미리 주어지거나 굳어져 있는 현존재의 본질은 없다. 말하자면 현존재의 본질은 바로 자신의 실존에 놓여 있는 것이다. 전기 하이데거의 '기초존재론(Fundamentalontologie)'은 우리로 하여금 마치 정언명법처럼 "너는 실존해야 한다."고 한다.[43] 어떻게 구체적으로 실존하는지는

---

42) 앞의 책, §39-45, 57, 63-65 참조. 하이데거에게서 '염려'는 인간 현존재의 근본구조인데, 이는 후설의 '지향성'을 존재론적으로 전환시킨 것이다. 그런데 후설의 '지향성'이 항상 의식의 지향성이고 또 이 의식에 의해 지향된 것은 곧 의식의 대상이기에, 그 근본구조가 이미 세계에 처해 있는 현존재의 실존적 상황과는 다소 차이가 드러난다. '지향성'은 인식론의 범주인 데 비해, 하이데거의 '염려'는 '실존범주(Existenzial)'인 것이다.

각자에게 맡겨져 있다.

만약 실존의 윤리를 자기중심주의 내지는 주체중심주의의 카테고리에서 읽는다면(그렇게 읽어서는 안 된다), '깨달음'도 '득도'하는 것도, 성인군자가 되는 것도 그러한 주체중심주의에서 벗어나지 못하는 결과로 되고 만다. 그렇다면 레비나스의 '이타주의 윤리학'에서 파악하지 못하는 결정적인 과오가 드러난다. 즉 위와 같은 윤리학이 제공하는 인간의 인격적 성숙(혹은 도덕적 성숙)인데, 이는 결국 이타주의 윤리학을 가능하게 하고 실현하게 하는 요소도 갖고 있다는 사실을 간과하는 것이다.

레비나스는 유아론과 주체중심주의를 비판하면서 하이데거의 존재사유와 후설의 현상학을 철저하게 비판대상으로 삼는다. 그는 하이데거의 현존재에 관한 사유를 주체철학의 맥락으로 읽고서 현존재가 자신의 실존을 획득하는 그 모든 과정을 주체중심주의로 파악한다. 레비나스는 하이데거와 후설로부터 지대한 영향을 받았지만, 아이러니컬하게도 그의 공격적 화살은 대부분 그들에게로 향하고 있다.[44] 그들의 '주체철학'과 존재사유가 결국에는 유아론과 주체중심주의 및 이기주의와 나아가서는 전체주의와도 관련이 있다는 혐의를 덮어씌우기 때문이다.

---

43) 대체로 이 부분에는 하이데거도 다른 실존철학자들과 견해를 같이한다.

44) 레비나스와 후설 사이의 타자의 철학에 대한 논의는 이남인 교수의 「상호주관성의 현상학: 후설과 레비나스」(『철학과 현상학 연구』 제18집, 2002)를 참고.
최상욱 교수는 「하이데거와 레비나스에 있어서 '이웃' 개념에 대하여」(『철학연구』 제62집, 2003년 가을호)에서 하이데거의 전기 사유에서의 현존재와 공동현존재를 중심으로 레비나스의 타자개념과 비교검토하고 있다. 여기서 최상욱 교수는 레비나스와 하이데거의 이웃개념에 대한 공통점과 차이점을 지적하고 또 레비나스의 하이데거 비판을 언급하면서 그 정당성 문제를 묻고 있다.

레비나스는 한 걸음 더 나아가 그들의 철학을 통하여 그 철학의 진원지인 서구철학 전체를 정죄하고 있다. 그는 "이제까지의 서양철학을 모두 존재론이라고 못 박고, 그것은 근본적으로 전쟁의 철학, 전제정치의 철학, 그리고 이기주의적 철학이라고 정죄한다."[45] 이러한 엄청난 정죄는 — 만약 그 타당성이 희박할 때 — 그의 철학이 '나는 타자의 인질'이라고 하기보다는 오히려 타자를 인질로 삼는 태도를 여실히 드러내고 있음을 노출시키는 것이다.

하이데거의 전기 철학이 주로 '현존재'의 현사실성과 실존의 문제를 사유의 중요한 테마로 삼고 있지만, 그러나 이러한 사유를 '유아론'이나 '주체중심주의'로 치부하는 것은 온당치 않다. 하이데거는 『존재와 시간』에서 현존재가 결코 자기중심적이 아니라 타자와의 관계와 사물과의 관계 및 자신과의 관계, 나아가 세계와의 관계 속에서 존재이해를 이루어나가는 것을 근본적인 기반으로 삼고 또 도처에서 이를 강조하고 있다. 특히 '공동현존재'를 통하여 현존재가 결코 자기만의 세계가 아닌, 타자와 더불어 있음을 천명하고 있다: "현존재의 세계는 **공동세계**(Mitwelt)이다. 내-존재(In-Sein)는 타자들과의 **더불어-있음**(Mitsein)이다. 세계 안에 있는 타자들이 자체적으로 존재한다고 하는 것은 **함께-현존함**(공동현존재)을 말한다."[46] 여기서도 하이데거는 현존재의 근원적인 존재방식이 '타자들과 더불어 함께 존재함'이지, 결코 유아론적으로 존재하는 것이 아님을 명백하게 밝히고 있다.

인간은 그러나 어떠한 형태로든 — 주체와 객체의 카테고리를

---

45) 손봉호, 『오늘을 위한 철학』, 108쪽 참조; 엠마누엘 레비나스(양명수 옮김), 『윤리와 무한』, 16쪽 참조; Adriaan Peperzak, *Einige Thesen zur Heidegger-Kritik von Emmanuel Levinas*, 373쪽 참조.

46) M. Heidegger, *Sein und Zeit*, 118쪽.

던져버리든— 상관없이 세계와 타자와 관계를 맺지 않을 수 없는 것이다. 여기엔 이미 관계를 맺는 당사자로서의 주체를 결코 부인할 수 없다. 레비나스도 또 그의 '타자'도 이러한 관계를 피하기 위해서 눈을 감고 가만히 있지는 않(았)을 것이다. 레비나스의 '타자의 철학'을 듣는 자도 주체요, 그러한 철학으로부터 변화를 일으키는 당사자도 주체이다. 더욱이 그러한 철학을 (적극적으로) 수행(해야)하는 이는 타자가 아닌 각각의 주체인 것이다. 따라서 주체를 등지고 '타자의 철학'을 수행하자는 것은 자기모순에 빠지는 현상을 초래하고 만다.

인간은 누구나 인식행위를 하고 경험하며, 이해하고 깨달으며 삶을 영위한다.[47] 그것은 주체든 타자든 예외가 아닐 것이다. 나의 인식(깨달음, 이해 등)과 나의 경험은 나를 버리고 이루어질 수 없다. 이때 나의 주체는 결코 주체중심주의를 구성하기 위해서가 아니라, 그러한 인식과 경험을 위해 동원되는 필연적인 당사자인 것이다.[48] 또한 윤리적인 측면에서도 이러한 인식과 행위의 당사자(주체, 나, 자아, 자기 등)는 결코 아직 비윤리적이거나 윤리적

---

47) 아리스토텔레스의 *Metaphysik*의 첫 문장인 "인간은 본래적으로 앎을 추구한다."를 상기할 필요가 있다.

48) 만약 후설 현상학에서의 주체가 "나의 지향적 의식의 화살"(한정선, 『생명에서 종교로』, 302쪽)을 쏜다고 해도(다소 과격한 표현이지만), 이 화살에 의해 드러난 대상은 결코 손상을 입거나 쓰러지지 않을 것이다. 만약 내가 쏜 지향적 의식에 의해 되돌아오는 노에마에 비윤리적 내용이 묻는다면, 그것은 그러한 지향성 이전에 윤리적으로 성숙되어 있지 않은 인간 됨됨이가 문제인 것이다. 후설의 현상학적 노력은 '원리 중의 원리'인 **명증**(Evidenz)을 획득하려는 것이지, 주체중심주의를 구축하려는 것은 아닌 것이다. 또한 주체의 선험적 순수의식이 '의미부여(Sinngebung)'를 할 때에도 – 레비나스의 거듭되는 비판과는 달리 – 타자에 대해 결코 배타성을 전제로 하지는 않는 것이다.

이라고 할 수 없는 중립적인 태도를 견지하고 있는 것이다. 레비나스에게서 '타자의 철학'을 수행하는 주체도 단연 중립적인 태도를 넘어 성숙된 인격을 가졌을 것이다. 따라서 '주체'나 '나' 및 '자아'와 같은 용어를 논의하고 문제 삼는다고 해서 주체중심주의라든지 자아중심주의 및 자기중심주의의 혐의를 씌우는 것은 온당하지 않은 것이다. 더욱이 주체와 자아가 인식행위와 경험을 한다고 해서 타자를 나의 부속물로 삼는다거나 소유물로 여기는 것은 아니다.

인간의 실존하려는 태도나 본래성을 획득하려는 태도는 결코 주체중심주의나 이기주의 및 자기 권력화와 연관되어서는 안 된다.[49] 거기엔 인간다움에 다가가려는 노력과 실존획득의 소박한 희망이 내포되어 있기 때문이다. 말할 것도 없이 여기에도 성숙한 '윤리적 태도'가 마련될 가능성이 있기에, 이를 유아론이나 이기적인 주체로 내모는 것은 부당하다고 하지 않을 수 없다. 따라서 "하이데거는 실존을 존재 사건으로 만들어 윤리를 피해 갔다."는 레비니스의 비판은 온당하다고 볼 수 없다.[50]

전기 하이데거의 사유에서 현존재의 존재는 그리고 현존재가 획득한 실존성은 본래성 회복과도 같은 의미를 띠고 있으며, 철학적 관점에서도 인간의 성숙한 위상을 드러내는 일이기도 하다. 본래성의 회복과 실존성은 결코 레비나스가 지적하는 '무의미한 홀로 서기'가 아니라, 오히려 이와 반대로 지극한 유의미성을 산출하는 토대마련인 것이다. 따라서 그러한 토대는 경우에 따라서는

---

49) 특히 키에르케고르는 객관주의에 대항해 주체철학을 펼쳤는데, 그렇다고 그가 결코 주체중심주의나 이기주의를 표명한 것은 아니다. 그의 '신 앞에 홀로 서는 단독자'는 곧 인간의 실존윤리인 것이다.

50) 엠마누엘 레비나스(양명수 옮김), 『윤리와 무한』, 17쪽 참조.

윤리적 행위를 할 수 있는 '윤리적 태도'가 구비된 것으로 볼 수 있을 뿐만 아니라, 적어도 윤리적 세계관이 추구하는 그러한 지평을 드러낸 것으로 볼 수 있는 것이다.

어쩌면 존재이해나 존재접근(Seinsbetroffenheit), 실존성 획득은 레비나스의 주장과는 정반대로 바로 저러한 주체중심주의나 전체주의적인 것과 반대의 편에 있다. 레비나스의 하이데거 비판은 그의 하이데거 존재론 비판에 첨예하게 드러난다. 레비나스에게서 존재론은 주체중심주의의 철학이고 또 존재 자체는 '사유의 산물'로 여겨진다. 그래서 존재론은 통째로 유아론과 이기주의 및 전체주의와 연결된다.[51] 존재는 그러나 결코 '사유의 산물'일 수 없고 또 주체중심주의가 아닌 것이다.[52] 하물며 이기주의와 전체주의에 대한 운운은 온당하지 않은 누명을 씌우는 태도이다. 존재는 존재자가 아니어서 이를 통찰할 수 있는 특별한 사유에 의해서만

---

51) 엠마누엘 레비나스(양명수 옮김), 『윤리와 무한』, 16쪽 참조; 손봉호, 『오늘을 위한 철학』, 109쪽 이하 참조. 한때 레비나스는 하이데거의 『존재와 시간』을 "가장 훌륭한 책 네 권이나 다섯 권 가운데 하나"라고 술회하기도 하고("나는 그 책을 읽을 때의 감격을 자꾸 되새기곤 한다." 『윤리와 무한』, 44쪽), 하이데거의 존재론에서 움직씨(동사)가 살아 있는 '존재'(있음)에 '새로운 눈을 뜨게' 되었다고까지 했다(앞의 책, 44쪽). 그러나 레비나스는 이런 태도를 바꾸어 '존재'를 왜곡해 나갔고, 부당하게도 이를 유아론과 주체중심주의 및 전체주의와도 관계를 지었다.

52) 존재는 결코 '사유의 산물'이 아니라고 하이데거는 잘라 말한다(*Über den Humanismus*, 24쪽): "기획투사(Entwerfen)에 있어서의 투사하는 자는 인간이 아니라, 인간을 '거기에-있음(Da-sein)'의 탈존으로 내보내는 존재 자체인 것이다."(앞의 책, 25쪽) 이른바 하이데거의 사유에서 '전회(Kehre)'라는 것은 무엇보다도 존재에 비하여 인간 현존재가 수동성의 위치에 처하는 것을 주요 골자로 하고 있다. "인간은 (결코) 존재자의 주인이 아니다. 인간은 '존재의 목동(Hirt des Seins)'인 것이다."(앞의 책, 29쪽) 그는 존재의 가까이에 사는 '존재의 이웃'이다.

이해되고 파악된다. 인간에게 존재이해가 주어지기에, 인간은 존재에 참여자(Teilhaber)이고 존재의 파트너(Partner des Seins)인 것이다.

3. 대중매체에서의 인간소외에 대한 하이데거의 비판

우리는 이때까지 '세계-내-존재'로서의 현존재를 분석하는 과정에서 하이데거의 독특한 공간의 개념과 열린 공간에서의 관계망 형성 등을 고찰해 보았고, 또 이러한 것들이 오늘날의 정보해석학과 인터넷 문화에 어떤 이론적 기반을 형성하고 있음을 목격했다. 그러나 대중매체가 중심이 되어 새로운 공간을 구축하고 관계망을 형성하며 소원한 거리를 폐기시켜 나갈 때 하이데거는 어떤 견해를 피력할까? 결코 긍정적이지 않다.

그럴 수밖에 없는 이유는 정보매체에 의해 시공간적 거리가 축소되고 소원한 거리가 줄어드는 것이 곧 현존재 사이의 친근성으로 이어지지 않기 때문이다. 친근성이라는 것이 기술과 기계로서 이루어지는 것이 아니기 때문이며, 오히려 이러한 물리적 방법이 친근성과 의미의 결핍현상으로 이어지는 것이다. 그리하여 니힐리즘의 꽃을 피우게 한 기술문명과 형이상학과의 대결에서도 드러나듯 하이데거의 대중매체에 대한 평가도 썩 긍정적이지 않다.

우선 대중매체도 현존재가 수행하는 것과 유사한 역할을 담당하는데, 이를테면 비물리적 공간과 관계망을 형성한다거나 네티즌들(인간 현존재들) 사이의 소원한 거리를 없애는 것 등이다. 이러한 유사성을 하이데거도 언급하고 있다: "현존재 안에는 본질적으로 친근성으로 향하는 경향이 놓여 있다. 오늘날 우리가 심하게 혹은 덜 심하게 모든 방면에서 속도증가를 강요받는 것은 소원한 거리의 극복으로 내몰고 있다. 이를테면 라디오 방송과 더불어 현존재는 '세계'의 소통을 성취하고 있는데, 이것이 현존재에 대하여 갖는 의미는 아직 전망할 수 없는 단계이며, 게다가 그것은 일상적인 주변세계를 확장하고 파멸시키는 길로 나아가고 있다."[53]

이러한 하이데거의 논의에서 방송매체의 역할은 두 가지의 서로 다른 시각으로 드러난다. 말하자면 방송은 소원한 거리를 극복하여 세계와의 친근성을 획득하려는 인간의 근원적인 경향에서 유래하지만, 그러나 이러한 방송매체는 오히려 공동체의 주변세계를 파괴하고 인간들 사이의 관계를 소원하게 하는 결과를 빚어낸다. 방송매체가 좁히는 정보교환의 거리는 역설적으로 다시 친근성의 상실과 일상적인 환경의 파괴로 이어진다. 만약 대중매체에 의해 빚어지는 인간의 평균화 현상이나, 고유성과 특수성의 상실, 몰개성화, 비실존성 — 실존철학자들이 자주 경고하듯이 — 등을 고려하면 위의 부정적인 시각은 그리 외람된 파악이 아니다.

인간 현존재는 '친근성으로 향한 본질적인 경향'[54]을 갖고 있기에 그가 테크놀로지의 능력을 동원하여 소원한 거리를 좁히고 극복하는 일에 탐닉하는 것은 당연할 것이다. 그러나 친근성이라는 것이 단순히 거리가 짧다고 주어지는 것도 아닐 뿐만 아니라, 대중매체의 매개에 의해 가까운 거리에 놓이게 되는 것도 오히려 먼 것으로 남아 있을 수도 있다:

"시간과 공간상의 모든 거리가 수축하고 있다. … 이전에 인간이 수년이 걸려 겨우 얻는 지식이나 혹은 전혀 얻지 못하는 그런 지식을 오늘날 현대인은 방송을 통하여 매시간 순간적으로 경험

53) M. Heidegger, *Sein und Zeit*, 105쪽.

54) 앞의 책, 105쪽.

한다. 농산물이 싹트고 성장하는 모습은 계절에 걸쳐 감춰져 있지만, 영화는 이를 지금 일분 이내에 보여준다. 멀리 떨어진, 오래된 문화 유적지들을 영화는 마치 이들이 지금 길거리에 서 있는 것처럼 드러내 보인다. … 인간은 아주 오래 걸리는 여정을 매우 짧은 시간 안에 되돌아온다. 그는 막대하게 떨어진 거리를 자신의 뒤로 남겨놓고 그렇게 모든 것을 아주 짧은 거리로 자기 앞에 둔다(성취해 낸다). 그러나 단순히 이 모든 거리를 성급히 제거한다고 해서 친근성이 주어지는 것은 아니다. 그 이유는 친근성이란 것이 거리가 짧다는 척도에 있지 않기 때문이다. 영화의 영상과 방송의 소리에 의하여 우리로부터 최소한도의 거리에 있는 것이 오히려 우리에게서 먼 것으로 남아 있을 수 있다. (또 이와 반대로) 거리상 예측할 수 없이 멀리 떨어져 있는 것이 우리에게 가까울 수 있다."[55]

그러나 하이데거에 의하면 대중매체에 의한 공간적 거리의 축소화와 일률화, 혹은 무거리화의 경향은 인간의 주변세계 속에 질서와 안정을 가져다주기보다는 오히려 혼란을 야기한다: "멀리 떨어진 거리를 제거함으로써 모든 것이 동일하게 가깝고 동일하게 멀게 되면 무슨 일이 일어날까? 사물들이 가깝지도 멀지도 않게 되고 또 모든 것이 동일하게 무거리화되는 이 일률적인 단조로움은 도대체 무엇일까? 모든 것이 단조로운 무거리성의 물결 속으로 떠내려가고 있다. 어떻게? 이토록 무거리성 속으로 함께 밀어넣는 것은 모든 사물이 폭발해 버리는 것보다 더 끔찍한 일이 아닐까?"[56]

---

55) M. Heidegger, *Vorträge und Aufsätze*, 157쪽.

56) 앞의 책, 158쪽.

여기에 하이데거의 대중매체와 기술문명에 대한 비판이 날카롭게 드러난다. 세계가 단조로운 무거리성 속으로 빠져든다는 것은 모든 사물이 일률적인 테크놀로지의 조작 가능성 앞에 놓일 수 있다는 것이다. 기술의 지배력이 극에 달하며 사물들을 임의로 조작하고 몰아세우게 된다. 단조로운 무거리성으로 특징지어지는 일률적인 공간이야말로 사물의 독자성과 독특성, 내재적 자립성, 개개의 존재론적 중량을 박탈시키기에 하나의 위태로운 결과를 야기한다.

그렇다면 대중매체와 기술문명이 초래하는 무거리성과 거리의 상실은 다름 아닌 '세계의 상실'과 맥락을 함께한다. 세계의 무거리성이란 곧 무세계성이며, 사물들의 존재론적 무중력성이다. 대중매체와 기술문명이 사물들 사이의 거리를 지워버릴 때 동시에 사라져버리는 것은 곧 사물의 존재이자 그 내면적 중량이다. 하이데거의 대중매체와 기술문명에 대한 비판적 시각은 퍽 부정적이지만, 그러나 이러한 비판적 시각은 그 이후 보드리야르의 대중매체론, 특히 가상실재의 횡포와 '의미의 함열'에 대한 첨예한 비판[57]과 또 벤야민의 '아우라의 상실'[58]에 대한 비판에서도 하이데거와 유사한 방식으로 드러난다.

---

57) 보드리야르의 대중매체론, 특히 '의미의 함열'에 관한 비판은 그의 저서 『시뮬라시옹』의 「매체 속에서 의미의 함열」에서 자세히 논의하고 있는데, 우리는 이와 관련된 테마를 6장 1절 「정보문화에서 무의미의 위협」에서 논의한다.

58) 테크놀로지의 지배력이 사물의 실재성을 소멸시키는 양상을 벤야민은 '아우라의 상실'이라는 용어로 나타내었다. 그런데 이 '아우라의 상실'은 "사물을 공간적으로나 인간적으로 좀 더 가까이 두려는" 대중들의 강력한 욕망에서 비롯된다고 벤야민은 말한다(W. 벤야민, 차봉희 옮김, 『현대사회와 예술』, 문학과지성사, 1980, 54쪽 참조). 아우라란 예술작품이 향유하는 역사적 유일성과 진품성이다.

4. 후설의 '생활세계'와 문화세계

인터넷은 인간의 문화와 기술, 예술과 사회, 정보교류와 통신 및 학술적인 것과 생활적인 것 등 온갖 형태들이 융합되어 있는 복합체이다. 그리고 이러한 인터넷은 오늘날 현대인의 생활의 일부분을 차지하게 되었다. 이러한 인터넷을 이해하고 바람직한 생활공간을 만들어가는 데에는 후설의 '생활세계의 현상학'이 적절한 이정표의 역할을 한다고 보인다. 친숙한 인간의 생활세계, 모든 이론적이고 실천적인 토대로서의 생활세계, 자신의 행위와 생활에 책임지는 주체와 타자('다른 자아'), 인격체 사이의 문화적이고 인격적인 교류 등은 후설의 '생활세계의 현상학'이 마련한 지반이다.

후기 후설의 현상학은 그의 『위기(*Krisis*)』와 『경험과 판단(*Erfahrung und Urteil*)』을 중심으로 소위 새로운 '비데카르트적인 길'을 걸으면서 실재론적 경향이 강한 '생활세계의 현상학'을 꽃피웠다.[59] 생활세계란 우리가 그 속에서 일상적으로 삶을 영위해 가고 있는 친숙한 세계이고 우리의 신체와 감성적 친숙함을 토대로 한 몸에 익혀온 신념의 세계이다. 또한 이 생활세계는 우리의 희로애락 등을 비롯하여 온갖 삶의 주변에 일어나는 현상(Erscheinung)들과 교감하고 거부하며 갈등하는 곳이기도 하다.

그러나 이 생활세계는 이미 나의 존재에 앞서 있으며(수동적 선

59) 란트그레베(L. Landgrebe)는 후설의 이러한 변화를 과격하게 표현하여 '후설의 데카르트주의로부터의 작별(Husserls Abschied von Cartesianismus)'이라고 나타내었지만, 그러나 후설은 '데카르트적인 길'의 특색인 관념론적 현상학이나 선험적 현상학에서 완전히 작별을 고한 것은 아니다(L. Landgrebe, *Der Weg der Phänomenologie*, Gütersloh, 1963, 166쪽 이하 참조).

소여성),[60] 나의 생활에 앞서서 언제나 미리부터 주어져 있으면서 온갖 삶이 영위되도록 그 지평을 마련하고 있다. 세계가 우리에게 미리부터 주어져 있는 데에서 친숙함이 가능하며, 이러한 친숙함은 모든 존재자의 이해를 가능하게 하는 포괄적인 지평이고 토대인 것이다. 미리 주어진 이러한 생활세계의 성격을 후설은 『위기』에서 지평(Horizont)개념으로 광범위하게 논의하고 있다.

우리가 일상적인 삶을 살아가고 있는 생활세계는 아직 이론적이고 과학적인 세계가 구축되기 이전의 세계이기에, 기하학적 공간으로 구축된 것도 아니요 수학적인 함수관계를 가지고 있는 것도 아니다.[61] 말하자면 생활세계는 과학 이전의, 선과학적(先科學的)인, 그러기에 모든 과학적인 결정으로부터 해방되어 있는, 또한 과학외적인 세계로서, 아직 과학에 물들지 않은[62] 인간의 활동

60) 수동적 선소여성이란 선험적 주관의 능동적인 구성작용에 앞서서 (생활세계가) 미리 수동적으로 주어져 있다는 것이다. 주관의 능동적인 작용에 의해 물들지 않은 질료와 소재의 영역 또한 수동적 선소여성의 형태로 미리 주어져 있다. 이러한 영역은 아직 인간의 주관적인 능동작용이 미치지 않았기에, 선술어적 영역이라고도 한다. '생활세계의 현상학'에서는 이와 같은 수동적인 선소여성의 분석이 주요한 테마이며, 이 단계에서 안다거나 의미를 파악한다는 것은 주어진 것을 그대로 경험하고 밝힌다는 것이다. 후설이 이토록 '생활세계의 현상학'에서 수동적 선소여성의 영역을 파헤치는 것은 술어적 명증과 진리가 이미 선술어적 영역에 토대를 두고 있다는 것을 확실하게 하는 것이다.

61) E. Husserl, *Krisis*(Gesammelte Schriften 8), 48쪽 이하 참조. 앞으로 후설의 저서는 이 Gesammelte Schriften(Hrg. E. Ströker)을 뜻하며, 그 외의 단행본은 따로 표기하고 또 『후설총서』의 경우는 'Hua.'를 덧붙인다.

62) 그러나 역설적이게도 생활세계는 모든 과학활동의 가장 근원적인 명증의 영역(ein Reich ursprünglicher Evidenzen)(앞의 책, 130쪽)이고, 그 전제이며 또 그 지평(Horizont)이다(앞의 책, 129쪽, 134쪽 참조). 과학자들 자신도 이 생활세계에 속해 있으며 이 속에서 과학활동을 수행하는 것이다. 또 그들에 의한 객관적인 이론들도 생활세계에 뿌리박고 그 위에 기

과 행동이 이룩해 놓은 세계이다.[63] 이러한 생활세계는 이념화(Idealisation)[64]가 일어나기 이전의, 즉 지각을 통해 우리에게 실제로 주어지는 세계, 우리의 일상적 경험 속에서 감각할 수 있는 세계이다.

문제는 과학이 구축한, 자연과학이 추구하는 객관적 세계를 주관적이고 상대적이며 감각적인 경험의 세계에 비해 '참된 세계(wahre Welt)'라고 하는 데 있다.[65] 이러한 세계는 수학적이고 물리학적인 자연과학의 정밀한 방법에 의해서 전적으로 규명 가능하다는 이념을 구축하였다.[66] 근대에서 구축된 이러한 이념은 오늘날 현대인의 사고방식까지 지배하고 있는데, 이러한 '자연과학주의(Physikalismus)'[67]와 '자연주의적 태도(naturalistische Einstellung)'는 사물을 자연과학적인 입장에서 바라보고 모든 물리적 현상뿐만 아니라 인간의 정신적 현상들까지도 물리적 인과법칙의 지배 아래에 두려고 하는 점에서 후설은 비판한다.[68]

초되어 있으며, 그 세계의 근원적인 근거들 위에 서 있다(앞의 책, 132쪽 참조).

63) 앞의 책, 66쪽 이하 참조.

64) 앞의 책, 33쪽, 89쪽 참조.

65) 앞의 책, 130쪽 이하 참조.

66) 앞의 책, 27쪽 이하, 30-36쪽 참조.

67) 앞의 책, 63쪽, 269쪽 참조.

68) E. Husserl, *Ideen III*, 180쪽 이하 참조. 후설은 자연과학주의의 기반을 갈릴레이가 굳혔다고 보는데(*Krisis*, 제II장), 갈릴레이에 의하면 "자연이라는 책은 수학의 말로 기록되어 있다."고 한다. 말하자면 자연에 관한 이해는 전적으로 수학에 의존해야 한다는 것이다. 또 케플러는 "물질이 있는 곳에 기하학이 있다."고 하고, 뉴턴은 그의 『자연철학의 수학적 원리』에서 근대의 수학적인 자연과학을 체계화한 것으로 보이는데, 근대의 자연과학적 사고방식은 자연을 오직 수학적으로 또는 자연과학적으로 파악하고 또 그렇게 하기를 주문하였다.

그러나 '객관적으로 참된 세계'이든 혹은 '학적으로 참된 세계' 이든, 혹은 학문적인 이론이든 이들은 인간의 노력과 활동에 의한 형성물이거나 밝혀진 것들이며 '전포괄적인 존재방식'[69]을 갖는 '생활세계'에 그 기초와 존재지반을 두고 있다. 이들 세계들은 생활세계와 무관하지도 않고 또 생활세계에 앞서지도 않으며 생활세계의 바탕 위에서 구축되기에, 생활세계와의 역설적인 상호연관성을 갖고 있다고 볼 수 있다.[70] 후설이 지적하듯 수학적이고 자연과학적인 세계는 엄밀히 말하면 우리의 직관적인 경험의 세계를 이념화한 결과이고, '이념의 옷(Ideenkleid)'[71]을 입은 결과이며 경험의 세계를 추상화한 결과이다.

실제로 자연과학적인 발견들은 우리의 생활세계에 기반한 여러가지 실험과 개별적인 사례들에 관한 관찰 없이는 불가능한 것이다. 후설은 저 객관적 세계의 필연적인 바탕이 되는, 이념화되기 이전의 혹은 추상화되기 이전의, '직접적 감성적 경험'[72]의 세계를 '생활세계(Lebenswelt)'라고 칭한다. 말하자면 이러한 세계는

---

69) 손봉호 교수가 지적하듯 "생활세계는 단순히 선험철학의 예비단계일 뿐만 아니라, 그 귀착점이요 목적임이 분명하다."(손봉호, 「생활세계」, 『현상학이란 무엇인가』, 심설당, 1983, 136쪽)

70) E. Husserl, *Krisis*, 130쪽, 134쪽 참조. 한전숙 교수도 적절하게 지적하듯이 좁은 의미의 '생활세계'는 '이념의 옷'을 입은 각종 자연과학과 수학이며 여러 이론적인 학문의 형태들과 대조를 이루지만, 그러나 넓은 의미의 '생활세계'는 자연과학이나 수학 등 모든 학문의 분야들뿐만 아니라 모든 문화적이고 역사적인 인간활동도 포함하는 것이다(한전숙, 『현상학』, 민음사, 1996, 265쪽 참조).

71) E. Husserl, *Krisis*, 51쪽. 또한 E. Husserl, *Erfahrung und Urteil*, 42쪽.

72) E. Husserl, *Erfahrung und Urteil*, 53쪽; E. Husserl, *Krisis*, 127쪽 이하 참조. '직접적 감성적 경험'을 후설은 '단적인 경험(schlichte Erfahrung)'이라고도 한다.

과학적 반성에 의해 드디어 나타나는 세계가 아니라, 그 이전에 나타나는 '원초적인 세계(die primordiale Welt)'[73]이며 선과학적, 선술어적, 선개념적, 선언어적, 선이론적이며 주관적이고 상대적인 세계이다.[74]

그럼에도 이들의 토대가 되는 생활세계를 망각하는 것은 본질을 벗어난 것이나 다름없다. 후설은 특히 『위기』와 『경험과 판단』에서 객관주의적인 세계이해에 반대하여 주체의 경험적인 삶을 주목하는 생활세계적 인식으로 향한다.[75] 그는 근대과학의 과학주의적인 태도— 이를테면 객관화, 추상화, 수학화, 관념화 등— 가 아니라 선학문적이고, '학문 외적인' '토대-존재'로서의 생활세계를 역설한다. 생활세계는 과학뿐 아니라 모든 학문들의 목적이고 귀착점이다. 그러기에 객관적 세계란 생활세계의 '의미기반(Sinnesfundament)'[76] 위에서 이룩된 이념화요 '논리적 구축물'[77]인 것이다.

이러한 사실을 망각한 데서 후설은 '유럽 학문의 위기'를 본다. 만약 인간이 생활세계의 주체가 아니라 물리적 물질세계의 일부로 전락된다거나, 혹은 인과율의 법칙에만 얽매인 물리적 대상으로만 여겨진다면, 그야말로 위기라고 하지 않을 수 없다. 이러한

---

73) E. Husserl, *Cartesianische Meditationen,* 109쪽, 112쪽, 118쪽, 120쪽 이하 참조; E. Husserl, *Krisis*, 189쪽, 262쪽 참조.

74) E. Husserl, *Krisis*, 114쪽, 119쪽, 127쪽 이하 참조; 손봉호, 「생활세계」, 『현상학이란 무엇인가』, 141-142쪽 참조.

75) 이러한 생활세계로의 방향전환에 대한 논의를 한전숙, 『현상학』, 180쪽 이하 참조; 한전숙, 『현상학의 이해』, 민음사, 1994, 153쪽 이하, 184쪽 이하, 198쪽 이하 참조; 윤명로, 「후설에 있어서의 현상학의 구상과 지향적 함축」, 『현상학이란 무엇인가』, 30쪽 이하 참조.

76) E. Husserl, *Krisis*, 48쪽.

77) 앞의 책, 130쪽.

결과가 바로 객관주의에서 주어진 것이며, 이는 오늘날 현대인이 앓는 인간소외의 증상에서 잘 드러난다.[78] 잘못된 태도로 말미암아 인격체인 인간이 단순한 물리적 대상으로 전락되면, 그에 따라 인간의 인격성까지 무시되며, 더 나아가 생활세계와 문화세계도 망각하게 된다. 따라서 자연주의적 태도는 인간소외의 전형적인 표현인데, 이를 후설은 '인격적 자아의 자기망각'이라고 규명했다.[79]

그러기에 후설은 '생활세계적 판단중지'[80]를, 나아가 '모든 객관적 학문에 대한 판단중지'[81]를 요구한다. 발생적 방법에 의해 이미 경험계에 침전되어 있는 역사성을 그 근원으로 되좇아가 원초적 독사(Doxa)의 세계[82]를 회복하는 것이다. 이러한 방법이 후설이 『위기』에서 말한 '생활세계적 환원'인데, 그에 의하면 선술어적 독사의 세계를 회복하기 위해선 생활세계적 환원을 이룩해야 하며, 모든 이론적이고 객관적인 관심을 유보하여 생활세계에로 방향전환을 감행해야 한다. 그러기에 생활세계는 자연과학주의에 물들지 않은, 이념화의 옷이 입혀지지 않은, 이념화를 전혀 모

78) E. Husserl, *Ideen II*(Hua. IV), 281쪽 참조.

79) 앞의 책, 184쪽. 이러한 '인격적 자아의 자기망각'은 후설에 의하면 유럽 인간관의 위기인 것이다(*Krisis*, 10쪽, 339쪽 참조). 그러기에 '자연주의적 태도(naturalistische Einstellung)'와 '자연적 태도'(혹은 '통속적 태도', natürliche Einstellung)의 상태에서 해방되어 '인격적 태도(personallistische Einstellung)'를 갖춘 주체는 곧 인격체이다.

80) E. Husserl, *Krisis*, 140쪽: die lebensweltliche Epoché.

81) 앞의 책, 138쪽: die Epoché hinsichtlich aller objektiven Wissenschaften.

82) 생활세계적 경험계를 후설은 독사(Doxa)의 세계라고 하는데, 여기에서는 감성적인 선술어적 명증이 구현되는 곳이고 또 이것이 이성적인 술어적 명증보다 우위를 점하는 곳이다. 이처럼 후설의 생활세계의 현상학에서는 직접적인 경험의 감성이 이성에 대해 우위를 점하고 있다.

르는, 그러나 이념화에 앞서고 그 필연적인 바탕이 되는 세계를 말한다.

"논리학의 계보학에 관한 연구"라는 부제가 달린 후설의 『경험과 판단』에서 생활세계는 모든 논리적이고 술어적인 명증의 근원이 선술어적(先述語的) 명증에 기인한다는 것을 밝힌다. 『경험과 판단』(특히 §4 참조)은 모든 논리와 논리적 판단을 그 형성과정과 형성작용의 근원으로 소급하여, 그 판단의 근원을 해명한다. 판단의 대상이 판단되기 위해서는 이 대상이 우선 의식에 주어져야 한다. 말하자면 판단의 명증 이전에 대상이 우선 의식에 '스스로 현존하고(selbst da)', '생생하게 현존해야(leibhaft da)', 즉 대상의 '자기소여성(Selbstgegebenheit)'이 전제되어야만(대상적 명증) 하는 것이다.

이토록 『경험과 판단』은 형식적, 논리적 명증을 그 발생원천으로서의 대상적 명증 혹은 대상의 선소여적 명증으로 소급하여 그 궁극적이고 근원적인 명증을 찾아가는 데 주안점을 두고 있다. 그것은 곧 술어적 판단에 앞선 선술어적 영역의 명증, 즉 아무런 이념화도 입지 않은, 아무런 판단도 내려지지 않은, 아무런 이름도 부여되지 않은, 궁극적으로 순수한 경험계의 명증을 찾는 것이다. 여기서 선술어적 명증이란 다름 아닌 '궁극적이고 근원적인 명증'이고 직접적인 경험의 명증이며, 이는 개체가 직접적으로 관계하는 경험인 것이다.

후설은 그 누구보다도 단순한 과학주의의 지배와 폐단을 직시하였다. 그는 자신의 후기 사유인 '생활세계의 현상학'에서 과학주의 이데올로기 비판을 통해 단순한 과학주의에 의해 식민지화된 생활세계를 회복하고 또 이를 통해 인간성의 회복을 지향했다. 그러기에 생활세계의 현상학은 이성의 세력이 아직 미치지 못하는 영역, 혹은 이성으로 환원되기 이전의 영역, 논리적으로 파헤칠 수 없는 영역, 주관성의 철학이 점령할 수 없는 영역, 그러나 동시에 이 모든 것들을 떠받들고 있는 근원적인 영역에 관한 현상학이다.[83)]

후설은 소위 '비데카르트적 길'을 걷는 후기사상에서[84)] 전기 때와는 반대로 '자연적 태도'를 '배제'되어야 할 것이 아니라, 철저하게 인정하고 이를 오히려 생활세계적 현상학의 토대로 한다. 후설은 『이념들』 이후에 에고(Ego)보다도 코기토(cogito)에 초점을 두고 그 피구성체로서의 의미 내지는 노에마(noema)라는 코기타툼(cogitatum)의 구체적인 내용을 문제 삼으면서 "세계가 존재한다."는 전제를 소박하게 확신하고 살아가는 '자연적 태도'를 부각시켰다. 그것은 코기토에 의하여 구성되고 지향되는 코기타툼의 내용은 다름 아닌 우리가 구체적이고 직접적으로 대하며 생활을 영위하고 있는 이 세계(생활세계) 이외의 다른 어떤 곳이 아니기 때문이다.

우리가 살아가고 있는 이 '세계'는, 바로 우리가 그 안에서 부

---

83) 후설의 '생활세계의 현상학'은 서구의 일방적인 이성중심주의와 인간중심주의에 대한 비판도 내포하고 있다. 오래 전부터 인간을 호모 사피엔스(Homo sapiens)로 규명해 놓고, 이성을 빙자하여 인간을 세계의 중심으로 세워온 서구의 전통에 대한 비판이다. 이러한 후설의 비판은 일찍이 니체가 근세의 이성중심주의(아폴론 중심주의)에 대한 비판을 디오니소스적 세계관으로 극복하려 했고, 또 후설 이후의 하이데거가 『휴머니즘에 관한 서간(*Über den Humanismus*)』에서 인본주의를 극복하려는 시도와도 맥락을 같이한다고 볼 수 있다.

84) '후설에 있어서의 데카르트적 길과 비데카르트적 길'에 대한 자세한 논의는 한전숙, 『현상학의 이해』, 107-203쪽 참조. 또한 L. Landgrebe, *Der Weg der Phänomenologie*, 163-206쪽("Husserls Abschied von Cartesianismus") 참조.

단히 판단하고 평가하며 의욕하고 결단하는 것 등의 활동에 의하여 직접적이고 구체적인 경험을 쌓아가는 바탕이 될 뿐만 아니라 또한 온갖 형태의 의미를 구성하며, 학문을 비롯한 갖가지의 문화 형태를 형성해 가는 기반이 되는 것이다. 이처럼 '생활세계'의 존재정립과 세계 내에서의 '자연적 태도'를 긍정적으로 전제하고 출발한 만큼 '에고 코기토'는 '생활세계'를 편력한 셈이 되고 그가 구성하는 의미의 세계 또한 이 '생활세계'에 귀속하는 것이다.

우리는 '자연적 태도'로 세계 속에서 직접적으로 사물을 경험하고 또 사물과 관계를 맺으며 살아간다. 그러기에 '자연적 태도'의 '일반정립'은 우리가 — 비록 선험적 환원을 거친 '순수의식'에서가 아니라 신체적 자아로서 세계와 대면하지만 — 세계를 경험하는 구체적인 수행방식인 것이다. 그러기에 '일반정립'은 우리가 미리부터 그리고 아주 자명하게 세계 안으로 발 들여 살고, 세계 내적 존재자에게 지향적으로 향하는 '원초적 실제(Urtatsache)'인 것이다.[85)]

우리의 주위환경은 그 개별적인 대상들이 우리를 인식으로 촉발하도록 관심을 끈다. 주위환경은 그러기에 우리의 모든 인식에 앞서, 또한 개별적인 대상에 대한 모든 파악에 앞서 '미리 주어져 있는' 것이다. 이런 주위환경을 후설은 '수동적 속견(Doxa)의 통일장'이라고 부른다.[86)] 속견의 영역이란 과거의 세대들과 우리들 세대의 일상생활의 경험이 남긴 습득성적 침전물의 영역을 나타낸다. 이 영역은 다름 아닌 생활세계의 영역이다. 선험현상학은 생활세계를 이처럼 그 자체로서 고찰하는 데에 그 우선적인 과제

---

85) L. Landgrebe, *Der Weg der Phänomenologie*, 45쪽 참조.

86) E. Husserl, *Erfahrung und Urteil*, 24쪽 참조.

로 둔다.

선험현상학은 생활세계의 '고유하고 지속적인 존재의미'를 드러내고, '가장 잘 알려진 것과 모든 인간의 삶에 언제나 이미 자명한 것'을 그 전형(Typik)대로 밝혀내며,[87] 생활세계의 '불변적인 본질의 전형(invariante Wesenstypik)'[88]과 '보편적인 구조'[89]를 밝히고, 생활세계의 선논리적 타당성과 또 이것이 논리적이고 이론적인 것의 토대가 되는 것을 드러내 보이며, 더 나아가서는 주관적-상대적인 것의 구성내용인 생활세계적 아프리오리를[90] 실증과학의 객관적 아프리오리에 대비시켜 분석해 내는 과제를 안고 있다. 이와 같이 후설은 '앞서 주어진(vorgegeben)' 생활세계를 등장시키고 분석하며, 반문하고 또 객관주의와 대조시키면서 현상학적 선험철학으로 나아간다.[91]

생활세계는 개별적인 대상들이 거기서부터 우리를 촉발하는 주위환경으로서 모든 경험과 모든 인식활동 및 모든 삶의 실천에 앞서 '이미 알려진 존재(Vorbekanntsein)'의 의미로 '먼저 주어져 있는' 영역으로 나타난다. 그러기에 후설은 이 영역을 '선소여성의 영역(Bereich der Vorgegebenheit)'[92]이라고 칭한다. 우리의 주위환경이 하나의 속견의 영역으로서 또한 생활세계로서 앞서 주어

87) E. Husserl, *Krisis*, 125쪽 이하 참조.

88) 앞의 책, 229쪽.

89) 앞의 책, 142쪽, 145쪽, 161쪽 이하 참조. 여기서 후설은 생활세계가 주관적이고 상대적임에도 불구하고 보편적인 구조를 가지고 있다고 지적한다. 생활세계는 비록 상대적이지만, 그 구조는 (이를테면 세계와 의식의 상관관계) 보편적이라는 것이다.

90) 앞의 책, 143쪽.

91) 앞의 책, 105-193쪽 참조.

92) E. Husserl, *Erfahrung und Urteil*, 24쪽.

져 있는 방식을 후설은 '수동적 선소여성(passive Vorgegebenheit)'[93]의 방식이라고 일컫는다. 그는 이 영역이 "어떠한 관여함이 없이도, 파악하는 시선이 향하지 않아도, 관심의 일깨움이 전혀 없어도 항상 (준비된 채) 거기에 존재한다."[94]는 데에서 수동성을 목격한다.[95]

'수동적 선소여성'에서 우리는 후설의 '세계'가 바로 우리들의 자발적이고 능동적인 활동에 의해 구성되는 것이 아니라, 언제나 이미 '세계'에 의해 우리가 '차지되어(eingenommen)' 있음을 보여주는 것이다.[96] 즉, "모든 능동적 파악은 '수동적 선소여성'을 전제로 하고 있다. 모든 능동적 파악은 (말하자면) 뭔가가 감각장(Sinnesfeldern)에 이미 준비되어 있어, 여기서 (눈에) 뜨이게 된다는 것을 전제로 한다."[97] 후설은 우리의 의식이 자발적으로 능동적인 활동을 펼치기 이전에, 대상이 앞서 주어져 있음으로 인하여 비로소 촉발되고 능동적 지향활동을 하도록 강요당하는 방식을 『경험과 판단』, 특히 『수동적 종합에로의 분석』[98]에서 심층적으로 논의하고 있다.

그런데 생활세계는 개인인 나 혼자만을 위한 세계가 아니라 공동체적 세계인 것이다. 세계는 또한 마치 순수하게 자신만의 고유한 자연법칙으로만 이루어져 있는 자연과 같이 우리의 간섭 없이(ohne unser Zutun) 주어져 있고, 다른 한편으론 우리에 의해서

---

93) 앞의 책, 24쪽, 26쪽 참조. 또한 *Krisis*, 149쪽.

94) E. Husserl, *Erfahrung und Urteil*, 24쪽.

95) W. 마르크스(이길우 옮김), 『현상학』, 167쪽 참조.

96) W. Marx, *Die Phänomenologie Edmund Husserls*, 110쪽 참조.

97) L. Landgrebe, *Der Weg der Phänomenologie*, 58쪽.

98) E. Husserl, *Analysen zur passiven Synthesis*(Hua. XI).

형성되고 이룩해진, 가꿔진(kultiviert) 세계인 것이다. 이를 통해 자연처럼 불변하는 세계의 토대 위에는 고유한 방식에 따라 형성된 주변세계들이 주어진다.[99] 후설의 '세계'는 그렇다면 앞에서 언급한 세계들을 모두 포괄하는 셈이다.

이런 세계 속에는 물론 '우리의 간섭 없이 주어져 있는' 세계도 포함된다. 이런 세계는 그렇다면 우리가 경험하고 활동하며 지평을 확대해 갈 수 있는, 세상의 그 어떤 것도 이 토대 위에서 일어날 수 있는 그러한 '토대-존재'인 것이다. 이런 '세계'는 그 안에서 어떤 개별적 경험이 가능하도록 하나의 전제로서 항상 거기에 있는 것이다. 이런 세계는 그렇다면 그 어떤 현상이나 사건(Ereignis)도 이 토대 위에서 일어나는 '전제 일반(Voraussetzung überhaupt)'이 된다.

후설의 지평구조로서의[100] '세계'는 곧 결코 우리와 무관하다거나 유리되어 있지 않고 유기적 관계를 갖는 세계이다. 우리는 이 '세계'와 직접적 연관을 갖고 경험하며 생동하고(lebendig) 그 안에서 산다. 세계의 본질적인 구조는 그렇다면 우리와 무관하고 격리된 어떤 관념론이나 형이상학에서 찾아지는 것이 아니라, 저러한 생생한 지평 속에서 찾아져야 한다. 후설의 '세계'에는 '세계 뒤의'[101] 어떤 또 다른 세계가 근원적으로 허용되지 않는다.[102]

---

99) L. Landgrebe, *Der Weg der Phänomenologie*, 49쪽 참조.

100) 지평의 개념에 대해서는 헬드(K. Held)가 적절하게 밝히고 있다: "지평(Horizont)이란 어원적으로 한계선(Begrenzungslinie), 한계(Grenze)를 뜻한다. 하나의 지평은 실제적(faktisch)으로 모든 것이 자신의 내부에서 대상으로 일어나는지를 확정하지는 않지만, 그러나 자신의 내부에서 나타날 수 있는 것을 대체로 규정한다."(K. Held, *Einleitung zu E. Husserls Phänomenologie der Lebenswelt*, 34-34쪽)

101) 'Hinterwelt'는 니체의 형이상학 비판에 관한 용어이다.

후설의 '세계'는 결코 하나의 존재자, 하나의 객체(Objekt)처럼 존재하지 않는다. "사물들이나 객체들은 그때마다 (어떤 존재확실성의 양태에서) 우리에게 타당한 것으로 '주어진(gegeben)' 것이다. 그것마저도 근원적으로 세계지평 내에서 사물들로서 또한 객체들로서 의식된 한에 있어서 '주어진' 것이다."[103] 여기서 우리는 세계 내의 사물들이며 객체들과 세계 자체와의 존재방식에 대한 차이를 알 수 있다.[104] 모든 것은 뭔가 우리에게서 지평으로 의식된 세계로부터의 무엇이다. 이 지평은 다른 한편으로 오로지 존재하는 객체를 위해서만 의식되고, 특별히 의식되지 않은 객체들은 실제적(aktuell)일 수 없다.[105]

사물은 우선 자신의 시공간적 지평을 갖는다. 공간적 지평은 곧 우리가 그 안에서 살고 또 모든 영역으로 더 넓은 경험의 개방된 가능성을 제공하는 우리의 '주변세계(Umwelt)'인 것이다. 이러한 주변세계는 그렇다면 곧 우리가 접할 수 있는 '세계'의 한 '단면'과 다름 아니다. 그런데 특이한 것은, 지평으로서의 세계는 결코 어떤 굳게 한정된 것이 아니라, 모든 영역으로의 확장이 가능하여 항상 세계의 새로운 영역이 접해질 수 있는 것이다. 사물은 또한 공간에서처럼 시간적으로 연장 가능한 지평을 갖는다. 이를테면 여기에 있는 이 캠퍼스는 벌써 이전에도 자신의 장소에 터 잡고 서 있었으며 또한 미래에도 (최소한 어느 일정기간 동안) 동일한 캠퍼스로 터 잡고 있기에 우리는 또다시 이 강의실에 거할 수 있는 것이다.[106]

102) L. Landgrebe, *Der Weg der Phänomenologie*, 48쪽 참조.

103) E. Husserl, *Krisis*, 146쪽.

104) 앞의 책, 146쪽 참조.

105) 앞의 책, 146쪽 참조.

시공의 지평과 마찬가지로 '세계'는 개별적인 지각활동들의 지평으로서의 세계이다. 지각활동도 또한 지향적 대상을 넓혀 나가며 지평을 확장할 수 있다. 그리하여 후설의 지평적 '세계'는 모든 개별적인 정립에도 순응하는 포괄적인 신념의 토대(Glaubensboden)이고 '총체지평'이다. 그러기에 '세계 전체'는 대상영역들의 총합이 아니라 모든 지평들을 위한 '보편지평'인 것이다. 즉 말하자면, 그것은 '지시연관(Verweisungsbezuege)'에 의한 모든 것이 서로 연결된 나의 가능성들의 포괄적인 활동공간인 것이다.[107)]

생활세계적 태도가 갖는 특징 가운데 하나는 — 우리가 앞에서 논의했듯이 — 그것이 주관적이고 상대적이라는 점이다. 즉 생활세계적 태도를 가진 주체는 생활세계 속에 존재하는 모든 것에 대해 상대적이고 주관적인 경험을 한다는 것이다. 그러기에 생활세계적 태도는 그것에 한해서, 자신의 영역 내에서 타당성을 지니며, 다른 영역(이를테면 논리적이거나 과학적인)에 타당하고 적용되어야 하는 필연성을 갖지 않아도 되는 그 자체적 진리의미를 소유하고 있다.

그런데 생활세계는 주관적-상대적이지만 또한 동시에 객관적이기도 하다. 생활세계는 모든 사람에게 공통되게(allgemeinsam) '먼저 주어져(vorgegeben)' 있고, 모든 인간들의 이론적이고 실천적인 행위가 이루어지는 영역이며, 누구에게나 현존하고 또 누구나 그 객체들에 접할 수 있는 세계로서 이미 주어져 있다.[108)] 이러한 객관적이고 '먼저 주어져 있는' 생활세계는 (은폐된 주관성

---

106) L. Landgrebe, *Der Weg der Phänomenologie*, 42쪽 참조.

107) E. Husserl(Hrg. und eingel. von K. Held), *Phänomenologie der Lebenswelt*, 38쪽 참조.

108) E. Husserl, *Krisis*, §33, 258-259쪽 참조.

에 의해) 상호주관적으로 구성되어 있으며, 따라서 생활세계 내의 모든 객체들도 상호주관적으로 '누구에게 대해서도 거기에' 있음을 지시하고 있다.

생활세계는 또한, 그 속에서 일어나는 모든 것을 담아내는 지평구조로서의 세계가 밝히듯이 인격과 문화의 세계이기도 하다. 이를 후설은 『위기』의 여러 곳에서 언급하고 있다.[109] 문화세계는 무엇보다도 인간의 주체적 의식활동의 결과 전부를 일컫기에 의미의 총체라고 할 수 있다. 문화활동은 곧 인간의 정신적인 **의미구성활동**이라고 하지 않을 수 없다.[110] 따라서 어떤 공동체의 정신적 주체인 인격체들의 의미구성활동이 창조해 놓은 의미의 총체는 곧 그 공동체의 문화인 것이다.

의미구성활동에 필요한 자료는 물론 기존의 쌓아놓은 문화로부터 주어지며,[111] 지금의 문화활동의 결과는 이와 같이 그 뒤에 일어나는 의미구성활동의 자료로 작용할 수 있다. 그러기에 문화세계는 새로운 문화활동의 지평이며 기반이고, 자료의 공급원일 뿐만 아니라, 그 결과를 보관하는 저장고가 되는 것이다.[112] 그런데 후설이 생활세계를 문화세계로 나타낸 것은 "단순히 생활세계의 한 중요한 특징을 말하려는 것 이상의 의미를 가지고 있다. 그것은 그의 선험적 현상학의 궁극적 의도와 역사적 의의와도 관계있음이 드러난다."[113]

---

109) 앞의 책, 115쪽, 141-142쪽, 191쪽, 208쪽, 263쪽, 375쪽, 378쪽 이하 참조.

110) 앞의 책, §29 참조.

111) E. Husserl, *Ideen II*(Hua. IV), 114쪽 참조.

112) 앞의 책, 115쪽 참조.

113) 손봉호, 「생활세계」, 『현상학이란 무엇인가』, 150쪽.

우리가 일상적으로 살아가는 생활세계는 다름 아닌 그 구성자요 주체인 인격체들에 의해 형성된 문화세계인 것이다. 문화세계를 형성하는 인격체들은 주위환경으로부터 영향을 받기도 하지만, 이와 반대로 능동적인 문화활동을 통하여 주위세계를 변경하고 개조해 가는 주체이기도 하다.[114] 이와 같은 인격체들의 문화활동은 우리의 정보문화에도 많은 시사점을 제공하는데, 그것은 인격체들의 문화활동을 통해 정보문화를 업그레이드시킬 수 있는 가능성이 주어지기 때문이다. 문제는 그런 열쇠를 쥔 인격체인 주체에게 놓여 있는 것이다.[115]

후설의 생활세계와 문화세계에 관환 현상학적 논의는 무엇보다도 공동체의 의미가 크게 부각된다. 이런 공동체의 중요성을 고려할 때 후설의 현상학이 주체중심주의라거나 유아론이라는 비판은 설 자리가 없다. 이를테면 의미구성활동으로서의 문화세계의 형성은 결코 어떤 특정한 개인들에 의해 만들어지지 않는다. 그것은 일정한 문화공동체 안에서 공동체로 활동하는 정신적 인격체들에 의해 형성되고 주어지는 종합적인 산물이다.[116]

정신적인 주체들의 의미구성활동이 문화활동과 일맥상통하다면, 주체들의 위상이 살아 있고 이러한 주체들에 의한 쌍방향 커

114) 란트만(M. Landmann)의 인간본질에 대한 규명은 곧 인간의 문화에 대한 능동적이고 수동적인 위치를 잘 밝혀주고 있다. 그에 의하면 인간은 '문화의 창조자이면서 피지배자(Der Mensch als Schöpfer und Geschöpf der Kultur)'이다.

115) 손봉호 교수는 후설에게서의 '생활세계'의 주관적 성격을 잘 지적하고 있다. 그에 의하면 "생활세계는 인간에 의한, 인간을 위한, 인간의 세계이다."(손봉호, 「후설의 현상학에 있어서 태도(Einstellung)의 문제」, 『철학』 제12집, 1978, 130쪽)

116) E. Husserl, *Ideen II*(Hua. IV), 124쪽, 136쪽, 166쪽, 375쪽 참조.

뮤니케이션이 가능한 매체 — 이를테면 인터넷 — 에서는 생산적인 문화활동이 원리적으로 가능함을 직시할 수 있다. 인터넷에서 의미구성활동과 의미생산활동이 원리적으로 가능한 이상, 더 나아가 인터넷을 성숙한 문화마당으로 가꾸기 위해서는 무엇보다도 이를 운영하는 문화활동의 당사자인 인간주체들이 먼저 정신적으로(지적으로, 교양적으로, 윤리적으로, 정보기술적으로 등등) 업그레이드되어야 하는 것이 핵심적인 전제로 드러난다. 문제는 인간주체들에게 있고 매체문화의 승패와 전망 역시 인간주체들에게 놓여 있다.

그러기에 후설은 문화세계와 생활세계의 현상학에선 선험적 주체라는 용어 대신에 인격체를 전방에 내세운다. 말하자면 이러한 세계의 구성에 가장 중심이 되는 것은 그 구성자요 주체인 인격체들이고, 또 이들은 이러한 세계의 궁극적 사용자이다. 후설의 고전적 현상학에서는 주로 선험적 관념론이 부각되었고, 또 이 선험적 영역에서의 주체는 선험적 주체 혹은 순수자아였지만, 그러나 생활세계와 문화세계에서의 주체는 인격체들이다.[117] 문화세계는 다름 아닌 인격체들에 의하여 형성되고 변화 · 발전하며 이들에 의해서 의미를 갖는 세계이다.

후설은 인격체들에 의한 '인격주의적 태도(Personalistische Einstellung)'를 '자연주의적인 태도(Naturalistische Einstellung)'와 구분하고 있는데, 전자가 '자연스러운' 태도를 취하는 반면 후자는 '인위적'이라는 것이다.[118] 후자는 『위기』나 『경험과 판단』에서도

117) 앞의 책, 193쪽, 288쪽, 374쪽 이하 참조; *Krisis*, 107쪽, 112쪽, 124쪽 참조; *Cartesianische Meditationen*(Gesammelte Schriften 8), 162쪽 참조.

118) E. Husserl, *Ideen II*(Hua. IV), 173-185쪽 참조.

잘 드러나듯 세계를 객관적이고 자존적인 통일체로 보고 이러한 이념을 척도로 하여 자연을 파악하는 태도인데, 이는 자연을 추상화하고 '이념의 옷'을 입히는 방식이다. 이에 비해 전자는 일상적인 삶 가운데서 "우리가 서로 함께 살고 이야기를 주고받으며, 서로 악수를 하고 인사를 나누며, 또한 사랑과 미움, 심사숙고와 행동, 대화를 나누는 것 등에서 서로 관계를 맺을 때"[119] 우리가 취하는 태도인 것이다.

---

119) 앞의 책, 183쪽.

4 장

정보해석학과 해체

1. 정보해석학에서의 해체?

'철학은 시대의 아들'이라는 헤겔의 진술을 견주어 봐도 알 수 있듯이 현대의 정보사회는 다양한 매체문화에 의존하는 바가 크고, 또 다른 한편으로 현대사상의 조류인 포스트모던과 유대관계를 갖고 있다. 포스트모던은 '권력중심주의의 해체'라든지 주체중심주의의 해체를 주도하고, 현대인의 복잡성과 다양성을 바탕으로 다원주의를 표방하는 등 현대문화 전반에 큰 영향을 미치고 있다. 그러나 매체문화와 정보해석학에는 포스트모던의 사유방식이 적지 않게 거부반응을 보이고 있는 것도 사실이다. 무조건 현대문화라고 혹은 유행문화라고 따라만 가는 우매함을 범하지 않기 위해서는 매체문화를 중심으로 한 포스트모던과의 논쟁도 필요한 것으로 사료된다.

이러한 논쟁 부분은 여러 곳에 산재해 있다. 이를테면 자연적으로 그리고 필연적으로 명시되어야 하고 또 해석학과 정보해석학에서의 주요 테마가 되는 '주체'와 '의미', '이해'와 '실재' 및 '가상실재'의 문제가 포스트모던적인 매체관의 지배를 받을 경우 — 서문에서도 언급했듯이 — 하이퍼텍스트로 규명되는 매체문화가 무질서로 전락될 위험에 처하게 된다. 사실 포스트모던은 철학사적으로 경우에 따라서 긍정적으로 받아들여지기도 하고 또 경우에 따라서는 부정적인 측면에서 논의되기도 한다. 그러나 이것이 정보해석에 적용됨에 따라 적지 않은 문제가 야기되고 있다. 그것은 무엇보다도 하이퍼텍스트의 특성상 주체와 의미의 문제가 불명확함에 따라 야기되는 혼란과 그 책임소여가 문제되기 때문이다.

우선 우리는 데리다의 '해체' 프로그램이 오늘날의 정보사회와 매체문화에 적용될 수 있는지에 관해 숙고해 본다. 만약 '해체'의 프로그램이 부정적 요소를 띤 '권력'이나 '지배' 및 권력화된 주체중심주의와 같은 현상에 적용되면 생산적인 역할, 즉 약이 되는 '파르마콘(Pharmakon)'을 기대할 수 있겠지만, 그러나 '의미'나 책임이며 또 이들의 소여 당사자인 '주체'에 적용되면 오히려 독이 되는 '파르마콘'이 될 것이다. 정보사회와 매체문화는 복합적으로 그리고 복잡하게 얽혀 있을 뿐만 아니라, 태생적으로 의미생산이 주요 관건이기 때문에 주체와 주체의 책임에 아무렇게나 '해체'의 척도를 들이댈 수 없다.

데리다는 어떤 형태로든지 텍스트의 의미를 지배하는 주체는 소멸되어야 한다고 주장하지만, 그러나 텍스트에 의미를 부여한 책임소여로서의 주체는 소멸되어야 하기보다는 오히려 명백하게 드러나야 한다. 의미구성이나 책임소여로서의 주체마저 '해체'하고 나면 필연적으로 도래하는 허무주의는 과연 누구와 무엇을 위한 것인지 의혹으로 남을 따름이다. 데리다와 같은 해체주의자는 모든 것을 상대화시켜 버렸을 뿐만 아니라, 긍정적인 대안을 누구나 수긍하게끔 제시하지 못하고 있다는 데에 문제가 있다.

이 장(章)에서는 특히 '해체론'이 정보해석학에 적용됨에 따라 일어나는 익명성의 문제들을 지적하고 그 대안을 모색한다. 정보해석학에서는 주체의 의미가 오히려 더욱 명백하게 드러나지 않으면 안 된다. 물론 이때의 주체도 결코 주체중심주의로 기울거나 권력중심으로 귀착하는 것이 결코 아니다. 그것은 정보발원의 주체와 정보를 전달하는 주체가 분명해야 하고 결코 무책임한 익명성으로 귀결되어서는 안 되기 때문이다. 무엇보다도 모든 책임소여의 형태로서 주체를 회피할 수 없기 때문이다. 만약 이러한 주체를 해체해 버린다면 무수한 익명의 유령들이 고개를 내밀어 정보의 바다를 오염시키는가 하면 사이버 테러를 벌이고 공동체를 유린하는 등 매체문화를 도탄으로 끌고 갈 위험에 놓이게 된다.

오늘날 이런 현상은 건전한 매체문화의 형성에 장애요소가 된다. '욕티즌'과 '섹티즌'이라는 신조어가 생겨나고, 홈페이지 다운과 언어폭력, 인신공격, 명예훼손, 금융사기 사건 등 갖가지 사회악이 인터넷의 정보망을 통해 수시로 일어나고 있다. 따라서 유령주체와 익명이 아닌, 행위주체와 책임주체의 의미가 시급히 회복되어야 한다. '욕티즌'들이 날뛰면서 그들의 마음에 들지 않는 개인이나 회사, 단체나 정당을 인터넷을 통해 '벌떼 비방'을 일삼는 현상이 자주 터진다. 또한 갖가지 금융사기 사건이나, '섹티즌'에 의한 사회오염은 거의 일상화되어 있는 편이다. 이런 맥락에서 건전한 매체문화의 정립을 위해서는 우선 해체에서 주체로의 이행이 불가피하다. 책임소여로서의 확실한 주체는 익명성 안에서 안주하는 매체문화의 부정성을 어느 정도 치유할 수 있기 때문이다.

이 외에도 포스트모던 시대의 매체문화에서 문제가 되는 것은 의미추구에 대한 사항이다. 사람들은 왜 컴퓨터를 켜고 인터넷을 하는가? 사람들은 어떤 이유에서건 의미를 추구하기 위해서 시간과 에너지를 쏟으며 정보문화에 참가한다. 그런데 매체를 중심으로 하는 정보전달은 어디까지나 그 자체가 목적이 아니라, 의미구성과 의미추구를 향한 과정이라는 것을 고려할 때, '탈-의미'의 시도는 결국 의미에 대한 존재론적 이해의 결핍에서 기인한다.

무엇보다도 포스트모던의 해체요구와 주장에는 끊임없이 숨겨진, 그러나 더 강력한 주체와 의미추구의 요소가 들어 있다는 점에서 결과적으로 주체를 해체시키는 자신들의 주체만 인정함으로써 스스로를 특권화시킨다고 볼 수 있다.

데리다의 해체주의 계보로 일컬어지는 니체와 하이데거의 사유는 이성중심의 전통 형이상학을 비판하고 또 해체하기를 시도하지만, 그러나 이들에게는 대안마련에 대한 고뇌의 흔적이 있다. 일찍이 니체가 서구 사유에 배태된 니힐리즘을 개탄하거나 혹은 하이데거가 '존재망각'과 '고향상실증'을 개탄했을 때에는 인류의 미래를 위한 대안이나 '이정표(Wegmarken)'도 제시되지만,[1)] 데리다에 의한 해체를 위한 해체나 음성중심주의를 대체하는 문자중심주의는 도대체 인류에게 무슨 희망의 메시지를 던지는지 확실치 않다.[2)]

가다머는 데리다가 하이데거의 '해체(Destruktion)'개념을 원용하였으나, 이를 오해하고 잘못 판단하여 '파괴(Zerstörung)'개념으

---

1) M. Heidegger, *Sein und Zeit*, Max Niemeyer: Tübingen, 1984, 22쪽 참조.

2) 김영필 교수도 니체와 하이데거에 비교되는 데리다의 해체를 잘 지적하고 있다: "데리다와 로티(R. Rorty)는 하이데거나 니체의 해체를 지나치게 파괴적으로만 읽고 모든 형태의 객관성과 합리성을 거부하는 극단적 맥락주의를 고수한다."(김영필, 『현대철학의 전개』, 이문출판사, 1998)

로 사용하고 있다고 지적한다.[3] 그러나 이 원래의 해체개념은 가다머도 잘 밝히듯 결코 어떤 '파괴'와 같은 부정적인 반향(反響)을 일컫지 않고, 본래적인 것을 되찾고 이해할 것을 차단하고 있는 것을 해제 혹은 분해한다는 의미로서의 해체인 것이다. 말하자면 형이상학적 개념성에 의해 차단되고 가려져버린 것을 제거(해체)하여서는 오늘날의 살아 있는 언어로 다시 말하기 위해서, 오늘날의 존재경험이나 실존경험으로의 더 나은 이해를 도모하기 위해서 그러한 해체개념을 사용한 것이다.[4]

데리다의 해체론에는 양운덕 교수가 지적하듯 '순수한 파괴주의자'[5]의 모습이 드러난다. 양운덕 교수에 의하면 그는 "우상으로 전락할 자신의 진리를 제시하지 않음으로써 무자비한 비판을 할 수 있으며 자기 자신은 비판받지 않는 유리한 위치에 서게 된다."[6] 고 하지만, 그는 과연 자신의 목소리로 된 진리주장을 하지 않았는가? 해체든 '무자비한 비판'이든 거기엔 그러나 자신의 목소리로 된 진리주장이 있다는 것을 스스로 드러내고 있다. 이와 같이 문장수 교수도 "해체론 혹은 해체주의가 아무리 방법론적 문제라고 하더라도, 이것에 고유한 모종의 이론적 체계를 말할 수 없는

---

3) H.-G. Gadamer, "Frühromantik, Hermeneutik, Dekonstuktivismus", in *Gesammelte Werke* Bd. 10, J.C.B. Mohr: Tübingen, 1995, 132쪽 이하 참조; H.-G. Gadamer, "Dekonstruktion und Hermeneutik", in *Gesammelte Werke* Bd. 10, J.C.B. Mohr: Tübingen, 1995, 145쪽 이하 참조.

4) H.-G. Gadamer, "Dekonstruktion und Hermeneutik", in *Gesammelte Werke* Bd. 10, 145쪽 이하 참조. 형이상학적 개념에 의해 차단된 것을 해체하고 살아 있는 언어로 다시 말하게 하는 것을 가다머는 '해석학적 과제'라고 한다(앞의 책, 146쪽 참조).

5) 양운덕, 「자크 데리다」, 박정호 · 양운덕 · 이봉재 · 조광제 엮음, 『현대 철학의 흐름』, 동녘, 2003, 346쪽.

6) 앞의 책, 346쪽.

것은 아니다."[7]라고 지적한다. 해체를 한다는 것은 일종의 또 다른 구성이라고 할 수 있으며,[8] 데리다가 객체를 해체한다거나 주체해체, 현전의 형이상학 해체 등을 구체적으로 일삼는 것은 역설적인 새로운 구성이라고 하지 않을 수 없기 때문이다.

데리다의 철학이 어떤 긍정적인 의미나 희망적인 메시지를 드러내지 않고 해체를 위한 해체에 머물 수밖에 없는 것은 이미 구조적으로 확정되어 있다. 말하자면 이성중심주의나 음성중심주의, 현전의 형이상학을 극복한 어떤 새로운 학문은 그에게서 실현될 수 없는데, 그것은 이들에 대한 비판이 논증이나 증명, 또는 학문적 논거에 의존한다면 이것은 또다시 현전의 학문으로 함몰되기 때문이다. 그러기에 그의 철학은 기존의 학문(체계)과 사유방식을 끊임없이 해체하는 것으로만 남는다. 그의 '차연'은 결코 어떤 독립된 학문의 대상일 수 없고, 그의 그라마톨로지 또한 어떤 현전의 상태로 환원될 수 없다는 것이다.[9] 그러기에 그의 철학은 해체를 위한 해체로 남게 되고 기존의 철학을 해체하는 데서 기생적으로 살아남는다.

그러나 자세히 들여다보면 이성중심주의든 음성중심주의든 혹은 '현전의 형이상학'이든 원리적으로 데리다를 위해서라도 다 해체되어서는 안 된다. 그것은 '차연'의 존속을 위해서 꼭 필요한 존재이기 때문이다. 항상 뭔가 존재하는 것에 기생하는 '차연'은 이 뭔가가 없으면 차연 자체도 존재할 수 없기 때문이다. 따라서 이 뭔가('현전의 형이상학' 등)는 데리다의 '차연'이나 '차이'의 영광

---

7) 문장수, 『의미와 진리』, 경북대학교 출판부, 2004, 270쪽.

8) 앞의 책, 286쪽 이하 참조.

9) J. Derrida, *Grammatologie*, Suhrkamp, 1983, Kapitel 2, "Linguistik und Grammatologie", 49쪽 이하 참조.

을 위해서 강제로라도 존재하면서 끊임없이 자기부정을 일삼는 시녀노릇을 하든지 혹은 결박된 채 끊임없이 간을 쪼아 먹히는 프로메테우스의 운명을 받아들여야 하는 것이다.

'차이'와 '다름'은 이미 구조주의 언어학의 원류라고 할 수 있는 소쉬르(Ferdinand Saussure)에게서 원리로 받아들여진다. 그에 의하면 기호의 의미는 그 언표가 변별적이어야 하며, 그에 따른 하나의 기호가 다른 것과 차이를 드러내어야만 기호로서의 역할을 수행할 수 있다.[10] 그러나 데리다는 이러한 소쉬르의 주장을 확대하고 일반화하여 동일성에 대한 차이의 우선성을 내세운다.

해체개념의 계보를 파악하면서 문장수 교수는 후설의 '현상학적 환원'에도 또 하이데거의 해체개념에도 어떤 "부정적인 해체나 거부만을 근본적인 목표로 삼는 것이 아니라, 이러한 객관적 세계 아래에 은폐되어 있는 토대적 세계를 해명"하고, 어떤 "객관적 이론적 시선에도 드러나지 않고 은폐되어 있는 미지의 원형에 도달하려는 이상을 지시한다."고 밝힌다.[11]

주지하다시피 데리다의 '해체(déconstruction)'개념은 하이데거

---

10) 데리다는 기호의 역할을 '무엇인가를 위한 대치(à la place de für etwas)'로 본다. 말하자면 어떤 X가 기호의 역할을 수행하는 것은 이것이 자신과는 다른 어떤 무엇을 대리하고 대치하기 때문이다(J. Derrida, *La voix et le phénomène*, P.U.F.: Paris, 1967, 98-99쪽 참조). 이러한 데리다의 기호에 대한 규명은 대체로 받아들여지고 있는 편이다. 그러나 기호가 조금 복잡하거나 애매할 경우에는 박이문 교수의 데리다 비판처럼 위의 규명은 적용되기 어렵다: "그러나 대답은 순환적이다. 어떤 '손의 움직임'이나 '개'라는 모양의 시각적 혹은 청각적 대상이 각기 그것들 외의 무엇을 대치하는 것인지 아닌지를 어떻게 가려낼 수 있느냐의 물음이 곧 나오기 때문이다. 이러한 구별은 지각적 관찰을 넘어 다른 무엇이 이미 전제되어 있다."(박이문, 『자연, 인간, 언어』, 124쪽)

11) 문장수, 『의미와 진리』, 268쪽 참조.

가 전승된 서구 형이상학에서의 '존재자론'을 문제 삼고 이를 해체하는 철학적 시도와 맥락을 함께하고 있다. 그래서 그의 '해체' 개념은 이런 '존재자론' 해체의 "다른 이름이고, 나아가 이런 하이데거의 작업을 더욱 철저하게 관철시켜 하이데거의 존재론까지 해체하려는 것이다."[12)]

데리다에 의하면 형이상학의 역사는 플라톤에서 헤겔을 거쳐 후설과 하이데거에 이르기까지[13)] 항상 이성중심주의와 음성중심주의적인 입장에서 형이상학을 펼쳤으며, 이러한 입장은 '현전의 형이상학(Metaphysik der Präsenz)'[14)]으로 총칭된다. 데리다에 의하면 "음성중심주의(또는 이성중심주의)에 의한 철학적 시원과 완성 사이에는 결정적인 방식으로 현전의 모티브가 대두되었다."[15)] '현전의 형이상학'에는 항상 이성이나 음성언어만이 진리를 획득할 수 있다고 여겼으며, 이성과 음성언어만이 의식에 현전적이라는 편견에 사로잡혀 있다는 것이 데리다의 비판이고, 따라서 이것이 그의 해체 프로그램의 주요 대상이다. 그는 현전과 동일성의 관점에서가 아니라, 비현전과 부재(absence) 및 차이[16)]의 관점에

12) J. Derrida, *Grammatologie*, übersetzt von H.-J. Rheinberger und H. Zischler, Suhrkamp: Frankfurt a. M., 1983, 44쪽 참조; 양운덕, 「자크 데리다」, 『현대 철학의 흐름』, 349쪽.

13) J. Derrida, *Grammatologie*, 11쪽 참조; J. Derrida, 『목소리와 현상』 참조.

14) J. Derrida, *Grammatologie*, 11쪽 이하, 175쪽 이하, 229쪽 참조.

15) 앞의 책, 174쪽.

16) '차이(différence)', 혹은 '다름'은 포스트모던이 추구하는, 특히 데리다에게 핵심적인 모토이다. 그러나 보드리야르는 이 '차이'의 사라짐을 그리고 무차별성을 중요한 이슈로 삼고 명백하게 드러내 보인다. 그는 데리다에게서 절대적인 위치를 점하고 있는 이 '차이', '다름', '구별'의 제거에 초점을 맞추고 있다. 그는 실재와 '가상실재' 사이에 "지고(至高)의

서 의미를 설명한다.

그런데 전통의 철학이 음성보다는 오히려 문자의 형태로 전승되었기에, 이런 전통철학을 음성중심주의와 현전의 철학으로 몰아붙인다거나 '현전'만을 중요 이슈로 삼았다고 한다면, 그것은 무리한 주장이다. 전통철학의 어떤 분야가 음성언어를 강조했다고 하더라도 그것은 레비나스도 그 예를 잘 보여주듯이 — 음성중심의 '하는 말(le dire)'이 문자로 굳어진 '한 말(le dit)'보다 더 생동적일 뿐만 아니라 타자가 주체인 나에게 직접 말을 걸고 있다는 사실과, 나아가 말을 하는 타자의 얼굴과 언어에서 무한하고 절대적인 타자성을 읽을 수 있기 때문이다[17] — 최소한 직접적이고 실제적이며 현장감이 생동하고 있다는 사실을 밝혀주는 것이다.

또한 음성언어에서 말한다는 것은 후설의 지향성 개념에도 잘 밝혀져 있듯이 항상 '무엇 무엇에 관해서' 말한다는 것이며, 결코 단순한 기호체계에 붙잡혀 있는 것은 아니다. **모든 언어활동은 그것이 음성언어든 문자언어든 상관없이 기호체계를 초월하여 지향하는 내용을 갖고 있는 것이다.** 즉 말하는 것은 항상 무엇 무엇에 관해 말하는, 말하자면 어떤 내용을 담고 있는 의미지향적 활동이고 또한 의미해석적인 활동인 것이다. 바로 이러한 요소를 담고 있기 때문에 언어는 의사소통이 가능하게 하는 기본 골격을 갖춘 것이다. 의사소통을 하는 당사자가 구체적인 주체들인 한, 언어활동은 (구조주의가 말하는) 구조에 의해 생산되는 것만이 아니라,

---

'다름'이 사라져버린" 것을 지적한다(장 보드리야르, 하태환 옮김, 『시뮬라시옹』, 13쪽 이하, 22쪽 이하 참조). 실체와 조작된 이미지가 동일한 하나가 되는 단계, '다름 자체를 위협하는' 단계(앞의 책, 19쪽), 이러한 단계야말로 시뮬라시옹의 단계이다.

17) 엠마누엘 레비나스(양명수 옮김), 『윤리와 무한』, 50쪽.

언어행위를 하는 책임소여의 구체적인 주체에 의한 생산활동임을 부인할 수는 없다.

데리다가 현전성을 부정적인 요인으로 본 것을 긍정적인 시각에서 고찰할 때, 우리는 물론 근거가 있는 사항을 발견할 수 있다. 이를테면 문자매체나 인쇄매체에서는 의사소통의 참여자들이 불가피하게 겪게 되는 현전의 한계에서 벗어날 수 있다. 현전의 한계 때문에 드러내지 못한 의사표시나 내용이 있을 것이고 심지어 원치 않는 실수도 일어날 것이다. 그러나 이런 이유만으로 문자중심주의[18]로 전회를 감행해야 한다는 것은 무리인 것이다.

오늘날 멀티미디어의 전자통신매체에선 앞에서 언급한 현전의 한계를 충분히 극복할 수 있는 장치가 마련되어 있다. 기존의 매체인 라디오나 텔레비전 및 전화의 경우 주로 음성에 의존하지만, 이 또한 녹음으로 저장이 가능하며(이는 일종의 현전성의 극복이다) 음성언어의 문자로의 변환 또한 가능한 상태이다. 인터넷을 비롯한 각종 원격통신들이 의사소통에 관련된 장소나 시간의 한계를 극복한 것이(현전성 극복) 물론이거니와 정보의 저장기술을 통해 발신자와 수신자 모두가 시간자원을 자유롭게 처분할 수 있게 되어 현전성의 한계를 극복하고 있다. 그러나 정보사회와 매체문화에서 중요한 사항은 문자를 중심으로 현전성을 극복하는 것이 핵심적인 관건이라고 할 수는 없다. 즉 멀티미디어의 전자매체에선 문자뿐만 아니라 음향과 이미지, 하이퍼텍스트와 동영상까지 결합되어 의사소통의 차원이 훨씬 높아진 데 있다.

데리다의 해체 프로그램은 단순히 현전의 형이상학에만 걸쳐 있는 것이 아니라, 전통철학 전반에 걸쳐 시도된다. 그러나 그의

---

18) J. Derrida, *Grammatologie*, 16쪽 이하, 130쪽 이하, 208쪽 이하 참조.

해체를 위한 해체철학은 많은 의문점을 안고 있다. 도대체 무엇을 위한 혹은 무엇 때문에 해체인가에 대한 답변이 필요하기 때문이다. 왜 남들이 쌓아올린 집은— 그것도 살 만한 거주공간이라면 — 허물어져야만 하는가. 다른 거주공간을 쌓겠다고? 그러나 데리다는 그런 집을 쌓지 않으면서 허물기만을 전담하겠다고 하지 않는가. 하이데거의 경우 전통에 의해 경직되고 은폐되어 버린, 혹은 망각되어 버린 형이상학을 해체하고,[19] 그 속에 방치된 그러나 생생한 '근원적 경험(die ursprüngliche Erfahrungen)'을 획득하자는 것이다. 일반적으로 하이데거의 사유엔 근원과 본래성으로의 소급이라고 하는 경향이 강하게 드러난다. 이러한 경향 때문에 '해체(Destruktion)'라는 표현이 주는 어떤 허물어내는 성격과는 달리 적극적이고 건설적인 의미가 있다는 것을 인정해야 한다.

그러나 데리다에게서는 이러한 의미가 드러나지 않는다는 것이다. 그의 철학이 이러한 의미를 드러내지 않고 해체를 위한 해체에 머물 수밖에 없는 것은 이미 구조적으로 짜여져 있다. 말하자면 이성중심주의나 음성중심주의나 현전의 형이상학을 극복한 어떤 새로운 학문은 그에게서 실현될 수 없는데, 그것은 이들에 대한 비판이 논증이나 증명, 또는 학문적 논거에 의존한다면 이것은 또다시 현전의 학문으로 함몰되기 때문이다. 그러기에 그의 철학은 기존의 학문(체계)과 사유방식을 끊임없이 해체하는 것으로만 남는다. 그의 '차연'은 결코 어떤 독립된 학문의 대상일 수 없고, 그의 그라마톨로지 또한 어떤 현전의 상태로 환원될 수 없다는 것이다.[20] 그러기에 그의 철학은 해체를 위한 해체로 남게 되고 기

19) M. Heidegger, *Sein und Zeit*, 22쪽 참조.

20) J. Derrida, *Grammatologie*, Kapitel 2, "Linguistik und Grammatologie", 49쪽 이하 참조.

존의 철학을 해체하는 데서 기생적으로 살아남는다. 기존 철학의 중요 테마 중에서는 주체나 의미, 언어, 로고스와 같은 것들이 그의 주요 해체 대상이다.

그런데 정보사회와 매체문화는 어떤 형태로든 의미생산을 목적으로 하고서 태동된 것이다. 이 의미생산뿐만 아니라 정보교환이나 정보획득 및 의미의 획득 등은 필연적으로 인간주체를 전제로 하기에 주체는 해체되어야 하기보다는 오히려 명백하게 드러나야 한다. 만약 의미를 생산 · 교환 · 구성 · 획득하는 주체마저 '해체' 되고 나면 필연적으로 도래하는 허무주의는 과연 누구와 무엇을 위한 것인가. 데리다와 같은 해체주의자는 극단적 해체를 통해 카타르시스를 향유할 수 있을지 몰라도, 이러한 허무주의뿐만 아니라 해체 이후에 도래하는 상대주의의 문제에 대해서도 아무런 긍정적인 대안을 제시하지 못하고 있다는 데에 문제가 있다.[21]

포스트모더니스트들에게서 주체는 한갓 언어적 그물망 속에 구조 지워져 있는 기호에 불과하고 아무런 실체적 의미를 갖지 못한다.[22] 이들에게서의 주체는 '바닷물에 곧 씻겨 내려갈 모래 위에

---

21) 윤평중 교수도 지적하지만, 데리다는 "지배적인 로고스 중심주의를 공격하면서 너무 멀리까지 나아갔다." 결국 인식론적 무정부주의와 가치론적 상대주의만 귀결되는 결과를 가져온 셈이다(윤평중, 『푸코와 하버마스를 넘어서』, 교보문고, 2005, 242쪽 참조).

22) 김영필 교수는 포스트모던의 주체개념을 다음과 같이 적절하게 요약하고 있다: "포스트모더니즘은 주체를 우연성과 다양성의 다발로 흩어 놓았으며, 아무런 정체성에도 발을 내리지 않은 주체는 해체적 카타르시스에 도취한 포스트모던적 나르시스트가 빚어낸 무기력한 능기(Signifier)에 지나지 않는다. 특히 주체는 언어적 질서에 갇혀 있는 기호체계로 변모되어 개인의 실존과 주체성을 상실한 채 집단의 구조와 규칙에 힘없이 휩쓸려 다니는 기호들의 군상으로 세척된다."(김영필, 『현대철학의 전개』, 204쪽)

그려진 얼굴'(푸코)과도 같고 떠다니는 '유령'(데리다)과도 같다. 그들은 한결같이 주체의 해체를 주장한다. 마치 가학증세를 드러내듯 습관적으로 내뱉는 말이 '인간의 죽음'이고 '저자의 죽음'이며 '주체의 해체'와 '주체의 소멸'(푸코), '주체의 장례'(라캉), '자아-동일성의 분산' 등이다. 그렇다면 포스트모던의 도전에 대한 대응은 화자(話者) 없는 담론, 저자 없는 텍스트 그리고 배우 없는 연극을 실현해야 하는, 유령으로 주체의 역할을 대체하는, 다소 마법행위와도 같은 아이러니를 불러온다.

구조주의와 후기 구조주의 및 포스트모던의 사조들은 한결같이 주체에 폭력을 가했는데, 이들에 의하면 주체는 한갓 언어적 혹은 역사적 구조의 산물에 불과하다는 것이다.[23] 그러기에 포스트모던의 아이러니들 중의 하나는 "화자, 저자, 및 배우로서의 — 그리고 생각할 수 있는 가히 모든 의미에 있어서 — 주체의 죽음을 찬양하는 진혼곡과 나란히 그 주체에 권능을 부여하기를 열렬히 요

---

23) 포스트모던의 주체에 대한 공격은 모순적이게도 또 다른 엉뚱한 주체개념을 불러왔다. 그것은 이를테면 푸코에게서 권력의 주체이고, 들뢰즈에게서 욕망의 주체이다. 그러나 슈라그가 지적하듯이 "들뢰즈의 욕망의 정치학(politics of desire)과 푸코의 권력의 존재론(ontology of power)의 양자에는 시정을 요하는 문제 있는 경향이 있다. 이것은 스스로를 구성하는 자아의 생애에서 합리성의 역할을 희생시키고서 욕망의 역할과 권력의 결과를 높이 평가하고 찬양하는 경향이다."(칼빈 O. 슈라그, 문정복 · 김영필 옮김, 『탈근대적 자아를 넘어서』, UUP, 1999, 82쪽)
김영필, 『현대철학의 전개』, 161쪽 참조. 포스트구조주의와 구조주의가 인간주체의 해체를 극단적으로 추구하는 것을 김영필 교수는 잘 지적하고 있다: "포스트구조주의와 구조주의는 다같이 인간주체에 대한 불신을 표출한다. 그러나 포스트구조주의는 이성적 주체에 대해 구조주의보다는 훨씬 더 회의적이고 그 불신은 극단적이다. 어떤 형태의 주체도 모두 언어적 그물 속으로 해체되어야 하고, 이 해체 후에 남아 있어야 할 어떤 유형의 주체도 이들에게는 허용되지 않는다."(앞의 책, 177쪽)

청한다는 사실이다."[24]

근대성에 대한 극단적인 알레르기 반응을 일으킨 포스트모던은 그러나 '주체'와 '의미'와 '합리성'의 붕괴현상을 초래했고, 그 부정적인 결과로 극단적인 상대주의와 무의미(니힐리즘), 무질서의 현상을 불러왔을 뿐만 아니라, 근대와 탈근대의 이원론적 대립과 단절 현상을 야기하였다. 이러한 이원론적인 대립구도는 이미 포스트모던이 태동되게 한 구조주의의 유산이라고 볼 수 있다.[25]

그러나 문제는 인간주체의 문제나 이성 및 로고스의 문제는 근대철학의 전유물이 아닌 것만큼, 근대의 영역을 벗어나면 포스트모던이 생각하지 못한, 그리고 그들의 부당하고 몽매한 가학증세와 알레르기 현상과는 달리, 전적으로 유의미한 세계를 발견할 수 있다. 카오스에서 벗어나 로고스로 향하려는 고대 그리스 철학[26]은 포스트모던의 무분별한 비판과는 거리를 두어야 한다. 포스트모던의 알레르기 현상을 비웃듯 20세기와 그 이후의 철학에도 여전히 인간주체와 이성 및 로고스의 사유는 생동하고 있다.[27]

주지하다시피 하버마스의 사회학에도 이성은 든든한 지반을 형

---

24) 칼빈 O. 슈라그(문정복 · 김영필 옮김), 『탈근대적 자아를 넘어서』, 88쪽 참조. 권능을 부여받은 주체란 앞에서 언급한 욕망의 주체나 권력의 주체도 그 예이다.

25) 소쉬르의 구조주의에는 랑그(langue)/빠롤(parole), 시니피앙/시니피에, 주체/객체, 내용/형식, 안/밖 등의 이원론적 대립이 첨예하게 전개된다. 구조주의의 '구조' 또한 실체에 대한 구조의 우위를 주장하는 것만으로는 구조/실체라는 이원론의 늪을 빠져나올 수 없다.

26) 카오스에서 로고스로의 전이(vom Chaos zum Logos)는 고대 그리스인들에게 곧 코스모스의 탄생이다.

27) 앞으로 논의할 칼빈 O. 슈라그의 『탈근대적 자아를 넘어서』는 좋은 보기이며 또 후설의 현상학과 현대의 해석학분야도 적절한 모범이 된다고 여겨진다.

성하고 있다. 물론 그도 절망적인 도식인 '도구적 이성'의 굴레를 벗어나 '태고의 로고스 개념'[28]으로 시선을 돌린다. 하버마스에 의하면 이러한 로고스의 개념은 결코 지배의 지식이 아니고, 합의 형성의 매개체이고 커뮤니케이션적 이성인 것이다. 그는 커뮤니케이션으로부터 로고스의 구현을 염두에 두고 있으며, 로고스 구현의 텔로스(telos)는 곧 의견일치이고 강제성이 없는 동의이며 합의와 같은 것이라고 한다.[29]

이승종 교수는 비트겐슈타인의 『철학탐구(*Philosophische Untersuchungen*)』를 논의하면서 인간중심적 사고와 로고스 철학의 근원적 의미를 밝히고 있다: "인간중심적 사고의 큰 특징은 질서의 강조에 있다. 그것은 인간의 생존을 위협하는 혼돈과 파국의 세계, 삶의 무상성, 불가해성에 맞서 최소한의 안식처를 확보하려는 인간의 몸부림이기도 하다. 가름과 이해, 지식형성과 의사소통에 개입하는 언어는 바로 이러한 질서에의 갈망을 실현하고 있다.[30] 말씀, 즉 언어는 카오스의 세계에 던져진 빛이다."[31]

포스트모더니스트들은 이성에 대한 극단적 반동과 무자비한 비판을[32] 일삼음으로써 이성이 지닌 의사소통적 기능[33]마저 불구화

---

28) J. Habermas, *Theorie des kommunikativen Handelns*, Bd. 1, 28쪽, 339쪽 참조.

29) 윤평중, 『푸코와 하버마스를 넘어서』, 140쪽 이하 참조.

30) L. Wittgenstein, *Philosophische Untersuchungen,* §98(이승종 교수에 의한 주).

31) 이승종, 「동일자의 생애: 매체적 언어관에 관한 기록」, 김상환 외, 『매체의 철학』, 112-113쪽.

32) 푸코는 자신의 여러 저서들(특히 『지식의 계보학』, 『사물의 질서』, 『감시와 처벌』, 『성의 역사』, 『광기와 비이성』 등)을 통해 일관되게 이성중심의 서구역사를 비판한다. 푸코는 서구의 역사가 '합리적 지식'이라는 미명 아래 이성만이 특권적 지위를 향유하게 한 역사라고 규명한다. 그에

하고 이성의 타자인 욕망과 광기와 비이성의 피안으로 도피했다. 그러나 그들은 스스로 끊임없이 이성을 사용하면서도 이성을 부인하고 이성의 타자로 변신했다는 모순된 주장을 늘어놓는다. 이들은 이성의 가능성과 역동성 및 다양한 능력마저 모조리 차단하고 터부시해 버리고는 스스로 이성의 지배자로 자처한다. 그러기에 이들에게서는 합리적인 의사소통을 위한 공간이 존재할 수 없으며, 그러한 공간 자체가 한갓 구조의 그물망으로 해체되어 버린다.

2. 음성중심주의와 문자중심주의의 대결?

'해석학(Hermeneutik)'이란 개념의 어원은 일반적으로 '해석하다(auslegen)'와 '전하다(verkünden)', '선포하다', '밝히다'와 '해명하다(erklären)', '통역하다(dolmetschen)'와 '번역하다' 등으로 번역되는[34] 헤르메노이에인(hermeneuein, ἑρμηνεύειν)과 그 명

의하면 합리적 지식과 권력은 서로 연계하는데, 이는 곧 지식형성이 권력 작용과 불가분의 상관관계를 갖는다는 것을 시사한다. 그런데 이러한 합리적 지식과 권력이 서로 연계하여('권력-지식 연계론') 소위 비이성적인 사람을 비정상인으로 혹은 범죄자로 분류하여 감금시키고 격리시킨 것이 서구의 역사이고 근대의 지식론이라고 푸코는 비판한다. 그리하여 푸코는 특권을 쥔 이성이 열정이나 광기에 대해 주도권을 행사한 이성중심의 서구역사를 '광기의 역사'로 조명한다. 그것은 푸코에 의하면, 이성이 지배권을 행사한 전체주의적인 역사체계 배후에 은폐되어 있는 폭력성이야말로 광기의 구조이기 때문이다. 따라서 푸코는 이성중심의 역사와 이데올로기를 광기의 역사로 보고 이를 해체하는 것을 주요 과제로 삼는다.

33) 근대적 유산인 '도구적 이성'을 극복하는 하버마스의 폭넓은 시도와 대안은 곧 '의사소통적 합리성'이다.

34) 팔머는 헤르메노이에인을 세 가지 유형으로 분류하여 번역하고 있다. 첫

사형인 헤르메네이아(hermeneia, ἑρμηνεία)로 알려져 있으며, 나아가 이들 두 용어가 날개 달린 사자(使者)인 헤르메스(Hermes) 신(神)과 연결되어 있다는 것이다.[35] 또 헤르메이오스(Hermeios)는 델피 신탁의 사제를 칭하는데, 이때의 '사제'는 해석자 혹은 번역자 및 통역자 등으로 이해할 수 있다.

그런데 헤르메스는 무슨 일을 수행했는가? 그는 인간의 운명과 관련된 메시지를 가져오고, 이를 들을 수 있는 사람들에게 전한다. 헤르메스의 헤르메노이에인은 그 선포되는 것이 아직 사람들에겐 알려지지 않은, 그러나 인간의 운명과도 관련된 중요한 내용이 담긴 메시지이기에, 이러한 선포는 동시에 '비은폐성(Unverborgenheit)'에로의 개시(Eröffnung)이고 '밖으로-내어놓는다(Aus-legen)'의 의미를 가진 해석이다. 그는 사람들에게 긴장이 되는 소식을 가져와 사람들이 그들의 지성으로 들을 수 있는 말로 선포한다.

헤르메스와 연루된 해석학은 인간의 이해능력을 초월해 있는 신적인 언어나 명령을 인간의 지성이 파악할 수 있는 인간의 언어로 통역해 주는 기능과 관련되어 있다는 것이다. 헤르메스의 선포(Verkünden)는 따라서 결코 무의미한 어떤 전달(Mitteilen)이 아니

째는 "말로 크게 '표현하다', 즉 '말하다(to say)' "이고, 둘째는 "하나의 상황을 설명할 때와 같이 '설명하다(to explain)' "이며, 셋째로 "외국어를 번역할 경우에서처럼 '번역하다(to translate)' "이다(R. 팔머, 이한우 옮김, 『해석학이란 무엇인가』, 문예출판사, 2001, 35쪽 이하 참조).

35) *Historisches Wörterbuch der Philosophie*, Joachim Ritter(Hrg.), Bd. 2, Schwabe Verlag: Basel/Stuttgart, 1972, Artikel 'Hermeneutik' 참조; Jean Grondin, *Einführung in die philosophische Hermeneutik*, Wissenschaftliche Buchgesellschaft: Darmstadt, 1991, 24쪽 이하 참조; R. 팔머(이한우 옮김), 『해석학이란 무엇인가』, 34쪽 이하 참조; O. 푀겔러(박순영 옮김), 『해석학의 철학』, 서광사, 1993, 17쪽 이하 참조; M. Heidegger, *Unterwegs zur Sprache*, Neske: Stuttgart, 1993, 121-122쪽 참조.

라, 인간의 운명과도 관련된 신의 명령이나 언어를 번역하고 해명하여 인간의 언어로 들려주는 것이다. 인간은 이러한 헤르메스의 언어를 듣고 그 언어에 담긴 메시지를 실행함으로써 운명의 굴레에서 벗어날 수 있었던 것이다.

그러기에 고대 그리스적 의미에서 해석학은 근원적으로 어떤 이해 불가능한 다른 세계로부터의 의미연관(Sinnzusammenhang)을 이해할 수 있는 익숙한 세계로 옮기는 데 있다. 헤르메스로부터 혹은 델피의 신탁에서 주어지는 은밀한 메시지는 이미 알려졌거나 존재하는 텍스트를 말하는 것이 아니었다. 그래서 이 메시지는 무언가에 대한 공표나 선포이지만 예전에는 설명된 바가 없는 시원적인 것(Anfängliches)이었다. 이토록 시원적으로 언명되어 '비은폐성'에로 드러내는 양식을 하이데거는 언명함(Sagen, λέγειν)으로 파악한다. 신탁으로부터 주어지는 은밀한 메시지의 선포는 고대 그리스인들에게 그 자체로 신성한 위상을 가졌다. 그것은 선포되고 언명되는(된) 것이 인간적이고 합리적인 것을 뛰어넘는, 즉 신적인 것을 천명하는 것이었기 때문이다.[36)]

그러기에 고대 그리스적인 의미의 '해석학(hermeneutike)'에는 어떤 신적이고 천상적인 비밀을 이해하려는 의도가 담겨 있고, 또 이 천상적인 비밀이 사람들에게 전해져야 한다는 의미가 담겨 있다. 그렇지만 인간들로선(시인이든 철인이든) 신의 뜻을 밝히거나 해석하기가 어려운데다 그 해석들마저 다양하였기에, 이는 곧 '해석학'의 문젯거리였다.[37)] 플라톤은 그의 『법률후편』[38)]에서 여러 종류의 기술적인 앎(techne) 중에 특별히 신들의 뜻을 묻고 해명

36) R. 팔머(이한우 옮김), 『해석학이란 무엇인가』, 48쪽 참조.

37) Platon, *Epinomis*, 975a-975d 참조; *Politikos,* 260c-260e 참조.

38) Platon, *Epinomis*, 975c 참조.

하는 테크네를 '헤르메노이티케(hermeneutike)'라고 했는데, 여기엔 신들의 뜻을 인간들이 이해하는 말로 해석하고 알리는 것도 포함되어 있다. 이러한 헤르메노이티케는 따라서 일종의 예언(술)과도 같은 성격을 띠고 있는데, 이를 해명하고 또 백성에게 알리는 사역(使役)을 당시엔 주로 시인들이 담당하였다.

데리다는 '음성중심주의'를 비판하면서 이러한 고대 그리스의 해석학이 오늘날 실증주의 시대에 의미가 없다고 비판할 수도 있을 것이다. 이를테면 고대 그리스적 헤르메노이티케를 오늘날 구현하기란 거의 불가능하고 또 헤르메스의 개시도 신탁의 선포도 들려오지 않는다고 항변할 수도 있을 것이다. 그러나 의미의 세계를 추구하는 데는 헤르메스가 어떤 실증적인 인물이어야 하는 것은 아니다. 도깨비나 유령의 존재가 실증적으로 존재하지 않아도 그 의미를 갖는 것과 유사한 이치다. 고대 그리스인들도 헤르메스를 실증적인 존재자로 파악한 것은 아니다. 고대 그리스의 '헤르메노이에인'은 오늘날도 여전히 생동하고 있다. 하이데거의 존재사유에서, 그리고 성서의 헤르메노이에인의 성격에서 확실히 드러나기 때문이다. 하이데거는 존재사유를 통하여 선포와 개시의 '헤르메노이에인'을 되살리고 있는데, 이러한 '헤르메노이에인'의 재발견과 재창조를 통하여 그의 해석학적 후기 존재론을 엿볼 수 있게 한다.

고대 그리스의 헤르메노이에인 못지않게 해석학상의 주요한 기원은 잘 알려져 있듯 성서해석에 있다. 결코 문헌해석의 차원이 아닌, 보다 근원적인 해석학적인 기원이 성서의 여러 측면에서 드러난다.[39] 미리 결론적으로 말하면 신적인 선포와 개시이고 이 선

---

39) 문헌해석의 차원을 넘는, 좀 더 근원적인 성서해석학은 G. Ebeling의 *Wort und Glaube*(J.C.B. Mohr: Tübingen)와 *Theologie und Verkündi-*

포에 대한 들음이며, 나아가 말씀에 대한 해명이다. 이러한 성서 해석학적 유형은 하이데거의 해석학에도 중요한 이정표가 된다.[40] 탈은폐와 존재개시를 위한 '헤르메노이에인'은 반드시 아직 말해지지 않은 것에 대해 창조적인 개방이다. 하이데거의 '존재'는 결코 존재자가 아니고 결코 대상화될 수 없다. 그러기에 이러한 존재는 보이지 않고, 그 대신 들려야 한다. 그러한 양식을 통해 존재는 '비은폐성'의 세계로 드러나야 한다.

마르부르크 대학교에서 하이데거와 직접적인 교류를 가졌던 신학자 불트만(R. Bultmann)도 그의 성서해석학에서 말씀과 선포를 중요한 테마로 보고 있다. 그의 신학은 전적으로 말씀의 신학이라고 할 수 있다. 그래서 그의 신학을 '케리그마적 신학'이라고도 한다.[41] 그는 신약성서가 (성서기자들에 의해) 기록되기 이전 예수

---

gung(J.C.B. Mohr: Tübingen) 및 R. Bultmann의 방대한 저서 *Glauben und Verstehen*(J.C.B. Mohr: Tübingen)에서 다루어지고 있다.

40) 신학부에서 대학을 시작한 하이데거는 일찍부터 성서해석학에 입문했으며, 이때 호베르크 교수를 통해 성서해석과 관련된 해석학을 연구했다(이수정 · 박찬국, 『하이데거』, 서울대학교 출판부, 1999, 10쪽 참조). 또 하이데거는 " '해석학'이라는 타이틀은 나의 신학학업 때부터 잘 알려진 것이다."(*Unterwegs zur Sprache*, 96쪽)라고 술회하고 있으며, 이때 그는 성서의 말씀과 신학적-사변적인 사유 사이의 관계에 대한 물음에 골몰했었다고 회상한다. 놀라운 것은 이러한 관계에 대한 물음이 하이데거 자신의 말로는 언어와 존재 사이의 관계와 같은 것이라는 진술이다(앞의 책, 96쪽 참조). 나아가 그는 당시 신학자이며 성서해석학자인 슐라이어마허의 저서 『신약성서와 관련된 해석학과 비판』이란 강의를 들었다고 말한다(앞의 책, 97쪽 참조). 그러나 이러한 사례들보다 더욱 결정적인 것은 마르부르크 대학에서 신학자 불트만과의 직접적이고 친밀한 교류에서이다. 서로는 서로의 세미나에 참여하면서 해석학 연구에 골몰하였고 폭넓은 학술교류를 했다.

41) W. Schmithals, *Die Theologie Rudolf Bultmanns*, J.C.B. Mohr: Tübingen, 1966, 2. Vorlesung(Theologie als Rede von Gott)과 8. Vorlesung

의 복음과, 예수의 생애와 교훈에 관한 원래의 구전을 케리그마(kerygma)[42]로 보고 이 케리그마야말로 선포되어야 할 메시지로 보았다. 불트만이 평생의 과제로 삼았던 신학적 관심사는 예수 그리스도의 복음이 현대인에게 어떻게 전달되어야 하는가였다.[43]

'헤르메노이에인(hermeneuein)'이란 용어를 세 가지 뜻으로 분류한 팔머는 그 첫째의 뜻으로 "말로 크게 '표현하다', 즉 '말하다(to say)' "를 꼽고 있는데,[44] 이는 해석학적으로 큰 비중을 갖는다. 이러한 헤르메노이에인으로서의 '말하다'에는 물론 우리가 앞에서 논의한 대로 고대 그리스적 기원에서도 또 성서적 기원에서도 '선포하다'나 '공표하다' 등으로 번역되어 의미심장한 의미를 내포하고 있다. 팔머도 '말하다'의 바리에이션을 언급하고 있다: " '헤르메네웨인'의 의미가 갖는 최초의 기본적인 방향은 '표현하다(to express)', '진술하다(to assert)', '말하다(to say)' 등이다. 이는 헤르메스 신의 '공표하는' 기능과 관련되어 있다."[45]

이러한 헤르메노이에인으로서의 '말하다'와 '선포하다'며 '공표하다'는 옛날 예언자나 선지자가 신의 말씀을 듣고 이를 백성에게 선포하고 공표하는 방식에만 한정되지 않고 오늘날의 성직자들에

(Das Heilsgeschehen: Das Wort) 참조.

42) 'kerygma(κήρυγμα)'는 전령의 고지(告知)(Heroldsruf), (그리스도에 관한) 고지(告知)와 선교, 복음의 설교, 전령에 의한 공표, 선포, 증언 등으로 번역된다.

R. Bultmann, *Glauben und Verstehen*, Bd. 3, J.C.B. Mohr: Tübingen, 1962, 166쪽 참조.

43) W. Schmithals, *Die Theologie Rudolf Bultmanns*, 2. Vorlesung(Theologie als Rede von Gott)과 8. Vorlesung(Das Heilsgeschehen: Das Wort) 참조.

44) R. 팔머(이한우 옮김), 『해석학이란 무엇인가』, 35쪽 이하 참조.

45) 앞의 책, 37쪽.

게도 여전히 의미 있는 말들이다. 그들은 신의 말씀(Logos, Verbum, Wort, Word)을 전달해 주는 매개자의 역할을 담당하며 이 말씀 속에 있는 메시지를 선포하고 공표해야 하는 것이다. 그들의 역할은 결코 어떤 설명이나 논의가 아니라 선포하는 데 있다. 그러기에 성직자는 그의 기능상 헤르메스나 델피 신탁의 사제와 마찬가지로, 또 구약성서에서의 선지자나 예언자와 마찬가지로 신(의 말씀)으로부터의 운명과 관련된 소식을 사람들에게 전해 주는 과제를 맡는 것이다.

이토록 헤르메노이에인으로서의 '말하다'는 의미심장한 의미를 내포하고 있고, 예나 지금이나 해석학적 중량을 갖고 있다. 우리는 플라톤이 그의 대화록 『이온』에서 음유시인 이온이 호메로스의 서사시를 낭송하는 장면을 보여주고 있는데, 이를 한번 주시할 필요가 있다. 플라톤은 그의 대화록 『이온』[46]에서 시인들이 특별한 존재양식을 가진 신의 사자(使者)임을 언급한다.[47] 여기서 음유시인(Rhapsode)인 이온이 시인 호메로스의 서사시를 낭송하는 장면이 나오는데, 그는 독특한 억양과 제스처를 통해 호메로스의 서사시를 표현하고 있으며 때로는 호메로스의 사상보다는 호메로스에 대한 자신의 사상이 훨씬 더 심오한 것처럼 그 의미를 전달하고 있다.[48]

이 음유시인을 플라톤은 해석자 또는 통역자(ἑρμηνεύς)로 칭하고 있는데,[49] 그는 헤르메스 신처럼 호메로스의 메시지를 당대의

---

46) Platon, *Ion*, 534e 참조.

47) 하이데거도 플라톤의 대화록 *Ion*에서 시인이 '신들의 사자들(Botschafter sind der Götter)'임을 지적한다(M. Heidegger, *Unterwegs zur Sprache*, 122쪽 참조).

48) Platon, *Ion*, 530b-532c 참조.

사람들에게 전달해 주는 매개자의 역할을 담당하고 있다. 시인의 직책이 굳이 헤르메스가 아니라고 하더라도 그는 여전히 매개자의 역할을 수행한다. 그의 실존은 마치 꿀벌처럼 뮤즈들의 정원과 숲 속에서 꿀이 흐르는 샘으로부터 노래를 따서 우리들에게 전해 주기 위해 황홀한 언어 가운데서 혹은 주문(呪文)을 통해 들어 올려진다.[50]

여기서 플라톤은 이러한 음유시인의 능력이 어떤 인식이나 예지(ἐπιστήμη)로 실행된 행위의 영역에 속하진 않지만,[51] 그들의 존재양식이 — 만약 그들이 소피스트와 같이 궤변과 미사여구만 꾸며대지 않는 진짜 음유시인이라면 — 열광에 도취되고(enthusiastisch) 신적인 영감에 의한 행위에 귀속됨을 파악한다.[52] 말하자면 그들은 어떤 신적인 영감에 사로잡히고 또 '신적인 영감에 따라(θεῖᾳ μοίρᾳ, nach götterlicher Schickung)' 행위하는 자들로 받아들여진다.[53]

플라톤은 그의 대화록 『파이드로스』에서도 신적인 열광(die götterliche Mania)을 칭송하고 시인들의 '섬세하고 성역처럼 때묻지 않은 영혼을(ἁπαλὴν καὶ ἄβατον ψυχὴν)'[54] 높이 평가하며

---

49) 호메로스가 신의 통역자임을 감안하여 이 음유시인을 플라톤은 "통역자의 통역자"(Platon, *Ion*, 535a)로 칭하기도 한다.

50) Platon, *Ion*, 534a 이하 참조.

51) 앞의 책, 532c 참조. 이온과 대화의 상대자인 소크라테스는 처음엔 이온과 같은 시인들의 불명확한 지식과 의식 때문에 그들의 존재를 부정적으로 보았지만, 그러나 곧이어 그들의 독특한 능력을 인정함으로써 긍정적으로 파악한다.

52) 앞의 책, 533d 이하 참조.

53) 앞의 책, 530d 이하 참조.

54) Platon, *Phaidros*, 245a: "die zarte und wie ein Heiligtum unbetretene Seele."

뮤즈들의 영으로 사로잡히지 않은 상태로 시작(詩作)에 입문하려는 것을 거절한다. 『이온』에서처럼 『파이드로스』에서도 신적인 열광이 '신적인 영감(θεῖα μοῖρα)'[55]에 의해 주어진 것으로 받아들여진다. 그리하여 이러한 열광적인 존재유형은 플라톤에 의해 숭고한 의미를 갖게 되는데, 그것은 신이 시인과 신탁에서의 가수(Orakelsänger)와 예언자를 통하여 자신의 목소리를 듣게 하기 때문이다.[56]

최근에 팔머는 '암송'과 구어(口語), 소리 내어 읽고 표현하는 것에 대해 각별한 해석학적 중량을 부여하고 또 이러한 차원을 무시하거나 망각하는 경향을 경고한다:[57]

"… 실제로 문학은 그 원동력을 구어(口語)의 힘으로부터 얻고 있다. 태고 적부터 언어로 이루어진 위대한 작품들은 큰소리를 내어 말하고 듣도록 되어 있던 것이었다. 구어가 지닌 여러 가지 위력을 통해서 우리는 아주 중요한 현상인 문어(文語)의 약점을 쉽게 간파하게 된다. 문어는 구어가 지닌 원초적인 '표현력'을 결여하고 있다. 물론 문어는 언어를 고정시키고 보존하여 이에 지속성을 부여함으로써 역사학(과 문학)의 기초가 되기도 하지만, 동시에 문어는 언어를 약화시킨다. … 모든 문어는 다시 구어의 형태로 변형되지 않으면 안 된다. 그래야만 언어는 상실된 힘을 되찾을 수 있다."[58]

---

55) 앞의 책, 244c, 244a(θείᾳ δόσει) 참조.

56) Platon, *Ion*, 534d 참조.

57) R. 팔머(이한우 옮김), 『해석학이란 무엇인가』, 38쪽 이하 참조. 팔머의 이러한 구어(口語)와 암송에 관한 강조는 그 자체로 '문자중심주의'를 내세우는 데리다의 주장에 대한 반론으로 적합하다.

58) 앞의 책, 38-39쪽.

언어를 문자화해 버리고 덮어두는 것은 곧 언어의 생명력을 소진시키는 것이다. 그래서 가다머도 언어의 문자화를 언어의 '자기소외(Selbstentfremdung)'[59]로 혹은 '언어의 추상적 관념성(die abstrakte Idealität der Sprache)'[60]으로 파악한다. 가다머에 의하면 문자성(Schriftlichkeit)은 언어성(Sprachlichkeit)에 비해 부차적인 현상으로 보인다.[61] 하나의 텍스트는 그 자체로 어떤 삶의 표현으로 이해될 수 없다. 그러나 이 텍스트가 읽히고 이해되어 그 메시지가 말하는 것이 드러날 때에야 비로소 삶의 표현으로 받아들여지는 것이다.[62]

이미 플라톤은 가다머에 앞서 그의 『제7서한』[63]과 『파이드로스』[64]에서 문자언어의 약점과 무력성을 지적하고 있다. 고착된 문자가 의도적으로든 혹은 본의 아니게든 심각한 오해로 점철되어 있으면 구제될 방도가 없는 것이다. 거긴 생동하는 로고스도 없을 뿐만 아니라 어떤 로고스를 바탕으로 한 변증법적 도움도 기여되지 못한다.

문자화된 텍스트는 어떻게든 음성언어의 사건으로 전환되어 독자로 하여금 읽히고 이해되어 이 텍스트가 말하고자 하는 것과 메시지가 들림으로 말미암아 생명력을 갖게 되는 것이다. 즉 이 텍스트가 살아 있는 소리로 재생되어 다시 구체적인 시간 속에서 유의미한 사건으로 되살아나고 생동할 때 하나의 작품으로서의 존

59) H.-G. Gadamer, *Wahrheit und Methode*, J.C.B. Mohr: Tübingen, 1975, 368쪽.

60) 앞의 책, 370쪽.

61) 앞의 책, 370쪽 참조.

62) 앞의 책, 370쪽 참조.

63) Platon, *Siebenter Brief*, 341c, 344c.

64) Platon, *Phaedros,* 275.

재의미를 갖는 것이다. 읽는다는 것은— 만약 그것이 이해를 전제로 한다면— 동시에 듣는 것이다. 그것은 읽음과 동시에 내면적인 귀를 통하여 텍스트가 말하는 것을 듣기 때문이다. 이러한 텍스트의 말을 올바로 들을 때 진정한 의미에서 이해가 탄생되는 것이다.

3. 데리다의 '음성중심주의' 비판에 대한 반론

우리는 앞에서 '헤르메노이에인'의 다양한 양식들— 선포와 들음, 공표와 전달, 음성언어와 낭송, 표현하는 것 등— 을 파악하고 그 해석학적 심층을 헤아려보았다. 그러나 최근의 데리다는 서구 철학의 전통에서 (소크라테스와 플라톤에서부터 후설과 레비-스트로스에 이르기까지) 소위 '음성중심주의(Phonozentrismus)'와 '로고스 중심주의(Logozentrismus)'를 비판하면서 문자중심주의와 문자중심의 문화를 내세운다.[65)]

즉 그는 로고스나 말로서 진리를 구축할 수 있다는 것을 비판하면서, 이러한 로고스와 말에 의해 구축된 의미까지 자신의 해체 전략에 포함시킨다. 그리고선 텍스트 중심의 문자학으로 대치시킨다. 데리다에 의하면 문자라는 텍스트를 떠난 본질이나 의미 혹은 실재와 같은 것이 존재하지 않기 때문에, 텍스트를 지배하는 텍스

---

65) 이러한 논의를 데리다는 그의 저서 *De la Grammatologie*에서 대대적으로 전개하고 있으며, 우리가 앞에서 언급한 플라톤의 대화록 *Phaedros* (275a, 275d)의 부분을 음성중심주의의 예로 들고 있다(*Grammatologie,* 61쪽 이하, 70쪽 이하 참조, übersetzt von H.-J. Rheinberger und H. Zischler, Suhrkamp: Frankfurt a. M., 1983). 그러나 우리가 이미 지적했듯이 플라톤은 생동하는 로고스와 음성언어의 중요성을 강조했지, '음성중심주의'를 고착화하기 위해서가 아니었다.

트 초월적 말과 목소리를 허용하지 않는다. 그러나 데리다의 이러한 태도 자체가 이미 이원론적 태도의 늪에 빠져 있다고 볼 수 있다. 음성중심주의나 로고스 중심주의는 데리다의 요구사항과는 달리 결코 몰락하지 않고 끊임없이 대비되고 있으며 또 역설적으로 그의 문자중심주의와 대비되기 위해서도 살아 있어야 한다.

더욱이 로고스와 음성이 그 자체로 죄악시되거나 터부시될 필요는 전혀 없는데도[66] 혐의를 덮어씌우는 데리다의 태도는 자신이 극단적인 이원론자임을 자처하는 일이다. 그는 '음성'과 '로고스'를 터부시했지만, 그러나 그도 결코 이 음성과 로고스를 등지고 살지는 못했다. 우리는 음성과 로고스는 저주스럽고 문자는 이와 반대의 역할을 수행한다고 믿지는 않는다. 더욱이 오늘날 멀티미디어의 시대엔 음성이든 로고스든, 문자든 기호든, 동영상과 하이퍼텍스트든 다 유의미하고 필요한 것으로 받아들여진다.

우리는 여기서 데리다의 '로고스 중심주의'에 대한 비판[67]을 대대적으로 논의할 필요는 없지만, 우선 이 로고스의 개념을 분명히 할 필요가 있다. 그것은 그가 서구 철학의 전통을 거의 다 이 '로고스 중심주의'에다 묶고서 정죄하기 때문이다. 과연 데리다의 비

---

66) 로고스와 음성은 인간에게 본질적 구성요소인 것이다. 철학사에서는 데리다의 우려와는 달리 집요하게 음성중심주의에 빠진 이는 드물 것이며, 또한 '언어'라는 개념은 음성을 떼어내고 문자만을 의미하는 것은 아니다. 데리다의 '현전성' 비판도 같은 맥락에서 우리는 재반론할 수 있다. '현전성'은 도도한 시간의 지평과 흐름에서 떼어내어질 수 없는 요소이기 때문이다.

67) 슈타이너(George Steiner)는 그의 *Von realer Gegenwart*(München, 1990, 60쪽, 67쪽, 71쪽, 163쪽 이하)에서 자신을 데리다의 극단적인 반대자로 정형화시킨다. 그는 자신을 로고스 중심주의의 해체 속에서 파괴되고 있는 것을 구출해 내는 화신으로 여기고, 심지어 자신을 '로고스의 독재'를 편드는 사람으로 정형화한다.

판처럼 서구 사유는 '음성중심주의'이며, 또한 그렇다 치더라도 데리다에 의해 지적된 그런 '음성중심주의'는 그토록 원죄라도 되는 것처럼 인류에게 재앙을 가져왔단 말인가.

그러나 로고스의 개념은 그리 단순하지 않다. 고대 그리스의 로고스도 또 하이데거가 언어철학을 전개하면서 사용한 로고스도 결코 근대의 '이성'과는 같지 않다. 주지하다시피 하이데거의 언어철학에서 언어는 철저하게 고대 그리스의 로고스 개념과 관련을 맺고 있다. 하이데거에 의한 헤라클레이토스의 로고스 개념의 재발견은 데리다의 '로고스 중심주의 비판'과는 관련이 없다. 그의 비판은 이성중심주의 비판이고 음성중심주의 비판이기 때문이다.[68] 하이데거는 헤라클레이토스의 로고스를 통해 근대의 '이성'을 말하고자 하는 것이 아니다.

데리다에게서 소위 음성중심주의와 문자중심주의는 서로 '~주의'로 굳어져 있고, 더욱이 한쪽이 타도의 대상이 되고 다른 한쪽만이 선호의 대상이 될 만큼 서로 적대적인 이원론의 관계에 있다.[69] 과연 음성중심주의에 대한 문자중심주의가 구원을 안겨주는 대안이 되는 것인가? 그렇게 무책임하게 말할 수는 없을 것이

---

68) 하이데거에게서 λόγος로서의 언어(Sprache)와 λέγειν으로서의 엄명함(Sagen)은 phone(φωνή)와 무관한 것이다. 이러한 차이를 하이데거도 지적한다(M. Heidegger, *Vorträge und Aufsätze*, 204-210쪽 참조).

69) 칼빈 슈라그는 구조주의 언어학자인 소쉬르가 말과 언어, 즉 빠롤(parole)과 랑그(langue)로 구분한 것을 한편으로 유용하다고 인정하지만, 그러나 그는 다른 한편으로 이러한 구분이 심화되어 언어활동과 기호체계 사이를 사이비 이분법으로 분리하고 물화하는 것(reification)을 경계하며, 나아가 말하기의 현상학을 의미의 기호학과의 분리를 비판한다. 슈라그에 의하면 언어활동과 언어체계들, 말하기와 의미가 밀접하게 서로 짜여져 있다(Calvin O. Schrag, *The Self after Postmodernity*, Yale University Press, New Haven and London, 1997, 16쪽 참조).

다.[70] 우리가 앞에서 플라톤과 가다머, 팔머의 경우를 예로 들었지만, 음성중심의 '하는 말(le dire)'이 문자로 굳어진 '한 말(le dit)'보다 더 생동적인 것이다.

이를테면 이타주의의 철학을 전개한 레비나스에 의하면 무한하고 절대적인 타자성을 가진 타자의 모습은 주체인 나에게 언어와 얼굴의 모습으로 다가오는데, 이때 언어는 '하는 말'이 '한 말'보다 더 중요하다고 본다: "'한 말(le dit)'은 '하는 말(le dire)'보다 중요하지 않다. '하는 말'의 중요성은 상대방에게 말을 걸고 있다는 사실에 있지 그 말의 내용에 있지 않다."[71]

오늘날 언어학의 발전은 심지어 동물들이 내는 소리조차 의미가 담겨 있는 커뮤니케이션이라고 한다. 하물며 인간이 표명하는 언어적 음성을 '현전의 형이상학(Metaphysik der Präsenz)'으로 틀 짓고 이러한 형이상학의 종말과 해체를 선언하는 것은 도대체 무슨 의미가 있는가. 만약 음성언어를 평가절하하고 폄훼한다고 해도, 음성언어가 그 속에 의식과 의미가 내포하고 있는 한, 이러한 의식과 의미의 매체역할을 수행하는 것은 엄연한 사실이다. 언어의 이러한 성격을 아리스토텔레스는 독특하게 규명하고 있다:

---

70) 음성과 로고스가 중심이 된다는 '현전의 형이상학'을 비판하기 위해 데리다는 『목소리와 현상』의 마지막 부분에서 다음과 같이 말하고 있다: "그렇다면 현전의 붕괴를 메우기 위해 우리가 말하는 일, 우리의 음성이 복도에 울려 퍼지게 하는 일이 남는다."(*Speech and Phenomena*, trans. D. Allison, Evanston, Ill.: Northwestern University Press, 104쪽. 여기선 이승종, 「언어의 흐름: 데리다의 <목소리와 현상>에 관한 고찰」, 김상환 외, 『매체의 철학』, 175쪽 참조) '현전의 형이상학'을 왜 붕괴시키려고 하는지, 그리고 그런 형이상학이 붕괴되는지가 물음으로 남는다. 그러나 더욱 아이러니컬한 것은 **현전적인 방식**으로, 또 **음성**이 복도에 울려 퍼지게 한다는 방식이다. 자가당착적인 현상이 고스란히 드러난다.

71) 엠마누엘 레비나스(양명수 옮김), 『윤리와 무한』, 50쪽.

아리스토텔레스에게서 밖으로 드러내는 진술(Aussage)은 곧 '무엇 무엇에 관한(ti kata tinos) 진술'이라는 형식을 갖고서 어떤 현상을 드러내는 것이다(Apophansis).[72] 언어는 이를 접하고 말하는 주체를 만남으로 말미암아 자신을 드러내고(ἀποφαῖνεσθαι), 자신이 곧 무엇 무엇에 관한 언어라는 사실을 밝힌다. 언어의 자기 자신을 드러내는(apophantisch) 운동은 곧 어떤 존재자나 현상을 '빛-가운데로-가져오는(ins-Licht-bringen)' 행위라고 할 수 있다. 이러한 역할을 수행하는 언어를 하이데거는 인간과 존재의 매개자로 파악한 것이다.

음성언어는 분명 허튼소리가 아니기에, 이 음성언어가 성립되기까지에는 물리적인 소리와 의식 및 이성이 융합되어 의미가 생성되는 과정을 갖는 것이다. 우리의 마음속에서 진행되는 침묵의 소리 또한 비록 물리적인 소리는 없어도, 그것은 내면의 소리이고 사유이며 의미를 담고 있는 일종의 음성언어인 것이다. 만약 의미를 담은 이러한 언어가 의사소통과정에서 오염되거나 왜곡되는 현상이 일어나더라도, 만약 그것이 의도적이지 않다면(의도적이라면 그것은 윤리의 문제다), 그러한 오염이나 왜곡 현상은 인간의 본질영역에 속하기에 의사소통을 위해선 어쩔 수 없는 노릇이다. 이런 상황은 그러나 데리다의 문자중심주의로 대체한다고 해서 더 나을 것이 없으며, 오히려 음성언어를 복사하는 과정에서 더 많은 오염과 왜곡 현상이 일어날 것이다.

---

72) Aristoteles, *Analytica posteriora*(*Zweite Analytik*), 71b-72a 참조. 또한 Aristoteles, *Peri Hermeneias*, 17a-17b 참조; G. Schmidt, *Vom Wesen der Aussage*, Verlag Anton Hain: Meisenheim/Glan, 1956, 82-85쪽, 114쪽 참조.

4. 문자중심주의를 넘어서

최근 미디어 학자 볼츠는 — 다소 극단적인 표현이긴 하지만 — 문자중심주의의 종말을 예고하고 있다: "뉴미디어들과 컴퓨터들은 그 속에서 하나의 거대한 세계의 수학화가 완성되고 있는 테크놀로지들이다. 단어와 알파벳인 기록체계는 그 의미를 상실하고, 문자적인 것 대신에 숫자적인 것이 등장한다. 이것이 바로 낡은 유럽적 인간들의 종말인데, 유럽 문화에서의 인간적 품위는 … 알파벳화(문자습득)로서 완성되었다."[73]

이토록 '문자라는 구텐베르크적 세계로부터의 이별'[74]을 고하는 이유를 볼츠는 다음과 같이 덧붙인다: "마법적인 점성술에서부터 계산기에 입각한 퍼즐 게임에 이르기까지, 인간 정신은 자모음들과 숫자들의 조작으로서 전개되었다. 그러한 조작을 가능케 한 것이 바로 문자다. 그러나 그것이 의미하는 바는 영상들의 세계에서는 그와 같은 형태의 정신과 창의성이 전개될 수 없다는 것이다."[75]

멀티미디어의 세계에서는 문자중심주의만을 고집할 수는 없다. 흑백의 고정적이고 기호적이며 텍스트 중심의 세계는 다양한 컬러와 동영상, 다중감각적인 양태의 표현방식인 하이퍼텍스트에 자리를 양보하고 있다: "워드프로세서가 전통적인 글쓰기 임무의 처리 속도를 신속하게 만드는 반면, 하이퍼텍스트는 인쇄된 단어가 요구하는 정돈된 사고의 선형적인 나열을 흩트려놓는다. …. 하이퍼텍스트의 비선형적인 자유연합형 포맷은 최신 혁명이라 할 수

---

73) N. 볼츠(윤종석 옮김), 『구텐베르크-은하계의 끝에서』, 230쪽.

74) 앞의 책, 235쪽.

75) 앞의 책, 235쪽.

있는 멀티미디어로 흡수된다."[76]

주지하다시피 정보해석학에서는 하이퍼텍스트를 중심으로 하는 다양한 매체들이 등장하여 일자와 다자(多者)뿐만 아니라, 다자와 다자 사이의 커뮤니케이션을 추구하는데, 이 과정에는 여러 가지 언어와 기호, 인공언어와 전문어, 동영상이나 그림 등 독특한 양식과 개념들이 등장한다. 그러기에 정보해석학에서는 소리중심주의를 문자중심주의로 극복한다는 데리다의 프로젝트가 별로 효력을 발휘하지 못한다. 그것은 무엇보다도 소리나 음성, 인공언어 등이 태생적인 죄악성을 갖고 있지 않을 뿐만 아니라, 문자에 의한 극복의 대상이 아니기 때문이다. 음성이나 소리, 이미지와 인공언어 및 동영상 등은 문자중심주의의 경계를 허물고 있으며, 이들을 비롯해 텍스트와 하이퍼텍스트도 정보해석학의 영역을 넓히고 있다.

포스트모던(특히 데리다)에게서 음성과 문자가 부적절한 이원론적 대립과 분열에 놓이게 된 상황을 슈라그는 온당하게 지적하고 있다: "현재의 철학적 장면에서는, 부주의한 관찰자조차도 발견할 수 있을 것처럼, 목소리와 텍스트, 말하기와 글쓰기 및 듣기와 읽기를 대조시키는 데 관심이 고조되고 있다. 이들 대조는 종종 양극적 반대자로 표시되고, 그리하여 그들 중 어느 하나를 근본적인 것 및 특권적인 것으로 선택하는 경향을 초래하고 있다. 일부 분야에서는, 음성중심주의(phonocentricism)의 위험에 관한 경고가 있고, 다른 분야에서는 범텍스트주의(pan-textualism)의 위태로움을 전달한다."[77]

---

76) 마이클 하임(여명숙 옮김), 『가상현실의 철학적 의미』, 12-13쪽. 이 책의 제3장(「하이퍼텍스트의 천국」)에서 마이클 하임은 하이퍼텍스트의 특성과 역량 및 기능에 관해 상세하게 논의하고 있다.

데리다의 범텍스트주의적인 명제, 즉 "텍스트밖에는 아무것도 없다."[78]는 과연 타당한가? 텍스트가 실제에 대해서 말하는 것은 곧 실제인가? 볼츠가 잘라 말하듯 우리는 "텍스트 속에서는 현실과 같이 전달할 수 없다."[79] 내용적인 측면에서 저러한 데리다의 명제에 대한 진단은 고사하고 오늘날 매체문화와 정보해석학에서 그러한 텍스트의 범위를 뛰어넘는(hyper) 하이퍼텍스트[80]와 영상의 시대가 도래한 것은 주지의 사실이다. 인간의 커뮤니케이션과 지식 습득에는 구조화된 텍스트의 범위를 벗어나 음성과 그림, 동영상, 비디오 클립 등 각종 다양한 하이퍼미디어(hypermedien)들이 등장한다.

그러기에 책이나 신문 및 잡지 등에 토대를 둔 텍스트(text) 중심의 전통적 해석학에서 텔레비전이나 인터넷 등 특수하고 다양한 매체문화에 기초한 하이퍼텍스트(hypertext)를 중심으로 하는 정보해석학으로의 영역 확대는 자명한 현상이다. 따라서 데리다에게서 볼 수 있는 문자중심의 텍스트주의에서 벗어나 다양한 매체와 다양한 표현수단 — 언어, 인공언어, 기호, 음성, 동영상, 그림

---

77) 칼빈 O. 슈라그(문정복 · 김영필 옮김), 『탈근대적 자아를 넘어서』, 「머리말」 참조.

78) Jacques Derrida, *De la gramatologie*, Edition de Minuit: Paris, 1967, 227쪽.

79) N. 볼츠(윤종석 옮김), 『구텐베르크-은하계의 끝에서』, 34쪽.

80) 마치 문자중심주의를 외면이라도 하듯 볼츠는 매체문화에서의 하이퍼텍스트의 특징을 다음과 같이 설명한다: "하이퍼텍스트들은 더 이상 책과 같은 공들여 쌓은 스마트한 문자 공간을 제공해 주는 것이 아니라, 가공된 재료의 국부적 특징들을 반영하고 있다. 그러나 매거진과는 달리 하이퍼텍스트들은 운동적(kinetisch)이고 쌍방적(interaktiv)이다. — 다시 말해서, 그것들은 자신의 타이포그래픽을 읽기 행위 중에 형성한다."(N. 볼츠, 윤종석 옮김, 『구텐베르크-은하계의 끝에서』, 255쪽)

등— 을 중심으로 하여 타자와 사회와 문화와 역사와의 쌍방적 상호소통을 실현하는 것이 당연시된다. 여기서 '상호소통'이라는 것은 결코 어떤 개별적인 일방통행이 아니라, 쌍방적이라는 것이며, 여기엔 따라서 주체와 타자의 의미가 동시에 부각되어야 함을 시사하고 있다.

현대의 매체문화에는 데리다의 생각과는 달리 '텍스트 중심의 문자학'을 벗어나는, 혹은 텍스트의 세계를 뛰어넘는, 테스트 초월적인 '하이퍼텍스트'의 세계가 엄연히 존재하며, 문자뿐만 아니라, 인공언어, 독특한 기호, 쌍방 간의 대화, 음성과 대중의 목소리도 중요한 비중을 차지하고 있다. 더욱이 텍스트의 세계와 하이퍼텍스트의 세계에 영향력을 행사하는 주체가 어떤 형태로든지 엄연히 존재하고 있다. 그것은 이를테면 끊임없이 매체의 세계에 발제를 하고 정보발신을 하는 주체가 최소한 존재하기 때문이며, 이에 비해 정보를 수신하고 '이해'를 수행하는 자도 인식활동이나 경험하는 경우에서처럼 항상 주체의 형태로 이루어가기 때문이다.

오랫동안 문자의 인쇄라는 단일한 매체로 진행되어 오던 인류의 사회가 오늘날 새로운 매체들의 등장을 통하여 더욱 다원화된 매체문화를 탄생시켰다. 이러한 새로운 매체의 등장은 상대적으로 문자 및 문자중심주의와 인쇄매체의 역할을 축소시키고 있으며, 그에 따라 새로운 매체들은 매체환경에서의 새로운 위상과 역학관계 설정을 요구한다. 매체문화의 발달에 따라 인간생활의 많은 부분이 영상매체와도 불가분의 관계를 맺게 되고, 점점 텍스트보다는 하이퍼텍스트가, 문자보다는 영상이, 책보다는 테이프나 디스켓이나 CD와 저장 메모리가 더 위력을 발휘할지 모른다.

아직 문자가 발견되지 않아 음성이 중요한 매개가 되던 구어(口語)시대에서 문자가 중심이 되어 쓰기문화로의 전환과 이러한 발전의 도상에서 활성화된 인쇄물의 문화, 나아가 오늘날 영상매체를 비롯한 다양한 매체의 발달로 인한 '인쇄매체의 위기'[81]는 그러나 인류문화의 지평에서 모두 의미 있게 받아들여지는 것들이며 모두 세계를 해석하려는 인류의 부단한 노력이기에, 어느 하나 배척되어서는 안 되는 혹은 데리다에게서처럼 '문자중심주의'만 고집할 수 없는 인류의 문화적 활동의 결정체들이다.

최근에 미디어 학자인 볼츠는 저러한 '문자중심주의'를 비웃기라도 하듯 오늘날 뉴미디어 시대에서의 급변하는 커뮤니케이션의 상황을 언급하고 있다. 그는 뉴미디어의 시대에 현대인이 초현실주의의 해방된 화면공간으로부터 시네마 미학적인 컴퓨터 회화로 이르는 그러한 도정을 스케치하고 있다.[82] 그리하여 볼츠에 의하

---

81) 나날이 급변하고 다양화되는 매체문화 속에서도 문자와 인쇄매체는 그러나 결코 위기를 불러오지 않을 것이다. 또 이와 같이 문자언어에 비해 음성언어도 데리다의 주장과는 달리 위기로 내몰리지 않을 것이다. 그것은 이들이 무엇보다도 인류문화의 중심적 구성요소이기 때문이다. 최근엔 급변하는 매체문화 속에서도 여전히 문자와 인쇄매체의 중요성을 환기시켜 주는 저작들이 출판되고 있다. 다음과 같은 네 권의 책이다: (1) 조르주 장(이종인 옮김), 『문자의 역사』, 시공디스커버리 총서 1, 시공사, 1995. (2) 엘버틴 가우어(강동일 옮김), 『문자의 역사』, 도서출판 새날, 1995. (3) 월러 J. 옹(이기우 · 임명진 옮김), 『구술문화와 문자문화』, 문예출판사, 2000. (4) T. F 카터(강순애 · 송일기 옮김), 『인쇄문화사』, 아세아문화사, 1995. 특히 조르주 장은 급변하고 다양화되는 매체문화도 문자의 또 다른 변신으로 보고 있으며, 문자를 문화적 역사의 장엄한 파노라마와 영감에 가득 찬 예술세계로 보고 있다. 그에 의하면 문자는 하루아침에 만들어질 수 없으며 인간집단의 공식적인 기호나 상징체계가 미리 존재하여 이러한 기호와 상징에 대한 체계의 합의가 전제되어야 하는 것 등 끊임없는 생성과 발전 가운데에서 이루어졌음을 상기시킨다. 그러기에 문자의 역사는 그에게 하나의 신비의 역사로 받아들여진다.

82) N. 볼츠(윤종석 옮김), 『구텐베르크-은하계의 끝에서』, 제4장(「미디어 미학」) 참조.

면 인간은 근세를 주도해 온 책이라는 미디어로부터 탈출하게 된다. 그리고선 하이퍼미디어를 바탕으로 완전히 새로운 형태의 지식 디자인이 문자와 도서문화의 구텐베르크적 은하계로부터 결정적인 이별을 고할 것이라는 진단이다.[83] 그는 우리가 '문자라는 구텐베르크적 세계로부터 이별'을 고하고 하이퍼미디어의 세계로 진입하는 것을 예견하고 있다.[84]

물론 이러한 진단이 확실한지는 아직도 지켜봐야 할 문제이며, 설혹 그러한 변화의 조짐이 있다고 해도 문자와 도서문화로부터의 완전한 결별은 쉽게 이루어지지도 않을 뿐만 아니라 또한 바람직한 현상도 아닐 것이다. 일단 우리가 주시하는 것은 데리다의 경우에서처럼 소위 '음성중심주의'를 터부시하고 '문자중심주의'나 텍스트 중심주의만을 고집할 수 없다는 것이다.

그러나 우리가 추구하는 것은 오랜 해석학의 역사에서 음성문화 혹은 구어(口語)문화의 위상이 소위 '음성중심주의'라는 미명 아래 터부시되거나 배척되어서는 안 되며 오히려 그 해석학적 위상을 복권하는 것이다.

데리다의 해체적 분열주의는 '지평융합'을 시도하는 가다머와 대조를 이룬다. 과연 우리는 음성과 문자의 어느 한쪽을 적대시한다거나 '해체'시키고서 다른 한쪽으로만 방향을 돌려야 하는가? 한쪽의 해체 없이 양자로부터의 의의나 기여를 기대할 수 없을까?[85] 더 나아가 서로를 보충하고 풍부하게 하는 제3의 길, 혹은

---

83) 앞의 책, 16쪽, 235쪽 이하 참조.

84) 앞의 책, 제5장(「지식 디자인」) 참조.

85) 아리스토텔레스는 그의 *Peri hermenias*(16a3)에서 문자언어는 음성언어의 기록일 따름이라고 한다. 음성언어는 문자언어에 의해 복사되는 것이다. 그러나 아리스토텔레스에게서 음성과 문자는 결코 데리다에게서와 같이 이원론으로 분리되어 있지 않다.

융합의 원리는 없는가? 여기서 상호보충이란 음성의 말하는 자와 문자의 저자로 하여금 말해진 것과 쓰여진 것이 서로 엉키어 융합적인 힘을 발휘하는 것이다.

그런데 오늘날 정보해석학에서, 첨단화된 매체문화에서는 결코 음성과 문자가 이원론으로 분리될 수 없다. 매체문화에서 양자는 각자의 존재론적 중량을 갖고 있으며, 결코 한쪽이 해체되어서는 안 된다. 물론 매체의 종류에 따라 문자의 비중이 높은 경우가 있고(신문, 인터넷), 또 이와 반대로 음성의 비중이 높은 경우도 있다(텔레비전, 영화). 전자의 인터넷에서는 오늘날 동영상이나 스피커 장치가 연결되어 문자에 비해 음성이 보완되고 있다.

5. 가다머와 데리다의 논쟁

1981년 4월 프랑스 파리의 독일문화원에서 개최된 가다머와 데리다의 논쟁은 당대에 해석학과 해체주의를 대표하는 이들의 대화 자체만으로도, 또 해석학과 해체주의 철학을 추구하는 전문가들에게도 지대한 관심의 대상이었다.[86] 그런 만큼 이 논쟁에 대한 평가와 해석이 양쪽 측면으로부터 계속 이어지고 있다. 그러나 전문가들 사이에서는 오래 전부터 가다머의 해석학과 데리다의 해

86) 가다머와 데리다의 논쟁이 유발된 정황과 쟁점에 관해선 Jean Grondin, *Einführung in die philosophische Hermeneutik*, 174-175쪽 참조. 가다머와 데리다의 논쟁은 가다머의 주제발표문인 「테스트와 해석(Text und Interpretation)」에 대해 데리다가 먼저 「힘을 위한 선한 의지 (I)(Guter Wille zur Macht I)」로 문제제기를 하고, 이에 대해 가다머가 「그럼에도 불구하고: 선한 의지의 힘(Und denoch: Macht des guten Willens)」으로 응답하자, 데리다가 재차 「힘을 위한 선한 의지 (II)(Guter Wille zur Macht II)」로 비판하는 형식을 취하고 있다.

체주의 철학 사이에는 '원칙적 대화 불가능성', '공약 불가능성', '화합 불가능성'이 농후하다는 입장이 지배적이었으며, 또 이와 반대로 그 논쟁 속에서 다양하고 생산적인 대화가 가능하다는 입장도 있다.[87)]

가다머는 주제발표문 「텍스트와 해석」에서 진정한 대화가 시도되는 곳이면 어디에나 '이해하려는 선한 의지(Guter Wille zum Verstehen)'가 기본적으로 따른다고 지적했다: "대화 속에서는 … 의사소통적 양해가 시도되는 곳이라면 어디서든 서로를 이해하려는 선한 의지가 놓여 있는 것이다."[88)] 그러나 가다머의 이 발언은 소위 말하는 '가다머-데리다 논쟁'의 도화선이 되었다. 가다머가 역설하는 것은 인간이 혼자서든 둘 이상이든 '끝없는 대화에의 갈망'[89)]을 갖고 있다는 것이었는데, 데리다는 가다머가 언급한 선한 의지가 '의지의 형이상학(Willensmetaphysik)'을 대변하고 있으며, 도덕적인 것이라고 여기고, 이것이 칸트적 의미의 '선의지'와 다를 바 없으며, 나아가 이것이 해석학적 이해현상에서 일종의 '공리(Axiom)' 역할을 하는 것이 아닌가 하고 의문을 제기했다.[90)]

그러나 가다머는 이러한 데리다의 비판에 대해 여기에서의 '선한 의지'는 도덕적 의지와 무관하고 이해현상의 공리도 아니며,

---

87) Jean Grondin, *Einführung in die philosophische Hermeneutik*, 174-183쪽 참조; E. Behler, *Derrida-Nietzsche, Nietzsche-Derrida*, München-Paderborn-Wien-Zürich, 1988, 154쪽 참조; J. Risser, "Die Metaphorik des Sprechens", in *Hermeneutische Wege*, Hrg. von G. Figal, J. Grondin, D. J. Schmidt, Tübingen, 2000, 179쪽 참조.

88) H.-G. Gadamer, "Text und Interpretation", in *Text und Interpretation*, Hrg. von Ph. Forget, München, 1984, 38쪽.

89) 앞의 책, 61쪽.

90) 앞의 책, 56쪽 참조. 또한 Jean Grondin, *Einführung in die philosophische Hermeneutik*, 175쪽 참조.

오히려 플라톤의 대화록에서 변증법적 대화의 형식에 드러난 선한 의지(eumeneis elenchoi)라고 응답한다.[91] 그러한 '선한 의지'는 근세적 도덕철학이라거나 또 형이상학적 의지의 철학이 아니라, 진정한 대화가 있는 곳에는 자연적, 필연적으로 동반되는 '선한 의지'인 것이다. 이토록 자연적이고 필연적으로 동반되는 '선한 의지'라면 이는 우선 인간의 본래성과도 유사한 원리라고 볼 수 있다. 이러한 '이해하려는 선한 의지'에 관하여 우리는 「의사소통을 위한 가다머 해석학의 기여」라는 절에서 좀 더 면밀히 고찰해 보기로 한다.

데리다의 해체주의가 쏟는 비난의 화살은 잘 알려진 대로 거의 모든 여타의 철학이 '현전의 형이상학'과 '이성중심주의' 및 '음성중심주의'에 빠졌다는 것이고 가다머의 해석학도 예외가 아니라는 것이다. 가다머는 "데리다의 『목소리와 현상』이 해석학을 이성중심주의로뿐만 아니라, 더 나쁘게 음성중심주의라고 교수대에 올려놓는 것은"[92] 해석학뿐만 아니라 자신에 대해서도 분명한 공격으로 받아들였다. 더욱이 가다머는 데리다가 해석학을 공격하는 일환으로 표현(Ausdruck)과 의미(Bedeutung)의 일치에 관한 이론에 쏟아 붓는 비난은 이미 해석학에서 극복된 이전의 것임에도 불구하고 해석학적 세계정위(Orientierung)를 현전의 존재론이라고 덮어씌우는 태도를 못마땅하게 생각했다.[93]

데리다와의 논쟁 이후 가다머는 데리다의 해체주의 철학을 자

---

91) H.-G. Gadamer, "Text und Interpretation", in *Text und Interpretation*, 59쪽 참조.

92) H.-G. Gadamer, "Frühromantik, Hermeneutik, Dekonstuktivismus", in *Gesammelte Werke* Bd. 10, 128쪽.

93) 앞의 책, 128쪽 참조.

신의 해석학에 대한 '명백한 도전'[94]으로 받아들이고서 자신이 표명하는 대화철학의 특징을 집중적으로 조명하고 첨예화시킨다. 이런 테마는 그의 논문 「파괴와 해체」, 「해체와 해석학」, 「초기 낭만주의, 해석학, 해체주의」, 「해석학과 로고스 중심주의」 등에서 집중적으로 거론되고 있다.

데리다 식의 비판에는 그러나 가다머의 지적대로 자가당착현상이 일어날 수밖에 없다. 저러한 '현전의 형이상학'이나 '로고스중심주의' 및 '음성중심주의'라는 것이 결국 모든 사유하는 자와 말하는 자에게 필연적으로 일어나는 현상이라면, 이렇게 비난하는 것 자체가 '결코 정당하지 않은 논증'[95]이라고 가다머는 반박한다. 그것은 비난 자체마저도 사유하고 말하는 데서 발원하기에 모순일 수밖에 없는 부당한 논증인 것이다.[96] 해체주의의 원리도 말들과 말의 의미들이 부속된 형이상학적 의미영역을 완성으로 이끌도록 애쓰는 한 별반 다를 바 없다는 것이 가다머의 지적이다.[97]

이를테면 만약 우리가 책을 읽는다면, 이해하지 못하고서는 그 책을 읽을 수는 없다. 말하자면 이해하기 위해서는, 나아가 텍스트 전반의 흐름을 파악하기 위해서는 음절로 나누어 명확히 한다거나 억양(Intonation)과 변조(Modulation)와 같은 것을 처리하지 않을 수 없는 노릇이다.[98] 그런데도 '음성'이 터부시되고 음성중

94) H.-G. Gadamer, "Dekonstruktion und Hermeneutik", in *Gesammelte Werke* Bd. 10, 140쪽 이하 참조.

95) H.-G. Gadamer, "Destruktion und Dekonstruktion", in *Gesammelte Werke* Bd. 2, J.C.B. Mohr: Tübingen, 1986, 371쪽.

96) 앞의 책, 371쪽 이하 참조.

97) 앞의 책, 371쪽 참조.

98) H.-G. Gadamer, "Frühromantik, Hermeneutik, Dekonstuktivismus", in *Gesammelte Werke* Bd. 10, 129쪽 참조.

심주의의 틀 속에서 비판받는 것은 별로 온당하지 못한 것이다. 잠자고 있는 문자가 살아서 생동하는 언어로 현실화되기 위해서는— 비록 소리를 밖으로 내지 않는다고 해도— 읽어져야 하고 이해되어야 하며 누군가에 의해 말해져야 한다.

데리다와 가다머는 의미의 문제를 둘러싸고 전통적 해석학과 해체주의를 대변하고 있다. 텍스트에서 저자의 부재는 전통적 해석학과 정보해석학 사이를 구분하는 요체이다. 또한 데리다에게 있어 저자의 부재는 곧 의미의 부재이며 해체이다. 데리다의 문자중심적 텍스트주의에서 의미가 자리 잡을 여지는 없다. '주체'도 데리다를 비롯한 포스트모던에 의해 무자비하게 공격을 받았지만, 그러나 이 주체는 인간에게서 그리고 의사소통의 행위에서 결코 파괴될 수 없는 존립의 필연성과 당위성을 갖는다. 그것은 어떤 권력중심주의나 주체중심주의 및 이기주의적인 주체도 아니고 타자를 억압하는 주체도 아니기 때문이다. 그것은 의사소통을 가능케 하는 책임 있는 당사자로서의 주체와 자신의 의사를 드러내고 행동하며 의미를 생산하고 타자에게로 다가가는 주체일 수 있기 때문이다.

가다머도 비판하고 있듯이, 만약 전통적 해석학이 근대적 주객구도에 사로잡혀 있다면, '주체중심주의'에 대한 데리다의 해체론적 비판은 정당성을 가질 수 있다. 그러나 모든 '주체'가 다 이러한 근세적 의미의 주체가 아닐 뿐만 아니라, 그들의 비판에서처럼 권력중심을 형성하고 있는 것도 아니다. 더욱이 현대의 매체문화에서 '주체성'은 데리다의 비판과는 다른 맥락에서 이해될 수 있는 것이다. 삶의 세계라는 맥락에서 주체성의 문제를 다시 생각해보아야 할 것이다. 가령 정보사회에서 인간이 이해하고 인식하며 의미추구를 하는 것은, 그리고 이러한 바탕 위에서 삶을 추구하는 것은 주체성의 확립을 떠나서는 생각할 수 없다. 이런 까닭에 매체문화에서 해석학적 주체성의 문제는 데리다와 다른 관점에서 접근된다.

해석학에서의 '이해'의 문제는 가다머와 데리다 사이에 있었던 심각한 논쟁이었다. 이 논쟁은 '이해의 통일과 이해의 다름'을 시발점으로 하여 지난 1980년대에 불붙기 시작했다. 인간의 다양한 삶의 영역들과 복수성을 하나의 체계로 통일시킬 수 없다는 데리다와 같은 해체주의자의 논리도 물론 일리가 있다. 그렇지만 가다머를 비롯한 해석학자들의 논지도 결코 하나의 체계 속에 갇힌 통일을 결코 주장하지는 않았다.

가다머의 '지평융합'에서의 통일화는 데리다가 이해하는 것과는 다르게 '동일화할 수 있는 하나(ein identifizierbares Eines)'에서가 아니라, 계속되는 대화 속에서 일어나는 것이다. 따라서 융합의 형태는 어디까지나 커뮤니케이션의 가능성과 '이해' 및 교류의 가능성으로 전제된 것이다. 이러한 가능성은 타자와 공동의 삶을 영위하게 하거나 무엇보다도 '대화의 서로 함께함(Miteinander des Gespraechs)'을 가능하게 한다는 뜻이다. 그러기에 이것은 해석학과 정보해석학에서의 보편적 요청이라고 할 수 있는 것이다.

'이해'는 가다머에게서 잘 드러나듯이 '인간 삶 자체의 근원적 존재특성'이기에 그의 '보편적 해석학'은 '인간의 보편적 세계이해'를 전제로 하고 있다. 이러한 이해는 그러나 데리다가 우려하는 것과는 달리 어떤 체계적이고 획일화된 이해가 아니다. 이해의 제 기능은 해석학적 순환의 원리에 따라서 작동하기에, 전체는 부분으로부터 자신의 존재규정을 획득하고 또 거꾸로 부분은 전체와 관련해서만 이해될 수 있다. 이토록 이해가 전체와 부분의 본질적인 교감과 상호작용 속에서 파악될 때 의미가 생성되는 것이

다.[99]

또한 '해석학적 순환' 속의 이해는 어떤 '완전한 진리'라든지 완전한 이해보다는 오히려 이해의 다름과 타자의 이해를 전제로 하고 있다. 그러기에 텍스트와 하이퍼텍스트의 진정한 이해는 어느 지점에서 확정되거나 결론지어지기보다는 '끝없는 과정' 속에 있고 또 열려 있는 것이다. 이러한 성격을 가진 과정은 인간의 현실과 역사경험을 전제로 하기 때문이다.

해석학과 해체주의 사이에는 타자이해의 문제도 쟁점이 되었다. 데리다는 '타자의 철학'을 전개한 레비나스의 영향 아래에 있기 때문에 해석학적 타자이해를 부정했는데, 그에 의하면 타자는 가다머가 말하는 이해의 지평에서 통일되지 않는다는 것이다. 즉 말하자면 이해의 지평융합 속에서의 통일보다는 차이를 강조했던 것이다. 그러나 정보해석학에서는 데리다나 레비나스의 경우에서처럼 타자의 절대적 존재에 대한 이해가 주된 관건은 아니다. 타자의 절대성은 존재론적으로 고유한 성역을 가질 수 있으며 칸트에게서처럼 '물자체'의 성격도 가질 수 있을 것이다. 이런 맥락에서 타자의 '이해 불가능성'이라면 수긍될 수 있다.

그러나 매체문화와 정보해석학에서의 커뮤니케이션은 타자의 진술과 의향이며 주장, 관심, 이해 등이 주된 관건이고 타자의 물자체성이나 타자의 고유성과 본질영역 등이 아니기에, 이러한 타자 사이에서 대화와 협의며 교류를 통해 얼마든지 이해와 의미를 구축할 수 있는 것이다. 이해의 다양성, 즉 삶의 형식들의 복수성과 차이에 기인하는 이해의 복수성을 데리다의 '이해 불가능성'으로 연결해서는 안 된다. 정보해석학은 오히려 '포괄적 이해사건'

---

99) R. 팔머(이한우 옮김), 『해석학이란 무엇인가』, 176쪽 참조.

을 전제로 해야 한다.

그런데 포스트모던적인 사고방식, 특히 데리다에게서는 이러한 이해와 의미구축이 불신되고 있다. 나아가 '의미구성'에 대한 논쟁은 전래의 해석학과 포스트모던 사이에 첨예한 이해대립현상을 보이고 있다. 전통적 해석학과 정보해석학 사이의 단절을 강조하는 쪽은 대부분 전통적 해석학의 중심적인 테마인 주체와 의미의 관점을 '해체(Destruktion)'하려 한다. 특히 데리다와 푸코 등 소위 포스트모던을 중심으로 하는 일군의 철학자들로부터 그러한 움직임이 강하게 드러난다.

포스트모던의 사상은 현대의 시대적 흐름에서 많은 영향력을 발휘하고 있으며 또한 문화의 영역에서도 많이 적용되고 있다. 그 적용 가운데는 긍정적인 부분도 있으나 태생적인 극단성으로 말미암아 부정적인 측면도 드러나고 있다. 만약 '주체중심주의'라거나 경직되고 권력적인 주체라고 할 때에는 — 대부분의 현대철학자들이 동일하게 비판하듯이 — 그들의 '해체'가 온당한 것으로 받아들여진다. 그러나 모든 '주체'의 의미가 다 그런 것은 아니기에, 많은 문제가 야기된다. 그것은 우선 인간이 이해하고 인식하며 의미추구를 하는 것은, 그리고 이러한 바탕 위에서 삶을 추구하는 것은 주체를 떠나서는 생각할 수 없기 때문이다. 더욱이 책임의 소여를 묻는 데에는 주체의 문제가 필연적으로 대두되어야 하기 때문이다.

5 장

가다머와 아펠 및 레비나스 철학의 정보해석학에의 기여

1. 의사소통을 위한 가다머 해석학의 기여

가다머는 '언어의 대화적 성격(Gesprächscharakter der Sprache)'을 자기 해석학의 중점으로 세웠는데, 이는 가다머 해석학의 특징으로 잘 알려진 바다.[1] 대화 속에서 서로를 이해하려는 태도는 가다머의 해석학에서 기본적인 원리로 받아들여진다. 가다머에 의하면 이런 원리는 심지어 비도덕적 존재자들에게서도 유효하게 적용된다.[2] 이토록 이해가 기본원리로 되는 것은 어쩌면 동물의 세계에서도 유효한지 모른다. 동물들은 인간의 언어와는 다른 의사소통체계를 갖고 있지만, 동료들을 이해시키는 방책을 갖고 있다.

---

1) H.-G. Gadamer, "Frühromantik, Hermeneutik, Dekonstuktivismus", in *Gesammelte Werke* Bd. 10, J.C.B. Mohr: Tübingen, 1995, 134쪽 참조.

2) H.-G. Gadamer, "Text und Interpretation", in *Text und Interpretation*, Hrg. von Ph. Forget, München, 1984, 59쪽 참조.

이를테면 사자의 출현에 대한 얼룩말의 독특한 외침, 새들의 신비한 지저귐, 원숭이들의 이상한 소리들은 모두 동료들의 이해를 전제로 하고 있는 듯하다.

가다머는 저런 기본원리를 좀 더 첨예하게 드러내고 있다: "입을 여는 자는 그 누구라도 이해되기를 바란다."[3] 말하자면 사람이 입을 여는 한 언어가 동원되는 것이고, 그런 언어는 대화의 시작으로 이어지며, 또 그런 대화는 이해되기를 바라는 의미가 필연적으로 따른다. 이러한 기본원리는 오늘날 의사소통을 근간으로 하는 정보사회와 정보해석학에서도 훌륭한 토대가 될 수 있다. 매체와 정보사회의 태동엔 새로운 차원의 의사소통이 중요한 이슈로 자리 잡고 있다. 따라서 오늘날 정보사회에서의 커뮤니케이션에는 이해와 의미 있는 정보교류가 주요 구심점이 되는 것은 두말할 나위 없이 당연한 사실이다.

대화를 할 때나 텍스트를 접할 때 '이해하려는 선한 의지(Guter Wille zum Verstehen)'를 기본으로 하는 가다머의 해석학은 정보해석학에도 훌륭한 이정표가 된다. 진정한 커뮤니케이션이 시도되는 곳이면 어디에나 이런 '이해하려는 선한 의지'가 자연적이고 필연적으로 동반되고 또 이해현상이라는 것은 이해하는 사람의 '이해하려는 선한 의지'와 불가분의 관계가 있다고 볼 수 있다: "대화 속에서는 … 의사소통적 양해가 시도되는 곳이라면 어디서든 서로를 이해하려는 선한 의지가 놓여 있는 것이다."[4]

텍스트는—그것이 문자의 형태로 되었거나 혹은 말로 표현되었거나 혹은 정보를 담고 있는 기사일 경우에도—이미 어떤 무

---

3) 앞의 책, 59쪽.

4) 앞의 책, 38쪽.

의미한 허튼소리가 아님을 전제로 하고 있고, 말하고자 하는 바를 담고 있는 원본(Urkunde)의 형태를 띠고 있다. 그러나 텍스트는 자기 스스로 자신을 해명해 주지 않기에, 텍스트 해석자(독자)와의 '대화(Gespräch)'라고 하는 특수한 상황을 통해 자신을 드러낸다. 따라서 텍스트 해석자는 텍스트의 '진정한 대화 파트너'가 되어야 하는데, 그런 대화 파트너를 통해 텍스트는 진정 말하고자 하는 바를 드러낸다.

물론 텍스트의 의미내용은 — 대화를 통한 '지평융합'에 의해 주어지기에 — 미리 굳어진 형태로 주어진 것도 아니고, 또 미리 정해져 있는 '최종산물(Endprodukt)'도 아니다. 그것은 여전히 '중간산물(Zwischenprodukt)'이며 대화를 통해 '지평융합'에 이르는 이해사건이다. 그러기에 텍스트 의미의 동일성은 절대적이고 확정된 불변의 동일성이 아니라, 이해사건 속에서 결정되는 '잠정적 동일성'인 것이다.[5)]

이해가 대화적 사건을 통해 주어진다는 그의 해석학적 기본테제는 정보해석학과 정보사회에서의 커뮤니케이션에도 훌륭한 방법적 기초가 될 수 있다. 가다머의 해석학에서 해석자와 텍스트 사이의 대화나 자아와 타자 사이의 대화는 곧 정보사회에서 발신자와 수신자 사이의 대화와 네티즌 사이의 커뮤니케이션으로 발전될 수 있다. 이러한 커뮤니케이션에서 일구어낸 지평융합엔 쌍방향에 의한 의미구성과 의미생산이 전제되어 있다

대화적 이해는 언어를 통해 이루어진다. 언어는 가다머에게서 — 가다머는 하이데거의 언어철학을 수용한다 — 세계에 대한 단순한 기호나 모사의 도구도 아니고 또 임의적인 규약의 차원도 아

5) 앞의 책, 35쪽 참조.

니다. 오히려 거꾸로 우리의 세계경험은 언어를 통하여 형성되기에 가다머는 — 하이데거의 경우에서와도 같이 언어를 '생기사건(Geschehen)'[6]으로 본다 — "세계는 언어 속에서 자신을 스스로 드러낸다."[7]고 본다. 가다머에게서 언어적 세계경험은 '절대적(absolut)'이어서 존재정립에 대한 모든 상대성을 뛰어넘는 사건이다:[8] "세계경험의 언어성은 모든 것이 존재하는 것으로 인식되고 간주되는 것에 비해 앞선다. **그러기에 언어와 세계의 특징은 세계가 언어의 대상이 된다는 것을 뜻하지 않는다.** … 인간의 세계경험의 언어성과 같은 것은 세계의 대상화를 뜻하지 않는다."[9]

가다머에게서 언어의 대화적 성격은 '해석학적 경험의 보편성(Universalität der hermeneutischen Erfahrung)'[10]을 확보하는 중요한 위치를 점한다. 그에게서 대화는 상대방에게 말을 건네고 서로 함께 말을 나누는 것(Miteinander sprechen)을 의미한다. 그러기에 한 사람이 상대방에게 일방적으로 전하는 것이 아니며, 더욱이 상대방의 의견을 무시하고 묵살해서도 안 되고 또 결코 상대방의 의견을 자신에게 동화시켜서도 안 된다. 서로가 상대방을 인격을 가진 진정한 대화의 파트너로 혹은 대화의 참여자로 인정하고, 결코 단순한 전달대상으로 여겨서는 안 된다는 것은 기본 중의 기본이기 때문이다.

바로 이런 맥락에서 가다머는 소크라테스와 플라톤의 '선한 의

---

6) H.-G. Gadamer, *Wahrheit und Methode*(*Gesammelte Werke* Bd. 1), J.C.B. Mohr: Tübingen, 1986, 465쪽 이하, 473쪽 이하 참조.

7) 앞의 책, 453쪽.

8) 앞의 책, 453쪽 참조.

9) 앞의 책, 454쪽.

10) H.-G. Gadamer, "Dekonstruktion und Hermeneutik", in *Gesammelte Werke* Bd. 10, J.C.B. Mohr: Tübingen, 1995, 140쪽.

지(eumeneis elenchoi)'를 강조한다. 말하자면 상대방이 대화하고자 하는 주제내용에 관해 관심을 가지고 있을 뿐만 아니라 조명하는 능력이 있고 또 대화를 통해 진리에 도달하려는 열망을 가진 존재자로 받아들이는 것이다. 그러기에 상대방의 관점을 충분히 이해하고 그의 입장을 오히려 밝히고 드러내어 보이며, 자신이 옳다는 것을 고집하려고 하거나 상대방의 약점을 파고들어서도 안 된다. "해석학의 예술이란 상대방이 말한 바를 어떤 무엇으로 꽁꽁 묶는 것이 아니라, 그가 본래적으로 말하고자 하는 것을 받아들이는 것이다."[11] 서로는 대화를 통하여 말하고자 하는 주제내용에 대해 공통적인 면을 이룩해 간다. 그러나 이런 대화에서 서로는 꼭 일치를 전제로 하거나 목표로 세울 필요는 없다.

가다머에게 있어서 해석학적 경험은 어디까지나 대화적 경험이다. 가다머에 따르면 이 해석학적 경험이 '현전의 형이상학'과 관련된다는 데리다의 비판과는 전혀 다르게, '전적으로 살아서 생동하는 대화에 해당되는 것'이다.[12] 대화는 근본적으로 타자를 타자로서, 즉 타자를 대화의 파트너로서 인정하는 데서 출발한다. 그러면서도 주체는 대화의 상대자인 타자의 경험을 자신의 경험과 '융합'해 가는 과정을 갖는다. 텍스트와 해석자 사이의 대화 역시 이러한 과정을 거치는데, 해석자는 텍스트 안에서 말하는 저자의 견해를 타자로 인정하면서 그 타자에 머물러버리지 않고 자신의 이해지평과 융합해 나가서는 이른바 '지평융합'을 구현한다.

이때 '지평융합'을 일궈낸다는 것은 해석자와 저자가 서로 자신

11) H.-G. Gadamer, "Frühromantik, Hermeneutik, Dekonstuktivismus", in *Gesammelte Werke* Bd. 10, 129쪽,

12) H.-G. Gadamer, "Dekonstruktion und Hermeneutik", in *Gesammelte Werke* Bd. 10, 140쪽.

의 입장을 고수한다는 것이 아니며, 동시에 서로가 완전히 동일한 입장을 가진다는 것도 아니다. 다시 말하면 저자와 해석자 사이의 '지평융합'은 두 이해지평이 하나로 단일화된다거나 혹은 아무런 만남이 없이 서로 병치된다는 것이 아니라, 서로가 서로의 입장과 이해지평을 견지하면서도 진정한 합의를 이루어나가는 변증법적 과정인 것이다.

지평융합으로서의 커뮤니케이션은 타자를 일방적으로 자신의 이해지평으로 끌어들이는 것도 아니며, 또 이와 반대로 자기 자신의 입장을 포기하고 타자의 지평으로 몰입하는 것도 아니다. 합의를 이루어가는 과정에서는 서로가 자신의 입장(선입관, 견해 등)을 고집하는 것이 아니라 상대방의 입장에 비추어 재해석하고, 또 상대방의 입장에 단순히 따르는 것이 아니라 자신의 견해에 비추어 재음미하는 태도가 전제된다.

그러기에 가다머가 표방하는 대화적 이해는 인격적 관계에서 이루어지는 것이고, 그에 따른 해석학적 이해는 쌍방향적인 개방성과 상대방에 대한 인정(Anerkennung)을 요구하는 이해다.[13] 이미 '지평융합'에서의 대화는 무한한 과정 속에 있는 열려 있는 이해사건에 의한 융합을 지향하고, 또 그러한 이해사건에 의해 획득된 융합과 이해는 어떤 폐쇄적이고 절대적인 고정점이 아니라 새로운 의미형성이 가능하고 수정 가능한 것이다.

그러기에 지평융합에서의 이해가 항상 하나의 고정점으로 동화되는 것을 의미하고 다름(Andersheit)을 은폐시킨다는 데리다의 반론에 대해 가다머는 단호하게 항변한다: "이해 속에서 일어나는 저러한 일치(Identifikation)에의 전제는 진실로 이상주의적이거나

---

13) H.-G. Gadamer, *Wahrheit und Methode*(*Gesammelte Werke* Bd. 1), 367쪽 참조.

이성중심주의적인 입장과는 전혀 관계가 없다. … 한 사람의 지평과 다른 사람의 지평이 이해 속에서 융합한다는 것은 결코 정체되어 있고 동일시될 수 있는 하나(Eines)가 아니라, 끊임없이 진행되는 대화 속에서 일어나는 것이다."[14] 그렇다면 대화의 참여자들은 자신의 독단적 견해로 대화에 응하는 것이 아니라, 이와 반대로 자신의 근원적 한계를 아는, 즉 자신의 '무지를 아는 존재자(docta ignorantia)'이고 또 알려고 애쓰고 공동의 이해사건에 이르려는 '선한 의지(eumeneis elenchoi)'로 대화에 임하는 것이다.

이런 방식에 의한 대화를 가다머는 '변증법적 대화'라고 규명한다.[15] 대화의 참여자는 대화를 통해서 합의나 '지평융합'에 이르는 것뿐만 아니라 편협한 자신의 세계를 초월하고, 대화적 경험을 통해 새로운 자신을 체험하게 된다: "대화-속에-있음(Im-Gespräch-sein)이란 자기를-넘어서-있음(Über-sich-hinaus-sein)이고 타자와 함께 사유하는 것이며 (대화의 경험을 통해)[16] 하나의 다른 이로서 자기 자신에게로 되돌아오는 것이다."[17]

2. 바람직한 의사소통의 가능성을 위한 아펠의 담론윤리

오늘날 분열과 갈등의 시대에, 대화문화 부재(不在)의 시대에, 익명성과 책임부재로 멍든 인터넷의 문화에 아펠의 담론윤리는

---

14) H.-G. Gadamer, "Frühromantik, Hermeneutik, Dekonstuktivismus", in *Gesammelte Werke* Bd. 10, 130쪽.

15) H.-G. Gadamer, "Text und Interpretation", in *Text und Interpretation*, 27쪽, 59쪽 참조.

16) 필자에 의한 보충.

17) H.-G. Gadamer, "Dekonstruktion und Hermeneutik", in *Gesammelte Werke* Bd. 10, 369쪽.

시사하는 바가 크다. 커뮤니케이션의 문제를 단순히 공동체적 대화의 지평으로만 파악한다고 해서 의사소통의 문제가 다 해결된 것은 아니다. 즉 바람직한 의사소통을 가능하게 하는 선험적 가능조건들을 명시하는 과제가 남아 있다. 아펠(K. O. Apel)은 원만한 담론문화를 위한 구체적 가능조건을 선험적으로 정당화하고 있다. 아펠은 전래의 언어철학을 좀 더 실용적인 차원에서 재해석하고 응용하여 사회적 담론윤리(Diskursethik)의 문제로 끌어올린다. 그러나 그는 담론이론의 실용적 측면을 강조하면서도 이 측면이 갖는 선험적 요인을 빠뜨리지 않는다.

정보사회에서의 커뮤니케이션에 적합한 주체는 아펠의 '담론윤리(Diskursethik)'에도 잘 드러난다.[18] 아펠은 이상적 의사소통, 즉 의사소통적 공동체를 가능하게 하는 구체적인 조건들을 진단한다. 그에 의하면 의사소통의 능력은 사회적 구성원이 스스로 의사소통능력(Kompetenz)을 사회적으로 습득함으로써 비로소 가능하다는 것이다. 이를테면 개개의 언어사용자들은 모든 현실적 언어게임에 참여할 수 있는 보편적 능력을 가져야 한다. 그러기에 보편적 의사소통능력은 곧 의사소통을 가능하게 하는 보편적 규범을 따르는 데에서 비로소 가능해진다.

이때 보편적 규범이란 이를테면 담론의 상대자를 제2의 나로 인정하면서 상대방의 말(주장, 진술 등)을 진실하고 성실하게 들어야 하며 서로 이해할 수 있는 언어를 사용해야 하는 것도 그 한 예이다. 담론에 참여하는 모든 당사자들(주체들)은 동등한 자격을 가지고서 언어게임에 임해야 하며 여러 가지 합리적인 조건들을

18) 권용혁, 「칼 오토 아펠의 의사소통이론: 담화윤리학을 중심으로」, 박영식 엮음, 『언어철학연구 II』, 현암사, 1995; 김영필, 『현대철학의 전개』, 75쪽 이하 참조.

지켜야 한다. 합의가 요청되는 담론이나 논증형태의 토론에 참여하는 당사자들은 합의에 도달하려는 합리적인 의지를 구비하고 있어야 하며 또 그 실현과정에서 자기의 선입관이나 편견, 당파적 견해보다는 진리에 따르겠다는 태도를 가져야 한다. 이상적인 의사소통과 합의에 대한 실현은 담론의 규범에 대한 존경심도 전제된다.

아펠 담론윤리의 특징을 네 가지로 규명해 볼 수 있는데, 그 첫째는 우선 의사소통의 가능성을 타진하는 것이다. 아펠에 의하면 의사소통의 능력은 인간이 언어생활에 참여하면서 스스로 사회구성원으로서의 의사소통능력을 습득함으로써 가능하다. 그런데 여기서 문제로 되는 것은 과연 개개의 언어사용자들과 대화에 참여한 자들이 올바른 담론행위와 '언어게임(language game)'에 원만하게 참여할 수 있는 보편적 능력을 갖추고 있는가이다. 이 보편적 의사소통능력은 결코 단순한 언어생활이나 대담을 나누는 데서 그저 주어지는 것이 아니라, 의사소통을 가능하게 하는 보편적 규범을 따르는 데에서 가능해진다.

둘째는 의사소통을 가능하게 하는 보편적 규범을 구축하는 일이다. 의사소통을 가능하게 하는 보편적인 규범들을 아펠은 칸트의 선험주의 철학에서 찾고 있다. 그렇지만 일상적인 대화문화에서 어떻게 실용성과 선험성을 융합시키는가가 중요한 과제로 떠오른다. 아펠은 이 양자의 융합을 위해 '언어게임'의 규범성을 강조한다. 말하자면 담론에 참여하는 모든 사람은 반드시 보편적 의사소통을 가능하게 하는 규범, 이를테면 상대방의 발언을 진실하고 성실하게 들어야 하고 또 서로 이해할 수 있는 언어를 사용해야 하는 것이다. 또 개인적인 선입관이나 세계관을 관철하려고만 할 것이 아니라, 진리에 승복할 수 있는 자세가 준비되어 있어야 하는 것이다. 즉 담론의 참여자들은 최소한 대화를 합리적으로 풀어가기 위해 보편적 규범에 따라야 하는 것이다. 자기 주장만 관철하는 것을 마치 정의인 양 착각하고, 심지어 다른 의견을 가진 상대방을 정죄하려는 태도는 기본이 안 되어 있는 것이다.

셋째로 대화의 파트너를 인격적 동반자로 맞이하는 것이다. 담론의 상대자를 '제2의 나'로 인정하면서 합의를 이루어가는 것이다. 그러기 위해선 타자도 진리를 말할 수 있다는 것과 경우에 따라선 나보다 나을 수 있다는 태도를 견지해야 한다. 이러한 전제가 받아들여지지 않기 때문에 상대방이 타도의 대상으로 굳어지고 개혁의 대상으로 전락된다. 담론윤리에는 기본적으로 모든 대화의 참여자가 최소한 동등한 자격을 가지고서 담론에 참여하는 합리적 조건을 갖추어야 한다. 아펠은 이러한 합리적 조건의 바탕위에서 그의 의사소통이론을 '담론윤리'로 승화시킨 것이다.

넷째로 대화의 참여자는 합의에 도달하려는 진솔한 마음가짐과 합리적인 의지를 갖추어야 하며, 또한 이를 실현하기 위해 보편적 규범에 대한 존중심을 가져야 한다. 아펠에 의하면 나와 의견을 달리하는 상대방일지라도 당연히 그를 인격자로, 인격적인 대화의 파트너로 인정해야 하는데, 이는 그에게서 담론윤리의 '정언명법'인 것이다. 아펠은 그의 담론윤리를 칸트의 '정언명법'에 드러난 격률(Maxime)에 맞춰 진술한다: 첫째로 우선 "합리적으로 논증하라."는 격률과, 둘째로 "너의 이해관계가 다른 사람의 이해관계와 충돌할 수 있는 모든 경우에 있어서 그들과 이성적이며 실천적인 합의를 얻도록 노력하라."는 격률이다.

3. 성숙한 공동체를 위한 레비나스의 이타주의 철학

매체를 통한 타자와의 만남과 교류는 직접적이지도 않고 또 그런 만큼 생동적인 경험이 떨어진다고 볼 수 있다. 인터넷과 매체문화에서 타자의 위상이 레비나스가 요구하는 수준으로까지 승화되면 이는 퍽 고무적인 현상이라고 할 수 있겠지만, 그러나 실제로는 기대하기 어려운 실정이다. 그러기에 매체문화에서 '이타주의 철학'이 실현되기는 결코 쉽지 않다. 과연 인터넷과 매체문화에서 타자를 신처럼 섬기고, 절대자로 승화시키며, 내가 '타자의 인질'로 되고, '타자 앞에서의 무한책임'만을 떠맡겠는가.

그렇다면 타자를 후설에게서와 같이 '다른 자아'의 위상으로 받아들이는 것이, 혹은 칸트에게서와 같이 타자를 목적으로 대하고, 결코 수단으로 삼지 않는 것이 더욱 현실성이 있을 뿐만 아니라, 바람직하기까지 하다. 그 바람직한 이유는 의사소통의 공동체에서 그 구성원들은 같은 지위를 가져야 하고 또 같은 책임을 나눠 가져야 하기 때문이며, 그런 역할분담과 실천이 공동체적 의미에 부합하기 때문이다.

레비나스가 요구하는 것이 받아들여지기 어려운 것은 매체문화의 구조에도 내재하고 있다. 그것은 레비나스에게서 타자의 모습이 주체인 나에게 얼굴과 언어로 다가오는데, 직접성이 상실된, 즉 매체를 통한 타자의 모습과 언어적 교류는 그러한 직접성과 실체감 및 생동성이 결여되기 때문이다. 매체에 의해 매개된 타자는 직접적으로 우리와 얼굴을 대면하지 않을 뿐만 아니라 또 그렇게 말을 나누지도 않는다. 즉 매체의 매개에 의해 이루어지는, 익명성에 의한 타자의 언어와 모습은 그 직접성과 생동성을 상당히 상실하기에 저러한 타자의 위력과 역량이 떨어질 수밖에 없다.

매체에 의해 약화될 수밖에 없는 '타자의 철학'은 그러나 그럼에도 불구하고 매체문화와 정보사회에서 강력하게 요청된다. 그것은 네티즌 각자가, 정보사회의 구성원 모두가 (미리) '타자의 철학'으로 업그레이드되어 있다면 말할 것도 없이 이상적인 정보사회와 매체문화를 구성하는 데 결정적인 계기를 마련하기 때문이다. 매체문화가 우리 개인의 실용적이고 유익한 것만을 취득하기 위해서 존재하는 것이 아니라면 '타자의 철학'은 아름다운 공동체 문화를 이루어가는 데 있어서 훌륭한 이정표임에 틀림없다. 이런 맥락에서 우리는 레비나스의 이타주의 철학을 언급해 보기로 한다.

레비나스는 '이타주의 철학'을 펼쳤고 '타자'에서 철학의 출발점을 찾았다. 이러한 레비나스의 획기적인 발상전환은 여태까지 자아와 주체성을 중심원리로 삼아온 서양 근세철학의 전통에 대항하여 인간주체의 출발점이 오히려 자기 자신이 아닌 타자에 있음을 선언하는 사상이다. 타자야말로 나의 자율성과 자유행동능력을 제한하고 심문하기 때문에 타자성을 의식하는 것 가운데 윤리학이 존립하게 된다.

레비나스는 후설의 '지향성'의 개념을 응용하여 타자에로 향하는 지향성, 즉 사랑을 갖고 타자에게로 방향을 돌리며 그들에게로 찾아가는 '이행적 지향성'의 차원을 연다.[19] 그런데 이러한 현상학적 지각은 타자 쪽에서 발원하는 '근원적인 지향성(urspruengliche Intentionalitaet)'에도 여전히 존재한다. 즉 타자가 나의 이기

19) 그러나 이러한 지향성은 후설의 지향성과 비교될 수는 있지만, 대비되거나 반대되는 것이라고 볼 수는 없다. 그것은 응용되고 변용된 것이다. 그것은 타자를 향한 주체의 이행적인 태도에는 후설이 말하는 지각이 전제되지 않을 수 없기 때문이다.

적인 존재를 문제 삼으면서 나를 향하고 있는 '근원적인 지향성' 에도 — 만약 그가 식물인간적인 시선으로 나를 바라보고 있지 않다면 — 의식과 지각이 전제되고 작동하기 때문이다.

물론 철학사에는 타자에 대한 사랑을 부각시키고 타자를 배려하고 중시하는 태도를 가진 사상이 전개되었음은 두말할 필요도 없다. 그러나 레비나스는 이타주의의 철학을 제일철학으로 승화시켜 그 차원과 깊이를 달리한다고 볼 수 있다. 그는 여태까지 주체성과 자아에 찌든 철학(특히 근세 이래의 주체중심주의 철학)과의 결별뿐만 아니라, 자아를 중심으로 하는 서구 철학 전체와 투쟁을 선언했다.

존재론과 인식론을 비롯한 갖가지 주체중심의 이론에 찌든 유럽 철학에 대항해 레비나스는 윤리문제에 귀를 기울이고 또 이를 '제일 철학(philosophia prima)'의 위치로 복권시키려고 시도했다. "나는 타자의 인질이다."는 레비나스 사상의 모토이고, 이는 동시에 주체중심의 철학사에 던지는 하나의 경고장이다. 그리하여 레비나스 철학의 중심은 윤리학이고, 이 윤리학은 그에게서 전통적인 형이상학이나 존재론보다 앞선다.

오늘날 동서양을 막론하고 주체중심주의와 물질주의 및 이기주의로 들끓고 있는 시대에 레비나스의 사상은 참신한 충격을 주고 있으며 철학사적으로도 하나의 획기적인 발상의 전환을 가져왔다고 볼 수 있다. 향유와 욕구로 충족된 삶을 청산하고 탈이기적인 존재와 '윤리적인 주체'가 되기를 레비나스는 요청한다. 그러나 그러한 '윤리적 태도'를 갖기는 그리 쉽지 않다. 타자에 대한 통속적이고 일상적인 시각을 버리고 원리적으로 다르게 접근해야 하기 때문이다.

우리의 현대 산업문명과 물질문명은 우리로 하여금 향유하는 것을 마치 인생의 목적인 양 신봉하게 한다. 이미 우리는 향유문화에 중독되고 찌들어 있는 형편이다. 향유하는 주체의 행위는 그러나 레비나스에 의하면 다른 모든 것을 자기와 동일화시키려는 자기충족적 행위인 것이다. 이러한 향유의 존재양식을 레비나스는 삶의 '이기주의'라고 부른다. 그러나 타자는 근본적으로 다르다. 타자는 인간주체가 궁극적으로 소유하거나 지배할 수 없는 타인이다. 즉 타인은 나의 주체로부터 무한히 벗어나 있는 전적 타자이다. 그러기에 나는 타자를 향유할 수 없고 나에게 귀속시키거나 동화(同化)시킬 수 없다. 나와 타자 사이에는 깊은 골과 심연이 놓여 있다. 심연의 강 건너편에서 나를 주시하는 타자의 타자성은 오히려 '신비'다. 그렇기에 레비나스에게서 "타자와의 관계는 신비와의 관계다."

근세의 이성과 주체중심주의에서 레비나스는 폭력적인 것을 보았다. 그것은 무엇보다도 다른 것을 다르게 놓아두지 못하고 같은 것의 틀 속에 가두어 넣으려는 폭력이다.[20] 이 다른 것을 객체로, 대상으로 몰아세우고서 분석 · 검토 · 관찰 · 해부하여 다 까발려 내어서는 저 '다른 것'이 다른 것으로 남아 있지 못하게 하는 것이다. 그러나 인간은 저 '다른 것'을 원리적으로 다 밝힐 수 없다. 특히 저 '다른 것'이 인간일 때는 더욱 그러하다. 다른 사람이란 레비나스에 의하면 내가 알 수 있는 대상이 아니라, 응답할 수 있는 상대일 뿐이다.[21]

레비나스는 주체의 자기중심주의와 이기적 자기주장에 억눌린

20) 이른바 레비나스의 '동일성의 철학'에 대한 비판은 그의 저서 곳곳에 등장한다. 엠마누엘 레비나스(양명수 옮김), 『윤리와 무한』, 76쪽 이하, 98쪽 이하, 112쪽 참조.

21) 앞의 책, 15쪽 참조.

약자로서의 타자를 찾아낸다. 레비나스가 말하는 타자는 우선 우리가 얼굴을 마주 대하는 이웃 사람들이고 약자다. 타자는 나에게 약자이고 가난한 자, '과부와 고아', 낯선 자, 고향이 없는 자, 추방된 자, 곤혹스런 처지에 처한 자, 허기진 자, 나의 응답을 요구하는 자 등으로 경험된다.[22] 그런데 이러한 타자는 결코 내가 나의 이성적인 능력으로 다 파악할 수도 또 동일시할 수도 없는 무한의 신비를 갖고 있는 무한자이고 절대자이다. 레비나스의 철학엔 이 '무한한 자'를 향한 강한 욕구가 표명되어 있다.

우리는 이 타자를 일상생활에서 예사로, 매우 자명한 존재로 치부해 버린다. 하지만 타자는 결코 자명한 존재가 아니다. 또한 타자는 나의 자아에 결코 중립적인 인간으로 다가오지 않는다. 이런 타자에게 우리 쪽에선 사랑을 갖고 접근할 수밖에 없다. 레비나스가 말하는 타자에 대한 사랑('에로스')은 결코 소유구조가 수반되는 이성 간의 사랑이 아니라, 타자에 대한 무한책임이 전제되는 윤리적 사랑이다.[23]

물론 이토록 레비나스에게서 타자의 의미가 강력하게 부각되었지만, 그러나 주체의 의미가 폐기처분된 것은 아니다. 이 주체는 '철저하게 수동적인 주체'[24]이고, 더 나아가 '어떤 수동적인 존재보다 더 수동적인 자'[25]이다. 그런데 이런 수동성은 결코 어떤 능동성이 상실된 상태가 아니라, 오히려 타자의 간청을 듣는 자이

---

22) E. Levinas, *Totalitaet und Unendlichkeit*, 87쪽 이하, 102-105쪽 참조.

23) E. Levinas, *Die Zeit und der Andere*, Meiner: Hamburg, 1989, 56쪽 이하 참조; W. N. Krewani, *Emmanuel Levinas*, Alber: Freiburg/München, 1992, 101-109쪽, 178-179쪽 참조.

24) E. Levinas, *Humanismus des anderen Menschen*, Meiner: Hamburg, 1989, 63쪽.

25) 앞의 책, 101쪽.

고,[26] '고도로 주의를 기울이는 태도'이며 또 극도로 집중하는 태도인 것이다[27]. 그러기에 레비나스에게서 주체는 타자를 위해서 '타자의 인질'[28]이 된 자이고 타자의 생명과 고유성이라는 '성전'을 지키기 위해 인질이 된 자이다. 그는 타자가 결코 유린되거나 상처를 입지 않도록 수호해야 하는 것이다. 이 수호함이야말로 그에게 '정언명법'인 것이다. 아니, 역설적으로 그대는 이 수호함을 위하여 '택함'[29]을 입은 자이다.

이토록 타자뿐만 아니라, 인간의 존엄성과 가치를 한없이 확장시킨 레비나스의 사상에는 애틋한 이타주의적 인간사랑이 토대를 마련하고 있다. 논리적으로 납득이 되지 않는 부분을 그는 '정언명법'으로 다그치지만, 이와 반면에 그의 무한한 인간애 앞에서 못난 주체인 우리 자신의 자화상도 발견된다. 레비나스의 이러한 시도는 특히 20세기 이후 서구의 전통적인 합리주의 사상과 주체중심주의 사상이 기술·기계문명과 물질문명을 첨예화시켜 결국 인류 정신문화의 총체적 위기를 가져온 것에 대한 강력한 불신이 있어온 후의 대안이라는 의미도 들어 있다.

그런데 타자는 나에게 어떠한 모습으로 다가오는가? 레비나스에 의하면 타자는 언어와 얼굴로 다가온다. 언어는 주체의 삶과 타자를 연결해 준다. 주체에게 타자가 현현(顯現)하는 가장 중심적이고 포괄적인 방식을 레비나스는 언어로 본다. 즉 언어는 주체

---

26) 앞의 책, 44쪽.

27) 이영경, 「사람다운 사람이란 누구인가?: 레비나스에 있어서 사람되어짐의 의미」, 『문화와 생활세계』(철학과 현상학 연구 제13집), 철학과현실사, 1999, 396-397쪽 참조.

28) E. Levinas, *Humanismus des anderen Menschen*, 82쪽 참조.

29) E. Levinas, *Jenseits des Seins oder anders als Sein geschieht*, Alber: Freiburg/München, 1998, 135-136쪽 참조.

에게 전적으로 초월적인 타자의 내면성이 드러나는 표현양식인 것이다. 그렇기에 주체는 자기 자신에게 말을 걸어오고 주장해 오는 타자의 말에 의해 자신의 이기적이고 향락적인 삶에 의문을 제기하고, 자신의 삶의 방향을 새롭게 설정한다. 즉 타자의 말은 인간주체의 근원적 존재양식인 삶의 이기주의를 뒤흔들고 또 이 이기주의로 쌓아올린 자기전체성을 파괴하는 것이다.

그런데 레비나스에 의하면 타자와의 가장 직접적인 경험은, 즉 다른 경험으로 대체되거나 환원될 수 없는 경험은 언어 이전의 언어인 타자와의 '대면'이다. 대면하는 경험에서 '얼굴'은 완전히 해명될 수 없는 생생한 의미를 내포하고 있다. 얼굴과의 대면은 사물과 구별되는 하나의 독특한 인격의 현현이기에, 지평 속에서 주어지는 사물과의 대응(객체화, 대상화)과는 전적으로 다르다. 얼굴을 통해 나에게 접근해 오고 말을 걸어오는 타자는 우선 나(주체)의 의미부여로부터 벗어나 있기 때문에 그 자체의 고유한 의미를 갖게 된다. 따라서 얼굴을 통한 타자의 현현은 결코 내가 타자의 얼굴에 의미를 부여한 데서 이루어진 것이 아니다.[30] 이를 통해 레비나스는 후설의 주체개념을 비판한다. 즉 주체의 선험적 의식이 '의미부여(Sinngebung)'를 하고 '절대적인 원천의 존재영역'으로 되는 것에 대한 비판인 것이다.

저 타자의 얼굴로부터 현현된 의미는 가치중립적이지 않고, 적극적으로 윤리적인 의미를 주체에 부여하는 능동적인 성격을 갖는다. 타자의 얼굴은 곧 타자의 현현으로 거기에 있으면서 나에게 긴장을 형성하는 것이다. 이 타자의 얼굴은 나의 의지로서 결코

---

30) 이를 통해 레비나스는 후설의 주체개념을 비판한다. 즉 주체의 선험적 의식이 '의미부여(Sinngebung)'를 하고 '절대적인 원천의 존재영역'으로 되는 것에 대한 비판인 것이다.

피할 수 없는 낯선 침입인 것이다. 또한 우리는 이러한 타자 얼굴의 현현으로 말미암아 이 타자의 얼굴에 대한 책임감 있는 수용을 요청받는다. 저 낯선 침입은 그러나 나의 존재를 위협하는 침입이 아니라, 오히려 나의 내면성에 닫힌 세계로부터 밖으로의 초월을 가능케 해주는 동기가 되는 것이다. 따라서 나는 타자의 얼굴로 인해 '책임 있는 주체'로 되는 것이다.

그렇다면 타자는 내 안에서 윤리적인 요구를 발생하게 하는 장본인이라는 것이다. 타자의 얼굴에서 나타나는 무력함 자체가 다름 아닌 도움을 촉구하는 명령인 것이다. 약자로서의 타자는 우리의 이기적인 자기주장에 대한 '과부와 고아'로 상징되는 얼굴이다. 약자와의 대면은 우리에게 윤리적 응답에 나서게 하고, 또한 모든 경험 이전의 인간의 근원적 자아가 이미 타자에 대해 책임을 가져야 한다는 사실을 밝혀준다.

약자의 얼굴은 내가 그를 섬기도록 명령한다. 약자의 얼굴엔 '명령의 뜻'이 들어 있는 것이다. 타자의 얼굴에 들어 있는 명령과 요청이라는 것은 다름 아닌, 나로 하여금 '주고' '섬기라'는 것이다. 더 나아가 타자를 홀로 두지 말라는 명령도 들어 있다. 설령 정이 끌리지 않더라도 말이다. 그것이 곧 타자와 사귐의 바탕이고, 남녀 간의 사랑이 아닌 사랑의 바탕인 것이다.[31] 약자인 타자에게로 나아가는 것은 정언명법이며 결코 이를 외면해선 안 된다. 주체는 고통스러울 만큼 깊은 수치감을 동반하면서 일상적이고 이기적이며 자기폐쇄적이고 향유하는 삶에서 벗어나 절대적 지위를 갖는 타자에게로 나아가는 것이다.

타자의 무방비적인 얼굴은 나의 도움이 없어서는 안 될 결핍에

31) 엠마누엘 레비나스(양명수 옮김), 『윤리와 무한』, 154쪽 참조.

처해 있다. 타자의 무방비적인 얼굴은 나에게 하나의 호소로 다가온다. 이 호소에 나는 결코 무관심할 수도 없고 거부해서도 안 된다. 나에게 현현한, 일그러지고 무방비한 타자의 얼굴은 나의 죄책을 의식케 하여 내가 나의 자유를 정의롭게 행사하도록 명령한다. 결국 그 앞에서 나의 태도는 책임 있는 관심과 헌신으로 응답할 것을 요청받는다. 그리하여 타자의 명령과 호소는 나로 하여금 이기심과 자아중심주의에서 벗어나게 한다.

타자에 대한 무한한 책임은 바로 아가페적 사랑의 변주곡 형태라고 할 수 있다. 타자의 타자됨은 무한하다. 나는 결코 타자의 타자됨을 다 밝힐 수 없고, 타자를 나와 혹은 그 무엇과 동일시할 수 없다. 타자의 타자됨을, 참된 타자성의 신비를 나는 결코 없애서는 안 된다. 타자의 타자됨은 내가 결코 좌지우지할 수 없는 절대적인 형태를 띠고 있다. 타자는 결코 나처럼 만들 수 있는 대상이 아니다. 타자를 나처럼 생각하는 것은 소유구조다. 레비나스의 타자는 그러나 결코 내 손에 잡히지 않은 채 나를 부르는 것이다. 나는 그 무엇보다 이 부름에 응답해야 하는데, 이 응답이야말로 타자성의 구조에서 나오는 것이다. 무한의 세계는 타자 앞에서의 응답에서도 열린다. 즉 나는 타자에 대해 무한한 책임이 있는 것이다. 타자의 얼굴이 그것을 요구한다.

레비나스는 타자 앞에서의 책임에서 드디어 주체성이 이루어진다고 밝힌다. 즉 책임성 안에서만 주체성이 부여되며 주체의 실마리가 풀린다는 것이다. 따라서 타자 앞에서의 책임성은 주체의 바탕을 이루는 제일구조인 것이다. 책임은 레비나스에게서 주체의 본질적이고 근본적이며 우선적인 구조이다. '책임'이란 말할 것도 없이 '다른 사람에 대한 책임'이다. 내 앞에 있는 다른 사람뿐만 아니라, 심지어 나를 보지 않는 타자에 대해서도 책임이 있는 것이다. 주체란 그렇다면 타자에 대한 책임을 떠맡으면서 형성되기 때문에, 이 주체는 타자를 대리하기까지 한다. 그래서 레비나스의 '주체'는 인질의 처지를 감수한다. 아니, '주체'란 타자로 말미암아 형성되었기에 처음부터 인질인 것이다. 그러나 내가 타자의 인질이 되는 가운데서 나는 제일인자로 탄생한다. 물론 이러한 레비나스의 일방적인 '무한 책임'은 합리주의로는 해명되지 않는 윤리와 종교성 및 영성의 차원에서 우러나온 것이다.

혹자는 물을 수도 있다, 타자 역시 나에 대한 책임이 있지 않느냐고. 물론 그렇다, 내가 그의 타자이기에 말이다. 그러나 이건 그의 일이다. 그의 일을 내가 왈가왈부하여 나와 동일시한다거나 나의 요구와 방식에 맞춰서는 안 되는 것이다. 내가 타자에 대해 책임을 지는 것은 어떤 대가를 바라는 것도 아닐 뿐만 아니라, 이러한 책임이 상대방과의 상대성 아래에서 저울질되어서도 안 된다. 대가에 관한 것은 전적으로 그의 소관이고 그의 문제다. 그래서 레비나스에게는 "모든 게 내 책임이다."만 남는다. 레비나스는 도스토예프스키의 카라마조프가의 형제들에 있는 한 대목을 즐겨 인용한다: "모든 게 우리 탓이다. 우리 모두 앞에 있는 모든 이의 현실도 우리 탓이다. 다른 사람보다 내 탓이 더 크다."[32)]

32) 앞의 책, 128쪽.

6 장
정보문화와 의미상실현상

1. 정보문화에서 무의미의 위협

더글러스 애덤스(Douglas Adams)는 자신이 쓴 네 권의 공상과학소설[1])을 통해 컴퓨터 과학에서 인간의 의미를 찾고자 하는 사람들의 상황을 지극히 허무한 관점에서 서술한다. 여기서 그는 컴퓨터 과학에서 인간의 노력이 무의미할 뿐만 아니라, 의미 있는 것이란 전혀 존재하지 않는다는 것을 드러내고 있다. 애덤스는 우주의 비밀스런 역사를 시간 여행자 4명의 관점에서 파악한다. 이들 여행자는 원시 대폭발(Big Bang)로 인한 우주의 탄생에서부터

---

1) Douglas Adams, *The Hitchhiker's Guide to the Galaxy*, Pocket Books, New York, 1981; *The Restaurant at the End of the Universe*, Pocket Books, New York, 1982; *Life, the Universe and Everything*, Pocket Books, New York, 1983; *So Long and Thanks for All the Fish*, Pan, London, 1984.

최후의 종말에 이르기까지 우주의 시공간을 무임승차로 여행한다. 이 여행에서 그들은 고도로 지적이고 모든 차원을 넘나드는 한 종족이 거대한 컴퓨터를 제작하여 '인생과 우주와 기타 궁극적인 문제'에 대해 해답을 구하려고 시도하는 걸 목격한다.

이 컴퓨터는 750만 년이라는 시간을 소비하여 답을 계산해 내는데,[2] 이 답은 그러나 공교롭게도 아무런 의미를 갖지 않는 수수께끼 같은 숫자 42라는 것이다. 그래서 이제는 원래의 문제가 어떤 것이었는지, 그리고 어떤 과정을 통해 그러한 답이 나오게 되었는지를 알기 위해 더 큰 컴퓨터(지구)를 만들어내어 계산에 착수한다. 또다시 수많은 시간의 경과와 엄청난 노력이 투입된 후에 가까스로 답을 구했지만, 안타깝게도 이 답을 판독해 내려는 순간에 거대한 컴퓨터인 지구는 우주 공간에 우회로를 내겠다는 '보곤족'에게 폭파를 당하고 만다. 수수께끼로부터 시작하여 수수께끼로 끝난 무의미한 노력도 또 우주와 인생의 의미를 발견하려는 모든 희망도 함께 사라져버렸다.[3]

두 번째 소설에서 시간 여행자들은 '질문 자체', 즉 앞에서 제기했던 인생과 우주와 기타 궁극적인 문제를 재발견하게 된다. 그 질문의 형식은 바로 "6 곱하기 9는 무엇인가?"라는 것이었다.[4] 결국 이들 시간 여행자들은 문제와 답이 다 얼토당토 않는 것이라는 사실을 알았다. 6 곱하기 9라는 질문 자체도 어이가 없거니와 42라는 답도 수학적으로 틀린 답일 뿐만 아니라, 인간적인 차원에서 아무런 의미가 없는 답이다. 소위 가장 합리적인 학문이라는 수학마저도 앞뒤가 안 맞는 것으로 추락한 것이다. 이런 어처구니

---

2) D. Adams, *The Hitchhiker's Guide to the Galaxy*, 173쪽.

3) D. Adams, *The Restaurant at the End of the Universe*, 2쪽.

4) 앞의 책, 246쪽.

없는 짓은 세 번째 소설에도 계속된다. 궁극적인 것을 잘 안다고 알려진 프래그라는 등장인물은 아예 위의 문제와 답이 서로 맞지 않을 뿐만 아니라, 서로 배타적이라고 한다. 즉 하나를 알면 필연적으로 다른 하나를 알 수 없어서 결국 우주 내에선 둘을 동시에 알기는 불가능하다는 것이다.[5] 결국 아무런 의미도 없는 수수께끼 같은 질문과 답만 남았고, 이는 궁극적 의미를 찾는 이에게 무의미의 폐허만 보여주고 있다.

일부러 불행을 찾아 헤매는 사람이 없는 것처럼 아마도 고의로 무의미를 추구하는 사람은 없을 것이다. 우리는 컴퓨터와 사이버 공간에서 위의 애덤스처럼 터무니없는 무의미를 일반화시키거나 추구할 필요는 없다. 애덤스의 소설에 나오는 주인공처럼 정보문화를 일구어나갈 필요가 없기 때문이다. 공동체 속에서 정보문화와 커뮤니케이션을 이루어나가는 정보사회의 시민은 저런 지극히 형이상학적이고 초월적인, 궁극적이고 허황된 질문과 답을 컴퓨터를 통해 추구할 필요가 없을 것이다. 공동체 실현과 의미창조는 정보문화의 근간으로 여겨진다.

프랑스의 포스트모더니즘은 '해체주의'를 전략으로 내세우면서 '주체'나 '의미'나 '이성'과 같은 철학의 주요테마를 공격대상으로 삼았다. 포스트모더니즘과 포스트구조주의에서 의미는 다음과 같이 규명되었다: "의미는 표면의 한 결과이거나 하나의 반짝거림과 물거품에 지나지 않는다. 우리를 깊게 가로지르는 것, 우리보다 앞서 있는 것, 시간과 공간 속에서 우리를 떠받쳐 주는 것은 체계다."[6] 그들에게서 의미는 인생과 결부된 어떤 절박한 사항이 아니

---

5) D. Adams, *Life, the Universe and Everything*, 222쪽.

6) J. Lacroix, 『현대프랑스 철학의 개관』에서. 여기선 김영필, 『현대철학의 전개』, 171쪽 참조.

라 언어학과 결부된 어떤 허수아비 용어(공격대상으로 삼기 용이한)로 전락되었다. 확실히 보드리야르의 지적대로 20세기 '포스트-모더니티의 혁명'은 다름 아닌 '의미의 거대한 파괴 과정인 제2의 혁명'이라고 할 수 있을 것이다.[7] 포스트모던에게서 의미는 하나의 물거품 정도로 파악되었지만, 움베르토 에코(U. Eco)는 역설적으로 "의미와 결별을 선언하는 만큼 더 의미 있는 텍스트는 없다."고 한다.[8]

그러나 그 체계는 도대체 무엇을 위하여 혹은 무엇 때문에 존재하는가라고 물으면, 당장 의미의 문제임을 부인할 수 없다. 이는 이미 구조주의의 기호학 속에서도 확립된 것이다. 소쉬르는 언어의 의미를 그것이 지시하는 사물이나 지시대상에서 찾지 않고 기호체계 내에서 찾았다. 그는 언어가 그것의 음성적인 이미지, 즉 감각적인 측면인 '기표(시니피앙, signifiant)'와 이것에 상응하는 개념적인 측면인 '기의(시니피에, signifié)'의 결합에 의해 의미작용(signification)이 이루어진다고 보았다. 따라서 언어의 기호체계는 의미작용과 불가분의 관계에 놓여 있음을 알 수 있다.[9] 기

---

7) 장 보드리야르(하태환 옮김), 『시뮬라시옹』, 247쪽 참조.

8) 여기선 이기현, 「매체의 신화, 매체의 야만」, 김상환 외, 『매체의 철학』, 408쪽 참조.

9) 기호와 의미의 서로 뗄 수 없는 관계를 박이문 교수는 적절한 예로서 설명한다: " '개'라는 지각 낱말이나 '손짓' 같은 지각적 행동을 떠나서 내가 갖고 있는 어떤 '의미'가 표현도 전달도 될 수 없을 뿐만 아니라 사고, 경험, 지각도 불가능하다는 것이 사실이라면, 그와 정반대로 내가 표현하거나 전달하고자 하는 '의미'를 갖지 않은 상황에서 아무 의도 없이 그냥 '개'라는 발음/표기나 '손짓'을 했다면 그러한 발음/표기나 '손짓'은 그냥 물리적 사건/현상일 뿐이지 기호일 수 없다."(박이문, 『자연, 인간, 언어』, 121쪽)
박이문 교수의 지적에 의하면 "실제로 좁은 뜻으로서 기호학, 즉 경험과학으로서 기호학이나 넓은 뜻의 기호학, 즉 언어철학의 핵심적 문제는

호학자 기로(Guiraud)는 소쉬르의 논증을 첨예화하여 "모든 것은 기호(signe)이고, 모든 것이 기의(signifié)이며, 모든 것이 기표(signifiant)이므로 모든 기호와 모든 경험이 기호의 대상이다."[10] 라고 진술한다. 또 이와 유사하게 데리다는 "사물 자체가 하나의 기호이다."[11]라고 하여 기호적 세계관을 증폭시킨다.

인공언어가 중요한 작동원리로 작용하는 정보통신기술과 매체 문명에서 기호는 분명 중요한 역량을 발휘하고 있다. 그러나 기호는 작동원리나 정보전달의 수단으로 사용되는 것이지 그 자체가 목적이 아닌 것이다. 정보의 수신자에게 의미 있는 것으로 되기 위해선 기호는 해석되어야 하고 또 원래 의도된 바대로 환원되어야 하는 것이다. 그렇지 않고선 기호는 생명력을 갖지 못한다.

매체의 어원인 메디아(media)는 '가운데에 위치한다(medium)'는 의미를 내포하고 있어, 어원에 걸맞게 시공을 두고 떨어진 주체들의 중간에서 서로를 매개하는 역할을 수행한다고 볼 수 있다. 매체는 분명 멀고 가까운 시공간에 떨어져 있는 여러 주체들을 매개하고 이어주며 서로 관계를 맺도록 해준다. 매체는 인간과 인간 간의 관계뿐만 아니라, 사물과 인간, 인간과 세계, 대상과 인식과의 관계를 매개시켜 주는 기제를 일컫는다. 동시에 매체가 맺어주는 관계는 관계 맺어지는 두 객체 사이의 협약(혹은 약속, 공모, 유혹)에 의한 것이기도 하다.

그러나 매체가 가진 이러한 기능과 역량에도 불구하고 매체는 그 어떠한 종류의 것이든 서로 관계를 맺는 객체들의 관계에 개입

한결같이 '의미'를 결정하고 해명하는 데 있다."(앞의 책, 124쪽)

10) Pierre Guiraud, *La sémiologie*, P.U.F: Paris, 1971, 50쪽.

11) Jacques Derrida, *De la gramatologie*, Edition de Minuit: Paris, 1967, 72쪽.

하는 매개물에 지나지 않는다는 점이다. 오늘날 새로운 전자매체들이 수시로 출현하지만, 이들 역시 지식과 정보의 생산, 유통, 나아가 소비 과정에서 단지 기술적으로만 개입하는 매개물일 뿐이지, 결코 이러한 과정들에서 진정한 의미의 주체가 될 수 없다는 것이다. 따라서 매체에 개입하는 인간주체들이 어떤 내용을 생산하고 송신하며 소비하느냐에 따라 매체문화의 질적인 양상이 달라진다.

따라서 매체문화에서 무의미의 위협은 도처에 존재한다. 매체가 매개를 하는 본연의 위치에서 벗어나 통제되지 않은 권력행세를 할 때, 즉 본말이 전도되어 지배하는 기관으로 변할 때, 왜곡과 조작을 일삼을 때, 또 앞에서 언급했듯이 기호가 정보전달의 수단이 아니라 목적이 될 때, 그런 기호가 해석되지도 않고 환원되지도 않은 채 정보바다를 장악할 때 무의미한 정보문화가 번창하게 되는 것이다.

2. 대중매체의 여론조작과 왜곡

오늘날 온 세계가 하나의 '지구촌'으로 일컬어지는 확대된 세계지평 속에서 살아가는 현대인은 매체를 통해 지구촌에 관한 정보를 접하게 되고 또 매체를 통해 의사소통이 실현되는 편이다. 현대인의 삶에서 대중매체들은 원하건 원하지 않건 상관없이 거의 필수적이고 절대적인 도구로 되었다. 좀 더 극단적으로 말하면 대중매체는 현대사회에서 신화적 존재로 등극되었으며 현대사회를 과거의 사회형태들과도 구분짓게 하는 요인이 된다: "매체의 신화라는 표현은 두 가지의 구별되는 의미를 내포한다. 종교와 정치가 보장하던 신성의 질서가 그 기저로부터 파괴되고 있는 현실에서,

그 자리를 대신하여 다시금 신화적 존재로서 등장한 것이 대중매체라는 의미가 있을 수 있다. 한편, 오늘날의 대중매체는 현대적 신화(유행, 스타, 스포츠, 테크놀로지 등)의 모태가 된다는 의미도 담고 있다."[12]

그러나 대중매체의 가공할 만한 효용도와 인기, 유행, 기술적인 역량 외에도 기대 밖의 혹은 예기치 않은 영향력을 미치는 경우가 많고, 경우에 따라선 부정적인 변화를 가져오게 하는 요인을 만들기도 한다. 그래서 이를테면 텔레비전이 '바보상자'라고 일컬어지기도 하고, 인터넷이 '사회악의 백화점'이라는 명칭을 얻게 되기도 한다. 비록 대중매체가 이런 결과를 가져오지만, 궁극적으로는 이들을 다스리는 인간주체들이 어떻게 하느냐에 따라 달라질 수 있는 것이다.

대중매체는 많은 대중을 상대로 하기 때문에 대체로 획일적이고 피상적이며, 인스턴트화되고 흥미위주의 메시지들로 채운다. 이를테면 텔레비전 앞에서 우리는 자신을 들여다보거나 사물을 깊이 성찰할 기회를 거의 갖지 못하기에, 텔레비전의 특징은 우리로 하여금 반성적 사유를 거의 정지시켜 버린다고 해도 과언이 아니다.[13] 그러기에 어떤 깊이 있는 메시지나 의미 있는 내용들이 대중매체엔 결핍되기 쉬우며 또 저 피상적이고 획일적인 메시지 때문에 근본적인 신뢰를 하기 어려운 경우도 있다. 현대인의 삶이 대중매체에 의탁할 수밖에 없는 처지여서 정보바다에 흐르는 정

---

12) 이기현, 「매체의 신화, 문화의 야만」, 김상환 외, 『매체의 철학』, 416쪽.

13) 그래서 드브레이(R. Debray)는 그의 *Vie et mort de l'image*(329쪽)에서 우리가 텔레비전 앞에서는 사진이나 영화에서보다 우리 자신을 비춰보기가 훨씬 어렵다고 한다(여기선 이봉재, 「이미지와 환상」, 김상환 외, 『매체의 철학』, 259쪽).

보를 믿지 않을 수도 없으면서 동시에 믿기도 어려운 상황이 벌어진다.[14)]

어떤 사건에 대한 소식이 매체를 통해 정보화되면, 거기엔 이미 그 과정에 연출되고 각색되는 일이 일어나며 경우에 따라서는 조작되거나 변형되는 일도 일어난다. '논픽션'이라는 것도 엄밀한 의미에서는 픽션이 많게 혹은 적게 개입되는 것이다. 라디오나 텔레비전을 비롯해 대부분의 전파매체들은 정보나 메시지 등을 광속도로 전달할 수 있지만, 그러나 그 내용들은 제작자의 시각과 의도에 따라 편집, 조작 및 재생산의 과정을 거치기에 — '사실'이라고 하는 것도 실제로는 제작자의 시각과 의도에 따라 카메라와 마이크가 포착한 경험일 따름이다 — 현장의 상황 그대로가 시청자에게 전달되는 것은 아니다.

말하자면 매체를 통해 정보화된 어떤 사건은 '있는 그대로'를 혹은 '일어났던 그대로'를 재현했다고는 할 수 없으며, 흔히 축소되거나 확대되며, 각색되고 재편성된 양식으로 표현되는 것이다. 바로 이러한 각색된 양식에서 의미내용이 변형되거나 조작될 수 있으며, 더 나아가 잠식될 가능성도 있는 것이다. 즉 실재가 매체 속에서 그 본래성을 상실해 버리고 급기야는 매체와 실재 사이에 어떤 구분도 가능하지 않은 상태가 도래할 수 있다는 것이다.[15)] 그러나 이러한 점을 감안하지 못하거나 감안하기 어려운 것이 시청자의 처지이다.

오늘날 텔레비전과 인터넷 같은 대중매체는 수신자의 의도와

---

14) 믿지 않을 수도 없으면서 믿을 수도 없는 역설적인 것에 대중매체의 신화가 기초하고 있다고 보드리야르는 말한다(J. Baudrillard, *Simulacres et simulation,* 125쪽 참조).

15) 앞의 책, 125쪽 이하 참조.

상관없이 집집마다 방송과 메시지를 배달한다. 청취자의 입장에서는 특별한 자신들의 노력에 대한 대가 없이 — 이를테면 감성이나 오성을 투입한 직접적인 경험이나 인식론적 노력 등 — 수많은 정보나 메시지들이 쉴 새 없이 쏟아진다. 그것들은 인스턴트화되고 캡슐화되었기에 주체들의 의미물음이나 의미추구와 상관없이 대량으로 생산되고 유통되는 것이다. 그러나 이토록 자신들의 노력과 무관하게 대량의 인스턴트화되고 캡슐화된 메시지와 정보들을 접하는 데 습관화되면, 개별성과 실존성 및 독창성을 잃어가게 되고 그 대신 대중화와 평균화에 물들게 된다.

이는 마치 사람들이 던져주는 먹이에 습관화된 곰이 본래성을 상실할 위험성에 처하는 것과 유사한 소치이다. 말하자면 인간의 의미추구 능력과 정신력이 감소하게 되고 또 타성에만 습관화되는 결과를 초래하는 것이다. 더 나아가 '지구촌'으로 일컬어지는 확대된 세계지평 속에서 의식적, 무의식적으로 확대되는 세계화의 바람은 '세계문화'라는 미명 아래 각 국가와 사회의 문화고유성과 문화정체성을 위협하고 허물어버리는 부정적 요인이 되기도 한다.

또한 매체가 왜곡이나 조작 및 중독 현상을 가져오는 것은 이미 잘 알려진 사실이다. 이 외에도 아주 특이한 결과를 초래하는 것은 이들 전파매체의 특징이 시각중심적이라는 것이다. 현대의 첨단정보기술은 되도록 시각정보를 제공하는 기제들을 선호한다. 물론 청각도 중요하지만, 시각의 선호도에 비하면 아류에 그친다. 그래서 현대문화는 시각중심의 판옵티코스(panoptikos) 문화라고 해도 과언이 아니다. 인식론적 측면에서 볼 때 마치 인식의 최후 원천으로 각인될 수 있는 '내가 본다'라는 경험적 현상을 이들 시각중심의 매체들은 기본적으로 제공해 준다. "백문이 불여일견이다."라는 속담과도 같이 '내가 본다'는 이미 경험적이고 인식론적인 우월권을 확보하고 있기에, 그 본 내용에 대해 근거를 묻거나 시비를 따지며 의심하는 일도 거의 일어나지 않는다.

텔레비전과 인터넷 같은 대중매체는 오늘날 '바보상자'라거나 '마법의 상자'라는 평판을 떠나 현대인의 안방을 차지하고 있다.[16] 오늘날 텔레비전이나 동영상에 중독된 사람은 대단히 많은 편이며, 설혹 텔레비전을 '바보상자'라고 평가하는 경우에도 완전히 텔레비전을 끊고 사는 사람은 거의 드문 편이다. 그런데 이들 대중매체들은 시각중심의 영상물을 끊임없이 그리고 청취자의 비판[17]에도 아랑곳하지 않고 배달하고 있다. 특히 텔레비전과 동영상(인터넷과 핸드폰 등에서) 및 영화와 드라마는 시각중심의 문화를 펼치고 있으며 이미 현대인은 그런 시각중심의 문화에 잘 길들어져 있다.

텔레비전에 등장한 사람은 유명세를 타게 되고, 텔레비전에서 들은 이야기는 자동적으로 실화로 받아들여질 뿐만 아니라 실화 이상의 영향력을 발휘하게 되며, 텔레비전에서 보도된 사건은 검증을 따지기도 전에 이미 사실로 혹은 사실 이상으로 받아들여진다. 텔레비전에 등장하는 유명인들(특히 배우나 스타, 모델, 아나

---

16) 정호근 교수는 근대에서부터의 관념론적 진리는 이제 현대의 전파매체에서 "존재는 모니터에 투영되는 것이다."로 변했다고 지적한다. 또 "모니터는 '존재의 집'인 것이다. 존재와 영상의 경계는 유동적이 되었다."고 진단하는데, 이러한 변화는 환영할 일도 또 개탄할 일도 아니지만, '현대사회의 작동원리'라고 규명하고 있다(정호근, 「매체와 사회구성: 생활세계 및 '위험'의 구조변화」, 김상환 외, 『매체의 철학』, 310쪽).

17) 청취자의 비판은 주로 개별적으로 이루어지기에, 그 힘이 지극히 미미할 따름이다. 또 방송윤리위원회와 같은 기구가 있지만, 주로 형식적일 따름이고(또 그런 기구가 경고나 제재를 가한다고 하지만 그들 내부에서 조용하게 무마하는 것이 대부분이다), 이미 파급효과 이후의 수습이란 그 힘이 지극히 미미할 따름이다.

운서, 앵커, 개그맨, 프로그램 진행자, 정치가 등)은 마치 '팔자를 고치는' 격으로 인기와 부(富)까지도 거머쥐게 되는 편이다. 그런데 텔레비전에 출현하는 고정멤버가 되려면 (앞에서 지적한 유명인들 중에서 정치가나 개그맨을 제외하고는) 대체로 미모가 뛰어난 사람들이 대부분이다.

이에 비해 얼굴이 흉한 사람이나 노인들은 텔레비전 문화에 거의 받아들여지지 않기에, 텔레비전에 등장하려면 타고난 미모를 갖추었거나 또는 '자연인'임을 포기하고 대대적인 얼굴손질을 하여 엄청난 겉치레와 겉꾸미기의 과정을 거치게 된다. 이리하여 미모중심의 문화와 나아가 시각중심의 문화가 심어지고 사회적 파장을 일으키게 된다. 배우든 가수든 아나운서든 앵커든 프로그램 진행자든 한결같이 잘생긴 사람들의 집단들이라면 이 미모가 그들 일자리의 선별조건에도 해당된다는 사실이다.

미모중심의 문화와 시각중심의 문화는 얼짱이나 몸짱과 같은 외모를 숭배하기에, 성형수술이 번창하는 현상을 가져왔다. 그러나 이런 미모중심의 문화와 시각중심의 문화는 육체숭배주의와 껍데기 문화와 및 저질문화를 낳을 위험을 안고 있다. 이런 문화들은 본질적으로 정신문화나 생각하게 하는 문화와 거리를 갖게 함으로써 단편적이고 즉흥적이며 일시적인 문화를 양산하게 한다. 게다가 규격화되고 캡슐화된 문화 카테고리로서 대량의 대중을 상대로 하는 텔레비전은 본질적으로 깊이 있는 문화를 접근하기 어렵게 한다. 또 보드리야르의 예리한 지적대로 텔레비전은 사람들이 실제로 살아 있는 커뮤니케이션을 하려는 데에 방해물의 역할을 하고 대화단절과 같은 현상을 불러일으킨다.

더욱이 교양 프로그램이 줄어들고, 광고주의 요구에 따라 관능적이고 육체적인 것, 선정적인 것을 방송하다 보면 점차 의식화

작업이 진행되고 의식은 그런 방향으로 굳어져 간다. 오락중심과 유행문화 양산, 많은 다양한 세대들을 고려하지 않고 젊은이 중심의 놀자판 문화는 극히 위험한 요소를 사회에 심게 된다. 더욱이 연애, 결혼, 이혼, 불륜을 중심축으로 하는 홈드라마는 시청자의 의식을 한쪽으로 몰고 가서는 그런 것만이 인생의 전부인 것처럼, 그런 것만이 인생에 의미를 부여하는 것으로 착각하게 만든다. 그리고 그런 드라마만 방출하다 보면 그런 드라마는 인생을 짝짓기 놀이와 교미놀이만 하는 동물로 만들어간다.

주지하다시피 텔레비전을 비롯한 전파매체는 시청자에게 마치 '일방통행'과도 같은 일방주의를 표방하고 있다. 시청자는 대중매체가 일방적으로 보내는 정보나 방송에 무방비 상태로 방치되는 편이고 하등의 여과장치 없이 수동적인 반응기계에 머물러 있다는 것이다. 전파를 발송하는 언론기관과 시청자인 개별자들 사이엔 어떤 일관되고 통일된 의사소통은 애초부터 불가능한 것이다. 이와 반면 대중매체가 가진 시공간적인 장악력, 시대와 사회에 대한 지배력, 사회적 여론형성 및 파급효과는 감히 상상을 초월하는 단계이다.

그러기에 특히 정치권력은 방송국을 비롯한 대중매체를 장악하려는 시도를 교묘하게 하고(이를테면 정치노선이 같고 코드가 맞는 인사를 요직에 앉히는 것도 그 일환이다), 더욱이 선거철에는 대중스타를 대동시키기도 하고 상대방을 격침시키기 위한 음모를 꾀하고 허위사실을 유포시키기도 한다.[18] 대중매체가 어떤 대선

18) 2002년 한국 대통령 선거 때에 여당은 김대업이란 사람을 통해 상대방 후보의 자식에 대한 병역문제와 또 설훈이라는 여당 의원을 비롯한 측근을 통해 상대방 후보 부인의 있지도 않는 부동산 비리문제와 외화 밀반출설을 집요하게 물고 늘어졌는데, 이미 여당 편인 언론도 이를 부각시

후보를 지옥에 보내거나 천국에 보내는 역할을 한다면, 더욱이 허위사실로 그런 결과를 초래한다면 대중매체는 결코 '진리의 전달자'가 아니라, 여론조작과 왜곡의 브로커인 것이다. 이때 대중매체는 왜곡과 허위의 전달수단일 뿐만 아니라, 이런 왜곡과 허위를 결집하고 형성하는 요체가 된다.

3. 정보문화에서 의미의 잠식현상: 보드리야르의 논의를 중심으로

우리가 앞에서 논의한 것을 고려해 볼 때 매체가 가진 기술적 역량이 지대함에도 불구하고, 매체의 역할에서 더욱 중요한 것은 매체의 기술적이고 형식적인 기능보다는 무엇을 매개하고 전달하는가이다. 그것은 단순한 정보전달의 차원이거나 공백 메우기 식의 나열과 무가치한 기호를 양산해서는 안 되고, 질적인 정보의 가치가 있는 내용과 의미를 수반해야 하는 것이다. 그러한 가치 있는 정보와 지식은 필연적으로 주체들의 노력과 공헌에 달려 있다.

만약 무가치 · 무의미한 것의 커뮤니케이션이라면 보드리야르의

키면서 중대한 결과를 초래하게 했다. 이런 중상모략들은 차후에 법원에 의해 허위사실로 판결되었으며 유죄로 인정되었다. 그러나 차후에 유죄판결이 난들 무슨 소용이 있는가. 악당들은 이미 이용해 먹을 대로 다 이용해 먹었고 대중매체들도 한 패거리가 되어 의도한 조작을 성공한 것에만 만족해하는 편이다. 또 이와 반대로 여당 후보는 '국민이 성원해 준 노란 저금통'으로 선거자금을 충당한다는 대대적인 슬로건을 내걸는데, 이 또한 검소와 청빈 및 깨끗한 이미로 효과를 거두었으나 차후에 엉터리로 드러났다. 이 모든 엉터리와 왜곡에 언론과 대중매체가 깊숙이 개입하고 있다.

날카로운 비판대로 의미추구보다는 의미잠식현상을 가져오게 된다. 그렇다면 정보라는 것이 의미양산을 가져오는 것이 아니라, 오히려 의미를 잠식시켜 버리는 일종의 시뮬라시옹(가상작용)의 과정으로 전락되고 만다. '정보바다'라고 할 만큼 우리의 일상을 뒤덮어버린 정보의 과다 인플레이션 현상에서 곧 의미의 디플레이션 현상이 일어나는 것이다. 그것은 결코 정보의 홍수가 의미세계의 풍요현상을 가져오지는 않는다는 것이다. 마이클 하임도 이와 유사하게 정보의 홍수로부터 빚어지는 의미의 빈곤현상을 경고하고 있다: "우리는 결국에 가서 우리의 광기로 인한 대가를 지불하게 될 것이다. 더 많은 정보에 접근할수록 우리가 얻는 의미는 줄어든다. 이것이 바로 '줄어드는 회귀의 법칙'이다."[19]

만약 다양한 매체들을 통해 유통되는 정보의 바다가 지극히 일상적이고 상식적인 것이며, 듣기 거북한 기호언어들의 나열, 신뢰할 수 없는 소식들, 무가치한 연출, 무의미한 기호의 파생물들, 흥미본위에만 치우친 프로그램,[20] 무의미한 동어반복에 지나지 않는다면, 이들은 인간으로 하여금 무의미의 세계로 밀어 넣는 소모품에 불과할 것이다. 앞의 예에서와 같은 무가치한 정보가 아니라고 해도 정보과잉은 결국 인간의 정신적 용량에 부담을 주게 되며, 감당하지 못하는 정보들은 결국 정보로 오염된 바다를 형성하게 된다.

결국 이런 현상들은 인간으로 하여금 중압감과 불확실성 및 복잡함의 우울을 앓게 한다: "일상에 난무하는 매체의 테러와 불가지한 정보의 유통, 그 물량적 억압은 현대의 야만을 의미한다. 매

19) 마이클 하임(여명숙 옮김), 『가상현실의 철학적 의미』, 42쪽.

20) 흥미 본위에만 치우친 프로그램은 중독현상을 불러일으키는 주요 요인이 된다.

체는 이제 현대의 토템으로서 타나토스와 에로스, 죽음과 생명, 존재와 부재를 가로지르면서 종횡무진한다. 그것이 뿜어내는 신화적 성운(星雲)은 우리의 시계를 어지럽히고, 우리가 느끼는 것은 다름 아닌 불확실성과 복잡함의 우울뿐이다. 그리고 그 우울의 배경에는 항상 반복과 진부함의 랩소디가 흐르고 있다."[21)]

결국 인간은 더 이상 통제할 수 없는 정보의 홍수와 테크놀로지의 위력 앞에서 존재의 위기를 수동적으로 체험하는 상황에 놓이게 된다: "정보의 홍수와 무한히 확장 가능한 테크놀로지의 미래 앞에서 현대인은 역설적으로 테크놀로지에 의한 존재의 분쇄(粉碎), 그리고 존재의 위기로 이어지는 상황을 수동적으로 체험하고 있다. 이러한 문화적 충격의 파장은 궁극적으로 인간존재 자체의 문제로 이어진다."[22)]

오늘날 정보사회와 매체문화의 시대에서 의미의 상실현상에 대해 마이클 하임은 의미 있는 경고를 하고 있다: "인포매니아는 우리의 의미처리 능력을 갉아먹는다. 마음이 정보에 고착되면 관심범위가 축소될 수밖에 없다. 우리는 부스러기들을 주워 모으며 정신적으로 빈곤해진다. 단편적인 지식에 매달리는 습관을 갖게 되고 지식의 저편에 있는 지혜를 잃게 된다. 심지어 어떤 사람들은 오늘날과 같은 정보시대를 맞아 읽고 쓰기 능력이나 문화조차도 손가락 끝에서 얻어지는 일이라고 믿고 있다."[23)]

기술매체의 괄목할 만한 자기증식, 그와 아울러 범람하는 정보와 무가치한 메시지들, 수많은 텍스트와 기호들은 현대 정보사회에서의 두드러진 경향이다. 이러한 매체의 증식과 이 매체에 동반

---

21) 이기현, 「매체의 신화, 문화의 야만」, 김상환 외, 『매체의 철학』, 426쪽.
22) 이기현, 「정보사회와 매체문화」, 김상환 외, 『매체의 철학』, 356쪽.
23) 마이클 하임(여명숙 옮김), 『가상현실의 철학적 의미』, 42쪽.

하는 주변적인 것들의 확산이 오히려 의미의 분산이나 잠식 현상을 가져올 수 있을 뿐만 아니라, 의미와 기호의 괴리현상을 불러일으킬 수도 있다. 더욱이 이 과정에서 양산되는 가상작용(시뮬라시옹)이나 가상물(시뮬라크르)[24]들이 실재와 유리되어 독자적인 세계를 구축하고서 실재와 구별도 없이 완전한 자기충족성을 형성하기도 하고 실재를 대체하는 현상을 가져오기도 하기에, 이런 현상은 반성과 재평가의 대상이 되지 않을 수 없다. 물론 '가상실재'라는 것도 다짜고짜로 무의미를 산출하는 것이 아니라, 경우에 따라선 새로운 차원에서 의미생산에 기여할 수 있음은 주지의 사실이다.

문제는 현대인이 매체문화를 형성해 가면서 인터넷을 비롯한 각종 매체를 통해 가공한 가상공간과 실재를 모방하고 연출하여 만든 가상물들이 인간의 강력한 애착과 편력, 취미, 요구, 인간의 감각기관(특히 시청각)에 대한 강력한 호소력을 통해 실재보다 더 위력적인 실재의 구실을 한다는 것이다. 매체문화의 현대인들에게 이토록 연출된 실재는 분명 실재 자체는 아니지만, 경우에 따라서는 독자적인 실재성(하이퍼 실재성)을 구축하여 실재보다 더 큰 영향력을 행사하고 있다. 이토록 매체문화에 의해 구축된 하이퍼 실재성이 실재성보다 더 강력한 영향력을 행사할 수 있는 것은 곧 이런 문화를 신화의 경지로 끌어올린 대중문화의 마니아들이고 네티즌들이다.

매체문화가 지배하는 현대의 징후에서 '의미의 상실'과 '의미의

---

24) "시뮬라크르는 실제로는 존재하지 않는 대상을 존재하는 것처럼 만들어 놓은 인공물을 지칭한다."(장 보드리야르, 하태환 옮김, 『시뮬라시옹』, 9쪽) 이에 비해 시뮬라시옹은 "시뮬라크르의 동사적 의미로 '시뮬라크르를 하기'이다."(앞의 책, 10쪽, 역자 주 참조)

함열',[25] '의미의 파괴'[26]와 '의미의 죽음'[27] 현상이 일어나는 것을 보드리야르는 첨예하게 지적하고 있다. 세계와 사물의 의미상실현상을 그는 '시뮬라크르 이론'과 '가상실재(hyperréel)[28]의 이론'을 통하여 극명하게 드러낸다. 실재가 이미지들과 기호들의 혼돈과 뒤틀림 속으로 사라지는 현상을 지적한[29] 그의 대중매체론은 대중매체시대에 사물의 본래적인 중량과 실재성이 잠식되어 버리고, 그 대신 가상실재가 터 잡고 지배하게 된다는 것을 압축적으로 규명하고 있다.

매체가 정보를 수집하고 산출할 때, 그리고 이 산출작용이 사실적인 현상을 묘사하고 표현했다고 하더라도, 이 재산출된 것은 본래의 실재와는 다른 어떤 것이다. 그것은 산출자의 주관적 견해가 개입되었고 재편성과 편집의 과정을 거치고 또 무엇보다도 매체의 기술적 기능과 조작을 거치면서 본래의 실재는 가장되었기 때

25) '함열(implosion, Präzession)'은 "폭발(explosion)과 방향이 반대인 같은 힘이다. … 함열은 블랙홀로 모든 것이 흡수되어 응축되는 현상이다."(장 보드리야르, 하태환 옮김, 『시뮬라시옹』, 42쪽 각주) "그것은 환상적인 속도로 수축하여 주변의 모든 에너지를 흡수하는, 내부로 함몰하는 시스템이 되고 결국은 블랙홀이 되며 그 속에서 우리가 에너지의 무한한 잠재와 방사로 이해한, 의미의 세계가 사라져버린다."(앞의 책, 135쪽)

26) 장 보드리야르(하태환 옮김), 『시뮬라시옹』, 248쪽.

27) 앞의 책, 252쪽.

28) 'hyperréel'은 시뮬라시옹에 의해 제작된 실재로서 기존의 실재와는 다른 위상을 갖는다. 이것은 일종의 가상실재이기 때문에 기존의 실재가 갖는 사실성에 의해 규제되지 않는다. 말하자면 독자적인 중량과 현실성을 갖는 것이다. 그런데도 이 가상실재는 보드리야르가 누차 밝히듯 기존의 실재 이상으로 우리 곁에 있으며 기존의 실재가 담당한 역할을 갈취하고, 급기야는 기존의 실재를 압도하고서는 이를 무대 밖으로 쫓아낸다.

29) 장 보드리야르(하태환 옮김), 『시뮬라시옹』, 17쪽 이하, 19쪽 이하, 79쪽 이하, 143쪽(「매체 속에서 의미의 함열」) 이하 참조.

문이다.[30] 말하자면 정보의 산출을 위해 매체를 통하여 재구성되고 재산출된 사물과 세계는 그 이전의 본래적인 존재론적 위상을 상실하게 되는 것이다.

본래적인 위상을 상실한 사물과 세계는 매체에 의한 매개의 형식체계 안에서만 유의미한 어떤 기호로 되고 매체의 기술적 조작에 의해 무한한 병립적 결합의 연결고리 안에 편성된다. 그렇다면 매체의 영향력이 확대될수록 사물은 자신의 실재성을 잃고 임의적이고 우연한 어떤 '가상실재' 혹은 '사이비 실재(pseudo-real)'의 옷을 입게 된다. 말하자면 대중매체의 영향력이 확대될수록 "코드 요소들의 조합에 의하여 산출된 완전한 인조품인 '네오-리얼리티'가 도처에서 실재를 대신한다."[31]는 것이다. 사물은 매체의 체계 속에 흡수되어 어떤 이미지로, 영상으로, 기호와 표상으로 변한다. 이미지와 기호로 변한 사물은 매체기술의 무한한 조작 가능성 안에 놓이게 되고, 그 무한한 확대 재생산의 과정을 거치면서 자신의 고유성과 실재성, 존재론적 중량을 잃게 된다.

오늘날 매스미디어의 일반화는 전 세계적으로 가속화되어 가고 또 이러한 매체문화의 일반화는 거대한 존재론적 물결을 구축하지만, 이 물결 속에 침몰하는 것은 다름 아닌 실재의 세계이다. 반

---

30) 대중매체는 세계를 임의로 혹은 자기만의 방식으로 해석하는 독자적인 해석체계를 갖는다(그것은 예외 없이 실재를 가상실재로 만들 수 있는 기능과 가능성을 말한다). 보드리야르에 의하면 대중매체는 모든 사물과 사건이 '스펙터클'로 되어 버릴 수 있는 가능성을 메시지로 전해 주고 있다고 한다(J. Baudrillard, *La société de consommation*, Denoel: Paris, 1970, 188-189쪽 참조). 이와 유사하게 벤야민은 사물의 의미가 대중매체에 의해 전적으로 '전시 가치(Ausstellungswert)'의 지배 아래에 놓이게 된다고 한다.

31) J. Baudrillard, *La société de consommation*, 194쪽.

면 이 실재의 세계 대신에 조작된 '사이비 실재', 가상실재, 네오-리얼리티, 하이퍼-리얼리티, 가상이벤트, 가상문화, 가상역사 등이 대치된다.[32] 그런데 이때 매체에 의해 전자(前者)가 재해석되고 재편성 및 재산출된 후자(後者)는 단순히 전자를 대체하는 것으로 그치는 것이 아니라, 전자를 능가하고 압도하며 그런 맥락에서 전자보다 더 우월한 실재성을 지니는 것이다.

보드리야르에 의하면 현대사회를 지배하는 이데올로기는 소비의 이데올로기이고, 이러한 이데올로기는 상품의 기호화를 활성화하고 재촉한다. 그런데 이 소비의 이데올로기 시대에 물신숭배화되는 것은 어떤 기의(signifié)가 아니라 기표(signifiant)이며, 또 이 기표가 작동하는 규칙으로서의 약호인 코드(code)이다. 사물(상품)은 기호에, 기호의 조작과 계산에 흡수되어 곧 기호와 코드로서 거래되고 소비된다는 것이다.[33]

그런데 이 소비의 이데올로기 시대에 진정한 주체는 인간 개인도 사물도 아니고 기호의 체계이다. 완성된 기호의 체계는 이미 추상화된 사물 혹은 모범적인 상품의 자격을 획득하고서 거래와 소비의 기호(브랜드)로 자리 잡는다. 그러기에 사물일반은 상표의 총화로 대체되고, 자신의 실체성을 상실한 채 코드의 규칙 안에 편성된 기호의 신분으로 탈바꿈한다.[34] 이런 맥락에서 소비의 이데올로기 시대에 실제로 존재하는 것은 무릇 사물(존재하는 것)을

---

32) 앞의 책, 194쪽 참조.

33) 앞의 책 308쪽 참조. 또한 장 보드리야르(하태환 옮김), 『시뮬라시옹』, 154쪽 이하 참조.

34) "문제는 실재가 그의 기호들로 대체된다는 것"이고, 나아가 대체된 기호가 실재를 지배하는 데 있다(장 보드리야르, 하태환 옮김, 『시뮬라시옹』, 18쪽 참조). 나아가 보드리야르는 기호가 "시뮬라크르와 시뮬라시옹의 시대를 연다."고 한다(앞의 책, 27쪽 참조).

존재하게 한 어떤 신도 아니고 자연도 아니며 또 근세의 주체도 아니고 개인이나 사물도 아니라 상품의 기호이고 코드이다.

보드리야르는 이러한 기호의 과다한 지배현상을 일반화시켜 대중매체 속에서 '의미의 함열' 현상을 지적한다.[35] 기호의 지배력이 과도하게 확대되어 이제 그 과잉의 단계를 거쳐 기호의 통제력 자체의 붕괴와 의미파산의 길로 들어서고 있음을 지적한 것이다. '의미의 함열'이란 따라서 기호의 과도한 증식과 남용, 무질서한 확산으로 인하여 기호학적 교환질서 자체가 스스로 붕괴되는 현상을 일컫는다.

실재의 세계에서 통용되는 지시관계는 이제 기호들 사이의 지시관계로, 또 기호들 사이의 지시관계는 기호들 사이의 모방과 조작의 관계로 확산된다. 마침내 기호작용은 더 이상 사물과 실재에 대한 지시작용도, 사물의 재현도, 사물의 모방도 아닐 뿐만 아니라, 그러한 단계를 넘어 이제 대상을 꾸며내고 조작하며, 없는 것을 있는 것처럼 혹은 아닌 것을 진짜인 것처럼 가장한다. 말하자면 하이퍼-리얼(hyperréel)로서의 가짜실재를 연출해 내는 시뮬레이션이다.

그러기에 기호의 세계에서 조작되고 산출된 사물은 "대기도 없는 가상공간(hyperspace) 속에서 조합적 모델로부터 산출되어 나온 합성물로서의 가상실재(hyperréel)이다."[36] 문제는 이토록 시뮬레이션에 의해 산출된 하이퍼-리얼과 가짜의미, 허구적으로 연출된 의미가 실재세계와 진정한 의미를 압도하여 급기야는 이를 무대 밖으로 쫓아내는 데 있다. 이런 맥락에서 "시뮬라크르 제작자

---

35) 장 보드리야르(하태환 옮김), 『시뮬라시옹』, 143쪽(「매체 속에서 의미의 함열」) 이하 참조.

36) 앞의 책, 16쪽 참조.

들은 (영토를 만들어내는)[37] 일종의 제국주의로서, 한발 더 나아가 모든 실재를 그들이 시뮬라시옹에 의해 만든 모델들과 일치시키려 한다."[38]고 보드리야르는 지적한다.

시뮬레이션에 의한 가상실재가 실재를 압도할 수 있는 현상은 테크놀로지가 허락하는 기술적인 장치를 통해서이다. 실재가 기획, 편집, 조작의 과정을 거쳐 재생산된 데에서 '가상실재', '네오-리얼리티', '하이퍼-리얼', '시뮬라크르'와 같은 개념이 탄생되었다. 보드리야르의 지적대로 시뮬레이션에 의한 가상실재는 실재를 능가하고 압도할 수도 있을 것이다. 그것은 제작자의 요구에 맞게 혹은 좀 더 이상적인 모델을 통하여 재생산되기 때문이다.

이를테면 역사의 한 사건이 영화화될 때에도 이런 현상은 쉽게 목격될 수 있다. 즉 제작된 영화 속에서 재구성되고 조작된 역사가 실제적인 역사(실재)보다 더 위력적이어서, 이 재생산된 가상실재가 저 역사적인 실재를 압도해 버리는 경우이다. 예를 들어 영화 『타이타닉』의 경우를 떠올려보자. 사람들은 많은 인명을 앗아간 타이타닉의 침몰사건 자체보다는, 그리고 과학기술로 건조한 배 한 척으로 자연을 정복하겠다는 인간의 무모함에 관한 주제보다는 영화 속에서 사람들이 죽어가는 장면이나, 특히 케이트 윈슬렛과 레오나르도 디카프리오의 연애장면에 더 큰 관심을 갖는다(그 영화음악의 주제가도 거기에 맞춰졌다). 그런 연애사건이 실제로 있었던 것처럼 뉴욕의 어느 할머니를 통하여 진술하도록 한다. 실재를 뺨치는 가짜다.

그런데 설사 그런 사건이 있었다 해도 타이타닉 침몰의 역사적

37) 필자에 의한 보완.

38) 장 보드리야르(하태환 옮김), 『시뮬라시옹』, 13쪽.

사건에 비해 큰 비중을 갖는 것인지를 생각하면 가상실재는 실재를 빙자하여 상업성의 가면을 쓴 유령이고 또 실재 위에 군림하는 폭군이다. 그러나 대중들은 역사적인 사건과 실재보다는 영화에만 매료된다. 우리가 간과해서는 안 되는 것은 가상공간과 가상실재에는 실재의 현상학적 지평에 있는 핵심적인 것, 말하자면 벤야민적 의미의 아우라가 상실되었다는 것이다.

보드리야르의 논의에 따르면 대중매체는 시뮬레이션의 일반화에 결정적으로 기여한다. 그것은 대중매체가 실재의 세계를 들이키고 가상실재의 세계를 토해 내기 때문이다. 이 가상실재의 세계에서는 그러나 가상과 실재, 참과 거짓, 의미와 무의미 등의 차이[39]와 대립이 소멸된다. 그렇기에 대중매체의 발달과 함께 발생되는 정보의 인플레이션 현상에 비례하여 의미의 디플레이션 현상이 일어난다. 대중매체가 정보의 홍수를 이룰수록 기호학적 교환질서 안에 혼돈이 야기되고 그 질서 안에 끌려든 의미들은 함열된다.[40]

이리하여 보드리야르의 대중매체론은 '실재의 상실'과 '내용물의 함열', '매체 자체의 증발'과 의사소통의 마비, 사회적인 것의 함열, 급기야는 '의미의 대재난'으로 이어지는 다소 허무주의적

39) '차이(différence)', 혹은 '다름'은 포스트모던, 특히 데리다에게서 핵심적인 사고단초이고 모토이다. 그러나 보드리야르는 이 '차이'의 사라짐을 명백하게 드러내 보인다. 그는 포스트모던에서 절대적인 위치를 점하고 있는 이 '차이', '다름', '구별'의 제거, 무차별성에 초점을 맞추고 있다. 그는 실재와 가상실재 사이에 "지고(至高)의 '다름'이 사라져버린" 것을 밝힌다(장 보드리야르, 하태환 옮김, 『시뮬라시옹』, 13쪽 이하, 22쪽 이하 참조). 실체와 조작된 이미지가 동일한 하나가 되는 단계와 '다름 자체를 위협하는' 단계(앞의 책, 19쪽)야말로 시뮬라시옹의 단계이다.

40) 장 보드리야르(하태환 옮김), 『시뮬라시옹』, 143쪽 이하 참조.

인[41] 결론을 우리에게 보여준다: "내용물들의 함열, 의미의 흡수, 매체 자체의 증발, 모델의 전적인 순환성 속에서 의사소통의 모든 변증법의 흡수, 대중 덩어리 속으로 사회적인 것의 함열 등 이러한 것의 확인은 대재난적이고 절망적으로 보일 수 있다. … 우리 모두는 의미와, 의사소통과, 의미에 의한 의사소통의 이상주의라는 일종의 광적인 이상주의를 가지고 산다. 그래서 이러한 관점에서는, 우리를 노리고 있는 것은 바로 의미의 대재난이다."[42]

---

41) 보드리야르는 기존의 알려진 허무주의와는 근본적으로 다른, '훨씬 위기적인' 허무주의를 언급한다: "허무주의는 더 이상 세기말적인, 음울하고, 바그너적이며, 스펭글러적이고 음침한 색깔을 띠지 않는다. 허무주의는 더 이상 퇴폐주의의 세계관으로부터도, 신의 죽음으로부터 온 급진적인 형이상학과 그로부터 이끌어내는 모든 결과들로부터도 유래하지 않는다. 허무주의는 오늘날 투명성의 허무주의이며, 이것은 어떤 의미에서는 앞섰던 역사적 허무주의 형태들보다도 훨씬 근본적이고 훨씬 위기적이다. … 세계, 그리고 우리 모두는, 산 채로 시뮬라크르 속으로, 저지의 저주받은, 저주조차도 아닌 무관심의 영역으로 들어간다. 허무주의는 기묘한 방식으로 더 이상 파괴 속에서가 아니라 시뮬라시옹과 저지 속에서 완전히 실현되었다."(장 보드리야르, 하태환 옮김, 『시뮬라시옹』, 245-246쪽)

42) 장 보드리야르(하태환 옮김), 『시뮬라시옹』, 149쪽.

7 장
의미생산과 주체

1. 탈근대 이후의 주체: 칼빈 슈라그의 논의를 중심으로

포스트모던의 문헌에서 우리는 빈번하게 그리고 마치 사회운동의 구호처럼 줄기차게 '주체의 죽음'과 '인간의 죽음', '저자(著者)의 죽음', '자아(ego)의 폐기', '자아동일성의 해소', '주체의 해체', '주체의 장례', '주체의 소멸'과 같은 구절을 목격한다.[1] 포스트모

1) Calvin O. Schrag, *The Self after Postmodernity*, Yale University Press, New Haven and London, 1997, 2쪽 참조. 여기서 칼빈 슈라그는 미셸 푸코가 그의 *The Order of Things*에서 '인간의 죽음'을 선언한 것을 예로 든다. "인간이란 최근의 발명품이요, 그래서 바닷가의 모래 위에 그려진 얼굴이 곧 파도에 씻겨 지워지는 것과 같이 인간도 사라질 것"이라고 푸코는 독자들에게 알린다(M. Foucault, *The Order of Things*, trans. A. Sheriden Smith, Vintage Books: New York, 1973, 387쪽 참조). 이때 푸코의 '인간의 죽음'은 니체의 '신의 죽음'과 같은 맥락에서 예고되었고, 이를 확대해석한 데에서 유래한다고 볼 수 있다. 슈라그는 푸코의 경우와 같이 롤랑 바르트(Roland Barthes)가 '저자를 위한 진혼곡'을 선언

던과 구조주의에서의 인간주체는 '미디어 복합체 내에서의 회로판의 한 접점'[2]에 불과한 존재로 해체되어 버리기에, 인간주체의 체험이나 의식 및 자유, 정신적 의미 등은 단순한 기호로 해소되거나 무의미한 허상으로 치부되고 만다. 그러기에 포스트모던과 구조주의적 입장에서 의미구성자이고 의미해석자이며 의미생산의 주체로서의 인간은 더 이상 존립하지 못하고, 오히려 소멸된 익명의 체계 속에 갇혀버리고 만다.

그러나 오늘날 정보해석학에서 주체와 의미의 문제는 심각하게 받아들여지고 있어, 이들이 이제 더 이상 포스터모던의 '해체적 카타르시스를 위한 제물'[3]로 되어서는 안 되는 것이 속속 밝혀지고 있다. 데리다가 선언한 '주체의 해체'는 이미 널리 알려져 있으며 또 이는 포스트모던의 주요한 이슈로 자리 잡았다. 앞에서 열거된 일련의 구호들에 직면하여 우리는 오늘날 커뮤니케이션을 중요시하는 정보해석학과 매체문화에서 절실하게 전제되는 '담론의 주체', '행동의 주체' 및 '공동체적 주체' 등이 위태롭게 됨을 인지할 수 있다.

과연 '주체의 죽음'과 '주체의 장례', '주체의 해체' 이후 주체는 어떻게 되었을까? 죽어버렸을까? 혹은 매장되거나 사라져버렸을까? 과연 주체는 그렇게 매장되고 해체될 수 있으며, 또 그렇게 되어야만 하는가? 그런데 주체를 죽이거나 매장시키며 해체시키는 당사자는 누구인가? 그 당사자는 주체가 아닌가? 그렇다면 이런 진술 자체가 자가당착인 셈이고 허위이다. 우리가 자주 듣는

한 것이며 데리다가 '주체의 해체'를 내세운 것을 예로 든다.

2) N. Bolz, *Am Ende der Gutenberggalaxis*, München, 1993, 194쪽.

3) 칼빈 O. 슈라그(문정복 · 김영필 옮김), 『탈근대적 자아를 넘어서』, 「옮긴이 머리말」 참조.

"자아(自我)를 죽여라."라는 진술에도 필경 '못된 자아'라거나 '오만한 자아' 등 수식어가 생략된 것임엔 틀림없다. 그렇지 않으면 자아를 죽이는 당사자가 결국 자아이기에 있을 수 없는 자가당착 현상이 일어나는 것이다.

이런 자가당착현상은 우리가 우주를 붙잡지 못하는 경우와도 유사한 성격을 띤다: "우주는 자신을 우리의 손으로 못 붙잡게 한다. 이는 우주가 너무 크기 때문이 아니다. 이 우주를 손에 붙잡을 수 없는 이유는 바로 이 손이 스스로 우주에 속하기 때문이고 또 붙잡는 행위 자체가 단지 우주의 한 부분이기 때문이다."[4)]

'주체의 죽음'과 '주체의 장례' 및 '주체의 해체'를 닦달한 포스트모던의 일방적인 선언 이후에도 주체는 결코 손상을 입지 않고 여전히 살아 생동하고 있으며, 경우에 따라선 재구성되어 정보해석학의 영역에서 그 중요성을 여실히 드러내고 있다.

최근에 칼빈 슈라그(Calvin O. Schrag)는 그의 저서 『탈근대적 자아를 넘어서(*The Self after Postmodernity*)』[5)]에서 포스트모던에 의해 무차별적, 무분별적으로 해체당한 주체를 구출하려고 시도한다. 물론 이러한 시도는 그도 누누이 강조하듯이 근대의 주체를 재현하려는 것이 결코 아니다. 그는 '탈근대주의의 도전에 대응하려고' 탈근대 이후 새롭게 포매팅된 주체개념으로— 이를테면 구체적인 '담론적 자아', '행동적 자아', '공동체적 자아' 및 '초월적 자아'— 맞섰다.[6)] 슈라그는 '이성적 인간'을 첨예화시킨 근대의

4) G. Schmidt, *Subjektivitaet und Sein*, Bouvier: Bonn, 1979, 33쪽.

5) Calvin O. Schrag, *The Self after Postmodernity*, 1997.

6) 우리는 이 장(章)에서 우리의 정보해석학과 밀접하게 관련된 '담론적 자아', '행동적 자아' 및 '공동체적 자아'에 대해서는 별도의 작은 항목으로 분류하여 논의할 것이다. 물론 '초월적 자아'도 전래의 형이상학이나 관념론에서의 초월개념이 아니라, '담론적 자아'와 '행동적 자아' 및 '공동

호모 사피엔스(Homo sapiens)와 주체를 폐기처분하고서 이를 '기호적 인간'으로 대체시킨 포스트모던과 구조주의의 호모 시그니피컨트(Homo significant)를 오히려 해체시켜 탈근대 이후의 새로운 주체개념인 호모 나랜스(Homo narrans: 담론하는 인간)[7]의 모습으로 보여준다.

이러한 시도의 일환으로 슈라그는 근대적 주체개념이 아닌, 새롭게 정립된 주체개념을 위하여 근대적 주체물음의 발상인 '무엇'을 — 이를테면 자아의 본성에 대한 데카르트적 물음 — '누구'의 물음으로 전환시킨다: "토론을 '무엇'의 물음 대신에 '누구'의 물음으로 형성함으로써, 나는 담론적 자아, 행동적 자아, 공동체적 자아 및 초월적 자아를, '누가 말하고 있는가?', '누가 행동하고 있는가?', '누가 다른 자아들에 반응하고 있는가?', 그리고 '누가 초월자 안에 그리고 앞에 서 있는가?'와 같은 물음들을 배경으로 하여, 탐구하게 될 것이다. 물론 '주체'와 '주체성'이라는 어휘를 내버리지는 않겠지만, 나는 이들 어휘를 구체적인 '경험하는 자'의 밀도 속에서 맥락화되도록 노력할 것이다. 그리고 '경험하는 자'의 자취는 말을 하고, 말을 듣고, 이야기하고, 행동하며, 일하고, 그리고 놀이하고 하는 우리의 평범한 체험된 의사소통적 실천의 당사자에 관계되는 문제들의 추구에서 가장 잘 볼 수가 있는 것이다."[8]

슈라그의 새로운 주체개념들은 근대와 탈근대의 논쟁구도와 무

체적 자아'의 지평에서 논의되는 것이다. 이러한 자아들은 이미 자신의 영역 내부에 초월의 의미를 갖고 있다는 것이다(Calvin O. Schrag, *The Self after Postmodernity*, 110쪽 이하 참조).

7) Calvin O. Schrag, *The Self after Postmodernity*, 21쪽, 23쪽, 특히 26쪽, 61쪽 참조.

8) 칼빈 O. 슈라그(문정복 · 김영필 옮김), 『탈근대적 자아를 넘어서』, 21쪽.

관하게 오늘날의 매체문화와 정보해석학에도 유효한 적합성을 획득한다. 그것은 오늘날 인터넷과 매체문화 속에서 평균화되거나 유령화되고 또 상실되어 가는 주체의 개념에서, 정체 없는 발신자와 수신자의 구도로부터, 익명성이라는 유령주체로부터 갖가지 폐단과 부정적 요소가 양산되기 때문이다. 그렇기에 주체는 어떤 경우에도 그 정체성이 희석되거나 소멸되어서는 안 되고, 구조주의나 포스트모던에서의 언어와 기호의 폭력으로부터도 희생되어서는 안 되며, 또한 매체문화의 범람 속에서 매몰되어서도 안 된다.

그런데 포스트모던의 무분별적이고 무차별적인 주체에 대한 해체타령을 비웃기라도 하듯 새로운 주체개념이 불사조처럼 오늘날 정보해석학의 지평에 나타난다. 이러한 주체는 근대적 탈을 쓴 주체가 결코 아니며, 권력지향적이지도 또 주체중심(주의)적이지도 않은 실천지향적 주체(결코 부인할 수 없는 행위당사자)로서 오늘날 정보해석학과 매체문화에 필수적으로 전제되는, 그래서 결코 습관적으로 내뱉는 '주체의 죽음'과 '주체의 장례'가 허용되지 않는, 말하자면 의사소통적이고 타자와 교류하는, 담론을 수행하는, 자신의 말과 행위에 책임을 지는, 타자와 세계에 열려 있는, 타자에게 응답하는, 타자를 전제로 하고 타자와 더불어 있는, 자신의 경계를 넘어(초월하여) 타자와 나누는 경험 속에서 자기 자신을 이해하는 그런 주체인 것이다.

1) 담론적 자아

칼빈 슈라그의 '담론적 자아'에서 우리는 주체가 자아를 발견하고 형성하며 창조해 나갈 뿐만 아니라, 의미의 생산에 관여함을 목격한다. 이는 우리의 정보해석학에서도 퍽 고무적이라고 하지 않을 수 없다. 그것은 엄존하는 주체의 복권뿐만 아니라, 의미생산의 당사자로서 주체가 자리 잡기 때문이고, 더 나아가 이러한 담론적 주체는 의사소통을 실현하는 당사자로 자리 잡을 수 있기 때문이다.

우선 슈라그는 '담론'[9]을 일종의 경제학이라 보고 '담론의 경제학(economy of discourse)'을 전개한다. 그가 이런 용어를 쓰는 이유는 "담론이란 담화와 언어의 생산과 소비, 분배와 교환을 포함하는 것이며 또한 말하여진 말과 쓰여진 말의 역학을 전시하기 때문이다."[10] 여기서 슈라그는 데리다가 편파적으로 문자에만 중점(문자중심주의)을 둔 것과는 달리 '말하여진 말(the word as spoken)'과 '쓰여진 말(the word as written)'[11]의 역학적인 중량을 동시에 수용한다.

그는 구조주의 언어학자인 소쉬르가 말과 언어, 즉 빠롤(parole)과 랑그(langue)로 구분한 것을 유용하다고 인정하지만, 그러나 그러한 구분이 심화되어 "경험적 언어활동과 기호체계로서의 언어 사이를 사이비 이분법으로 물화하는 것(reification)"[12]을 경계하며, 더 나아가 말하기의 현상학을 의미의 기호학과의 분리를 경계한다. 이토록 슈라그가 양자 사이의 분리를 경계하는 이유는 언어활동과 언어체계들, 말하기와 의미가 밀접하게 서로 짜여 있기 때문이다.[13]

---

9) 슈라그는 담론개념을 다음과 같이 규명한다: 담론은 '표명의 창조적 사건(a creative event of articulation)'으로서(Calvin O. Schrag, *The Self after Postmodernity*, 20쪽) 말(speech)과 언어(language) 및 이야기성(narrative)으로 구성되어 있고 또 상호 연결되어 있다(앞의 책, 21쪽 참조).

10) 칼빈 O. 슈라그(문정복 · 김영필 옮김), 『탈근대적 자아를 넘어서』, 33쪽.

11) Calvin O. Schrag, *The Self after Postmodernity*, 16쪽 참조.

12) 앞의 책, 16쪽.

담론하는 주체는 — 슈라그가 지적하듯이 — 의사소통을 실현하면서 "여러 가지의 기호학적 형식과 규칙들(이를테면 음소론적, 구문론적 및 사전적 규칙들)뿐만이 아니라, 각종의 의미론적인 상징들과 담론적인 장르들도 만들어낸다. 그러나 그것은 어떠한 경우에도 기호학적인 것과 의미론적인 것이 서로 혼합하고, 또한 혼합된 담론을 산출하기 위해 협력하는 방편에 한해서이다."[14)]

그러기에 담론하는 주체는 '담론의 경제학'을 펼치는 당사자로서 체계로서의 언어구조의 일부인 기호를 분배하고 교환함에 있어 이미 의미생산에 관여하고 있다.[15)] 슈라그는 그의 담론의 경제학에서 담론하는 주체에 관해 중요한 결론을 이끌어내는데, 의식과 사려가 들어 있는 담론이라면 지당한 것으로 여겨진다: "말하는 것은 창조적 행위(a creative act)이고, 자아의 발견인 동시에 자아형성(a self-constitution)이다."[16)] 이때의 '창조적 행위'를 슈라그는 — 그는 가다머를 언급하면서 지평융합을 형성해 가는 데에서 전제되는 전통의 의미를 그대로 수용한다 — 이미 말해진 언어, 즉 역사와 형식적 구조의 양자를 가지는 언어를 배경으로 하여 가능한 것으로 본다.[17)]

말하자면 이러한 '창조적 행위'란 전통 속에 이미 안치되어 있는 언어, 즉 우리가 말할 때에 항상 우리의 등 뒤에서 작용하는

---

13) 앞의 책, 16쪽 참조.

14) 앞의 책, 31쪽.

15) 앞의 책, 16쪽 참조. 다른 곳에서도 슈라그는 의미를 생산하는 담론을 언급한다: "(담론이) 이야기로 이동하는 과정에서, 말과 언어의 혼합물로서의 담론의 형태들이 의미를 산출하고 의미를 교환하는 것 속에서, 우리는 또 다른 수준과 더 넓은 맥락으로 나아간다."(앞의 책, 20쪽)

16) 앞의 책, 16쪽.

17) 앞의 책, 16-17쪽 참조.

그런 언어를 배경으로 해서 가능한 것이다. 슈라그에 의하면 (가다머에게서와 같이) 우리는 언제나 어떤 언어로부터 말하고, 전승된 의미들의 맥락으로부터 말한다.[18] '담론의 경제학'에서 자아를 형성하고 창조하는 주체는 말하기와 듣기, 글쓰기와 읽기 등 담론의 다양한 상황들과 양식들을 추론하는 당사자이다.

슈라그에 의하면 담론하는 주체는 호모 나랜스(Homo narrans)로서, 이 '담론의 경제학'을 펼치는 주체는 자발적으로 의사소통에 참여함으로써 자아를 이해하고 발견하며 또 자아를 형성해 간다. 담론하는 주체는 그러기에 타자에게 자기 자신에 관해서도 설명할 수 있고, 타자의 견해를 들으며 이해하고, 자기의 삶과 견해도 표명할 수 있으며, 타자와의 커뮤니케이션을 실현하는 주체인 것이다. 이러한 주체야말로 슈라그가 규명하듯 '창발적인(emergent) 자아'[19]이다. 이토록 '창발하는' 자아는 행위당사자로서 의사소통을 실현하는 가운데 스스로 언어의 관계망 속에 들어 있고, 또 이러한 관계망 속에서 언어행위를 하며, 또 자신을 언어의 의미 속에 연결되어 있는 주체로서 발견한다.[20]

자신의 구체적 삶 속에서 의사소통을 실현하고, 그런 의사소통을 통해서 자아를 발견하고 형성하며 창발적인 담론하는 주체는 말할 것도 없이 시간과 친밀한 관계를 갖는다. 즉 담론하는 주체는 시간화된 것(temporalized)으로서 존재하는 것이다.[21] 하이데

18) 앞의 책, 17쪽 참조.

19) 앞의 책, 26쪽.

20) 이와 같은 주체는 말할 것도 없이 근세의 권위적인 주체, 주체중심적인, "군주적이고 전제적인 자아, 자족적인 동시에 자기만족적이며, 불변적이고 분할 불가한 자아-동일성이라는 이론 속에서 형이상학적 위안을 찾는 자아"(칼빈 O. 슈라그, 문정복 · 김영필 옮김, 『탈근대적 자아를 넘어서』, 46쪽)와는 근본적으로 다름을 알 수 있다.

거에게서 현존재의 시간성[22]과도 유사한, 담론하는 주체의 시간성이란 곧 그러한 주체가 고립적이고 추상적이며 관념적인 주체가 아니라, 구체적으로 살아 생동하며 자신의 삶과 의사소통에 책임 있는 삶을 이끈다는 것이다.

담론하는 주체는 이러한 삶 속에서 시간의 지평을 확대하여 과거와 미래까지도 유의미한 지평으로 끌고 온다. 말하자면 담론하는 주체의 이야기는 "전개 중인 이야기이며, 창조적으로 전개되는 이야기이다. 따라서 그 이야기 속에서 과거는 결코 단순히 비존재로 흘러가 버린 지금들의 계열이 아니라, 하나의 텍스트(text)이고, 의미에 대한 새로운 해석과 새로운 관점들에 대하여 열려 있는, 사건들과 경험들이 새겨진 것이다. 마찬가지로, 미래는 아직은 존재하지 않는 지금들의 계열이 아니다. 이야기적 시간의 미래는 가능성으로서의 자아, 이미 새겨진 대본에 대한 새로운 해석을 제공할 수 있는 능력, 그리고 형성 중인 대본에 새로운 의미를 새겨 넣는 능력으로서의 자아이다."[23]

결론적으로 슈라그는 담론하는 주체의 '이야기'가 '인간행동의 본래적인 특성'임을 명시한다: "그러므로 이야기는 의사소통적 실천의 전통을 배경으로 자아의 다양하고 복합적인 행동의 형성을 위한 맥락과 지평을 제공하는 인간행동의 본래적인 특성(an indigenous feature)이다."[24]

---

21) Calvin O. Schrag, *The Self after Postmodernity*, 37쪽 참조.

22) 하이데거에게서 『존재와 시간』에 파악된 시간성은 현존재의 존재물음의 근본적인 지평이다(*Sein und Zeit*, Zweiter Abschnitt: Dasein Und Zeitlichkeit 참조).

23) 칼빈 O. 슈라그(문정복 · 김영필 옮김), 『탈근대적 자아를 넘어서』, 59쪽.

24) Calvin O. Schrag, *The Self after Postmodernity*, 41쪽. 여기서 슈라그는 '이야기'를 인간의 행동과 결부시킨다. 그는 데이비드 카(David Carr)의

2) 행동적 자아

슈라그가 지적하듯이 담론과 행동은 서로 이분법으로 분리될 수 없는, 또한 하나에서 다른 하나로 환원되지 않는, 서로가 얽혀 의사소통을 실현하는, 일종의 융합물로서 관계한다.[25] 이들 양자는 "의사소통적 실천의 우산 아래서 마주친다. 왜냐하면 의사소통적 실천의 함축물로서 그 기원을 발견하는 자아는 담론과 행동의 혼합물이기 때문이다."[26] 그렇지만 각자는 고유한 능력과 특성을 갖기에, 이를테면 '행동적 자아'의 경우엔 행동하는 주체, 즉 신체(embodiment)의 지위와 역할이 강조된다.[27] 행동하는 신체의 역할이 확연히 드러나게 되고 그 실제적인 운동성과 의의가 구체화되는 것은 '행동적 자아'를 통해 파악된다.[28]

행동적 주체는 세계에 대하여 신체적으로 파악하는 능력을 가지며, 순수인식과 순수이론의 결정을 기다릴 필요 없이 그 자체의 통찰력을 갖는데, 슈라그는 그 구체적인 사례들과 함께 신체적인 파악능력을 예시한다: "구체적으로 신체화된 운동성으로서의 자아는, 능동적 및 반동적 힘의 노선을 전시하며, 또한 행동을 시작

---

*Time, Narrative, and History*를 인용하면서 "이야기의 형식은 다른 어떤 것을 입히는 옷이 아니라, 인간의 경험과 행동에서 본래적인 구조이다." (앞의 책, 42-43쪽)를 강조한다.

25) Calvin O. Schrag, *The Self after Postmodernity*, 44쪽 참조. 담론과 행동이 분리되지 않고 서로 유기적 관계를 이루며 의사소통을 실현하는 것에 관해선 슈라그의 *Communicative Praxis and the Space of Subjectivity* (Bloomington: Indiana University Press, 1986) 참조.

26) 칼빈 O. 슈라그(문정복 · 김영필 옮김), 『탈근대적 자아를 넘어서』, 99쪽.

27) 신체와 질료적인 요소가 없으면 운동이 불가능함은 물리학적인 견지에서 명백하다. 이를테면 아리스토텔레스의 신(神)은 질료가 전혀 없는 순수 형상이기에, 운동을 일으키긴 하지만 스스로 운동할 수는 없다.

28) Calvin O. Schrag, *The Self after Postmodernity*, 44쪽 참조.

하는 힘을 전개하면서, 실천지향적 이성에 특이한 요구를 행사한다. 사랑하는 사람을 포옹하는 것과 같은 몸짓의 행동에서 그리고 수영장의 이쪽에서 저쪽까지 수영하는 것과 같은 숙련된 실행에서, 우리는 세계에 대한 신체적 파악, 즉 순수인식과 순수이론의 결정을 기다릴 필요 없이 그 자체의 통찰력을 나타내는 식별력(discernment)의 역학, 실천적 지혜의 경제학을 관찰한다."[29]

행동을 통해서 세계를 파악하는 주체는 체험된 시공간과 체험된 운동의 특유한 특성을 지닌 신체화된 주체이다.[30] 그런데 이때의 신체는 물론 데카르트의 '연장적 존재(res extensa)'와 '정교한 기계로서의 육체'에서와 같이 어떤 연장으로, 혹은 하나의 대상으로 응고된 존재자로 규명하는 그런 육체일 수는 없다. 그 대신—메를로-퐁티의 '몸의 철학'에 잘 천명되어 있듯— 어떤 구체적인 참여와 활동을 하는, 실천지향적인 신체인 것이다. 메를로-퐁티(Maurice Merleau-Ponty)는 '체험된 신체(le corps vécu)'의 구조와 역할에 관한 분석을 통해 이를 물질적 신체나 생리학적 역학을 위한 대상인 육체와 구분하였다.[31]

이런 탈형이상학적인 신체는 일찍이 후설이 '질료학'이란 이름으로 현상학 내에서 체험하는 주체로서의 신체와 운동감각 및 '생활세계' 등을 논의하는 과정에서 면밀하게 해명하였다.[32] 신체적

---

29) 칼빈 O. 슈라그(문정복 · 김영필 옮김), 『탈근대적 자아를 넘어서』, 82-83쪽.

30) 앞의 책, 83쪽 참조.

31) M. Merleau-Ponty, *The Phenomenology of Perception*, trans. Colin Smith, Humanities Press: New York, 1962, 제1부(「신체」), 67-199쪽 참조.

32) 질료학(Hyletik)을 후설은 *Ideen zu einer reinen Phänomenologie*(Hua. III/1)에서, 또 생활세계에 관해서는 *Krisis*에서 중요한 테마로 논의하고 있다. 후설의 현상학은 전기에 주로 선험적 관념론에 치우쳤으나, 후기

주관은 곧 주체의 체험이 생생하고 직접적이며 구체적이라는 사실을 증폭시킨다.[33] 신체적 주관이 '생활세계' 속에서 실제로 살고 있기에, 또한 신체적 주관이 이 '생활세계' 속에서 몸소 체험을 하며 살기에, 이 '생활세계'는 직접적이고 구체적인 세계이며 우리와 친숙한 세계인 것이다.

질료학을 중심으로 전개한 현상학을 후설은 '발생적 현상학(Kinästhetische Phänomenologie)'[34]이라고 칭하고 '정적 현상학'

의 작품들에서는 질료, 신체, 운동감각, 생활세계, 상호주관성 등을 큰 비중으로 다루고 있다. 이들의 테마는 후설에 의하면 선험적 관념론에서의 노에시스학(Noetik) 못지않게 중요한 것이며, 이 두 영역이 똑같은 비중으로 중요성을 갖는다고 한다(한전숙, 『현상학』, 40쪽, 233쪽 이하 참조). 메를로-퐁티의 '지각의 현상학'은 이런 후설의 질료학의 영향으로부터 가능했다고 보아도 과언이 아니다.

33) '신체'는 전기 후설의 사유에서 결코 중요한 개념이 아니었다. 전기 고전적 현상학에서의 선험적 관념론의 체계에서는 선험적 주관성, 즉 순수의식이 중심개념이었는데, 여기선 오히려 '신체 없는 의식'(*Ideen I*, 105쪽)이 부각되었으나, 후기 '생활세계의 현상학'에서는 발생적 방법과 '생활세계적 환원'을 통하여 제일 먼저 만나는 것은 신체이다. 지각이든 감각이든 모두 신체를 전제로 한다.

34) '키네스테제(Kinästhese)'의 어원은 그리스어로 '운동(kinesis)'과 '감각(aisthesis)'의 합성어로 되어 있다. 그러나 키네스테제는 이러한 어원적 의미를 뛰어넘어 우리의 신체적 감각기관들이 목적달성을 위하여 목표를 향해 자발적인 활동을 펼치는 것을 말한다(E. Husserl, *Erfahrung und Urteil*, 89쪽 참조). 이를테면 사물을 대하는 우리 눈의 안구운동을 살펴보자. 사물을 인지하기 위해 우리의 눈은 안구의 초점을 맞추어 그 사물을 응시한다. 그런데 안구운동만으로 부족할 경우 머리를 상하좌우로 움직이거나 또는 몸의 자세를 바꾸기도 한다. 이러한 신체적 운동은 사물을 정확하게 보려는 충동에서, 즉 사물을 시야의 중심에 놓으려는 목적성의 전제에서 일어난다. 이를 좀 더 포괄적으로 말하면 인간이 자기를 둘러싼 세계 속에서 그리고 사물들의 가운데에서 세계와 사물들을 알기 위해 스스로 움직일 수 있음을 배워 아는 것이다: "후설에서 키네스테제란 바로 이 '나는 할 수 있다(ich kann)'고 하는 실천적 능력성(Vermö-

과 구분하였다.[35] 전자(前者)를 정적인 존재론과 대비시키면서 후설은 '동적(kinetisch)' 또는 '발생적(genetisch)'인 원인과 동기부여에 관해 고찰한다. '정적 현상학'에서는 체험류의 정적인 구조, 즉 의식의 지향적 특징인 노에시스와 노에마의 구조가 강조되는 데 비해, '발생적 현상학'에서는 시간차원이 도입되어 어떤 의미나 대상이 구성된 역사적 근원과 '근원정립(Urstiftung)'이 추적된다.[36] 발생적 방법은 대상의 생성의 역사를 그 근원으로 소급해 가는 방법이고, 근원적 생활세계로 돌아간다는 것으로서, 이들은 우리의 경험계에 이미 침전되어 있는 역사성을 그 근원으로 되쫓아 간다는 것을 말한다.[37]

후설의 후기사유에서 중점적으로 전개된 '생활세계의 현상학'을 비롯하여 '작용 지향성(Akt Intentionalität)' 등은 우리의 정보해석학에서 행동하는 주체의 모범적인 사례라고 하지 않을 수 없다. 그러나 슈라그의 지적대로 "탈근대주의자들은, 대부분의 경우,

---

glichkeit)의 의식, 즉 자기의 신체기관들을 목표를 향하여 마음대로 움직일 수 있다는 비주제적인 의식을 말한다. 여기서 능력성이란 공허한 논리적 가능성이 아니라 적극적인 잠재성의 체계, 즉 '마음만 먹으면 언제나 자아로부터 현실화될 수 있는'(『성찰』, 82) 가능성의 체계를 말한다. 다시 말해서 능력성이란 사물의 보이지 않는 쪽을 보이게 하는 가능성이요 불분명한 것을 분명하게 할 수 있는 가능성이며 대상파악의 최량의 조건을 실현케 하는 가능성의 체계를 말한다. 따라서 키네스테제는 근저에 있어서 자발성이다."(한전숙, 『현상학』, 239쪽)

35) E. Husserl, *Die Phänomenologie und die Fundamente der Wissenschaften(Ideen III)*, Gesamtausgabe V, 부록 I, 129쪽 참조.

36) 후설의 '발생적 현상학'에 관해서는 *Cartesianische Meditationen*, 45쪽, 69쪽, 77쪽 이하, 79쪽, 82쪽 이하, 108쪽, 110쪽, 119쪽, 138쪽 참조. 또한 *Krisis*, 91쪽, 108쪽 이하, 110쪽, 164쪽 참조. 또한 한전숙, 『현상학』, 207쪽 이하 참조.

37) E. Husserl, *Erfahrung und Urteil*, 44쪽 참조.

현상학의 더 지속할 수 있는 공헌의 일부를 너무나 빨리 폐기시켜 왔다. 특히 '기능하는 지향성(functioning intentionality)'이라는 개념을 폐기시켰다. 물론, 고전적 현상학에 대한 많은 탈근대적 비평들이 바로 그것들이다. 그리고 이것은 '작용 지향성(act intentionality)'을 의식의 선험적 구조로서 탈근대적으로 공격한 것을 포함한다."[38)]

하이데거의 전기 사유에서 '세계-내-존재(In-der-Welt-sein)'로서의 인간 현존재가 세계와 타자 및 자신과의 관계(Beziehung)를 맺는 행위도, 또 현존재가 세계를 향해 자신을 열고(Erschliessen) 발견하며(Enrdeckt-sein), 결단하고(Entschlossenheit) '기획투사(Entwurf)'하는 것들은 넓은 의미에서 행동하는 인간의 모습을 말해주고 있다.[39)] 인간의 사회적 참여(engagement)를 중요한 테마로 삼은 사르트르도 이러한 참여의 문제를 실존주의적 지평에서 신체화 및 인간행동과 관련지었다.[40)] 사르트르에 의하면 "신체는 … **삶**과 **행동**의 종합적 총체로서의 상황의 한계 내에서 나타난다."[41)]

이러한 일련의 철학자들에게서의 신체현상학은 기존의 관념론에서 신체가 여러 사물들 가운데 하나의 사물이나 객체에 지나지 않는다거나 자아의 처분 가능한 소유물로 받아들여진 것을 배격하고, 그 대신 신체를 '체험된 신체'로, '신체화된 실존'으로, '신

---

38) 칼빈 O. 슈라그(문정복 · 김영필 옮김), 『탈근대적 자아를 넘어서』, 83쪽.

39) M. Heidegger, *Sein und Zeit*, §44 참조. 이러한 현존재의 행동과 관련된 개념들을 하이데거는 '현존재의 존재구성틀(Seinsverfassung des Daseins)'로 파악한다(앞의 책, §44 참조).

40) J.-P. Sartre, *Being and Nothingness*, trans. Hazel Barnes, Philosophical Library: New York, 1956, 346쪽 참조.

41) 여기에서는 칼빈 O. 슈라그(문정복 · 김영필 옮김), 『탈근대적 자아를 넘어서』, 73쪽 참조.

체화된 의식(incarnate consciousness)'으로 받아들인 것이다.[42]

이처럼 슈라그는 형이상학적이고 근세적인 신체개념을 비판하고서 이와는 대조적인 체험된 신체, '신체화된 누구(an embodied Who)'로서의 주체개념을 정립한다.[43] 그에 의하면 체험된 것으로서의 나의 신체가 곧 나인 것이다. 이토록 신체화된 자아야말로 행동의 중심이고 또 행동의 장소인 것이다. 체험되고 신체화된 자아는 곧 그 자아의 모든 계획과 과업이 실행되고 완성되는 터전이다.

슈라그의 행동적 주체에도 근세적 형이상학적 주체개념과 차이를 드러내는 특색들이 있다. 그리고 이러한 행동적 주체는 포스트모던이 비판한 근세적 주체도 아니거니와, 의사소통이 요청되는 오늘날의 매체문화와 정보해석학에도 고무적이지 않을 수 없다. 이러한 주체도 물론 숙고하고 결정하며 행동하는 일에 연루되어 있지만, 이 주체는 근세의 항구적이며 자아동일성 속에 안주한 주권적 및 자율적 주체는 아니다.

이러한 행동적 주체는 "그 주체에 과해진 선행 행동에 대해 교감적으로 그리고 비교감적으로 반응하는 변화의 진정한 행위의 주체이다. 행동적 자아는 의사소통적 실천의 세계에서 영향력을 가질 수 있다. 그 자아는 권능 부여의 원천으로서 그리고 실행의 행위자로서 함축되어 있다. 형이상학적 실체도 아니고 인식론적 영점도 아니지만, 행동에 함축되어 있는 것으로서의 자아는 사회적 변화와 문화적 변천의 유력한 행위자가 되는 힘을 나타낸다."[44]

슈라그는 행동적 주체의 특성을 여러 측면에서 고찰한다. 이때까지의 논의에서 드러났듯 그는 행동하는 주체를 시각(vision)과

---

42) Calvin O. Schrag, *The Self after Postmodernity*, 51쪽 참조.

43) 앞의 책, 54쪽 참조.

44) 칼빈 O. 슈라그(문정복 · 김영필 옮김), 『탈근대적 자아를 넘어서』, 87쪽.

운동의 중심으로, 동시에 능동자이면서 피동자로, 또 동시에 행동의 개시자이면서 행동의 수령자로 파악한다.[45] 행동적 주체가 능동적이면서 피동적으로 되는 경우는 결정을 내리거나 결단할 때 잘 드러난다. 그는 앞선 행동에 반응하고 이를 참고하면서 결정하고 결단하지만,[46] 행위당사자로서의 그는 결정하고 결단하기의 역학에서 행위적 주체인 것이다.[47]

그러면서도 행동적 주체는 자율과 타율 사이의, 능동과 수동 사이의 '중간태(middle voice)'를 취하고 있다: "담론과 행동의 연결장치로서 존재하게 된 인간 자아는, 그 자아 구성이 어떤 또는 모든 타자성(alterity)의 세력에도 영향받지 않는 주권적이고 자율적 자아도 아니거니와, 타율성에 사로잡힌, 그리고 그것에 작용하는 세력에 의해 결정된 자아도 아니다. 행동하는 자아로서의 자아는

45) Calvin O. Schrag, *The Self after Postmodernity*, 59쪽 참조.

46) 대체로 실존철학자들에게서 결단은 인간의 실존획득에 중요한 요소로 받아들여진다. 키에르케고르의 『이것이냐 저것이냐(*Entweder Oder*)』는 곧 결단을 실존획득의 관건으로 다룬 저작이다. 슈라그도 키에르케고르의 『이것이냐 저것이냐』에서 중요한 한 대목을 인용한다: "가장 풍부한 개성조차도 스스로를 결단하기 이전에는 아무것도 아니다. 그리고 한편 소위 가장 빈곤한 개성도 스스로를 결단했을 때는 그것은 모든 것이다." (칼빈 O. 슈라그, 문정복 · 김영필 옮김, 『탈근대적 자아를 넘어서』, 89쪽) 또 이와 같이 슈라그는 윌리엄(Judge William)이 인간의 영혼이 "결단의 순간에 성숙한다."는 말을 인용하며, 자아동일성이라는 것도 "결단하는 어려운 갈등을 통하여 쟁취된 성취물이다."라고 하여 근세의 자아동일성과는 다른, 새로운 자아동일성의 개념을 제시한다.
하이데거도 '결단성(Entschlossenheit)'을 현존재의 본래성을 해명하는 데 중심부분으로, 또 현존재의 실존적 진리로 파악한다(『존재와 시간』, §44 참조).

47) 슈라그는 리쾨르(Paul Ricoeur)가 행위당사자로서의 주체가 결정내리기에서 행위적 주체로 존재하게 된다는 논의를 긍정적으로 파악한다(칼빈 O. 슈라그, 문정복 · 김영필 옮김, 『탈근대적 자아를 넘어서』, 61쪽 참조).

자율과 타율, 능동적 세력과 반응적 세력, 순수 능동성과 순수 수동성 사이에서 생활한다. 행동의 문법적 태(voice)는 주권적 능동태도 아니고 종속적 수동태도 아닌, 중간태이다."[48]

3) 공동체적 자아

담론적 주체와 행동적 주체가 의사소통을 실천하는 과정에 서로 연루되어 있는 것처럼 공동체적 주체 또한 예외가 아니다. 공동체 내에 존재하는 것은 실제로 의사소통을 한다는 것을 전제로 하고 있다: "공동체 내에 존재하는 것은 앞선 담론과 행동에 반응하는 것뿐만이 아니라 또한 적절한 방식으로 반응하기를 요구한다는 것을 인정한다는 것이다."[49] 슈라그는 "담론과 행동을 통하여 창조된 주체는 동시에 공동체 내에서 창조된다."[50]고 타진한다. 더욱이 담론적 주체와 행동적 주체의 '나-경험(I-experience)'은 이미 공동체를 전제로 하고 있기에,[51] 공동체적 '우리-경험(we-experience)'에서 전자(前者)는 결과적으로 활성화되고 생동하는 의미를 갖는다.[52]

주체가 공동체와의 의사소통을 통해서 존재하는 사실은 슈라그에 의하면 "사회 내에 단순히 존재한다는 의미를 확대한다. 담론과 행동은 이미 철저하게 사회화되어 있다. 분명히 타자들과-더불어-있음은 사회적 사건이다."[53] 공동체라는 것은 슈라그의 규명처

---

48) 칼빈 O. 슈라그(문정복 · 김영필 옮김), 『탈근대적 자아를 넘어서』, 85쪽.
49) 앞의 책, 133쪽.
50) 앞의 책, 106쪽.
51) 이토록 전제된 공동체는 담론을 결속하는 조직이라고 할 수 있다(앞의 책, 118쪽 참조).
52) Calvin O. Schrag, *The Self after Postmodernity*, 78쪽 참조.
53) 칼빈 O. 슈라그(문정복 · 김영필 옮김), 『탈근대적 자아를 넘어서』, 117쪽.

럼 '타자들과-더불어-있음(being-with-others)'의 현상이고 그리고 실제로 이 공동체 속에서 구체적인 '우리-경험(we-experience)'이 일어나는 현상인 것이다.[54)]

이러한 공동체적 주체는 슈라그의 지적처럼 포스트모던 이후의 새로운 주체개념의 유형, 즉 제3의 주체모습을 윤곽 짓는 데 적절하며,[55)] 나아가 정보사회에서도 적합한 것으로 여겨진다. 공동체적 주체의 의미를 부각시키기 위해 슈라그는 데카르트의 유명한 명제인 "나는 생각한다, 고로 존재한다."를 "우리는 서로 작용한다, 고로 우리는 존재한다."[56)]로 변형시킨다.[57)]

물론 공동체에 관한 다양한 의미는 철학사에서 늘 있어 왔고, 이미 고대 그리스의 폴리스(polis) 개념에도 공동체의 의미가 들어 있다.[58)] 이 그리스인들의 폴리스 개념은 근대와 탈근대 및 동양에서 사용하는 '정치적'이라는 개념과는 동질적인 것이 아니다. 그러기에 아리스토텔레스의 인간규명인 '공동체적 존재(zōon politikōn)'는 말할 것도 없이 '타자들과-더불어-있음'을 인간의 본질적

54) Calvin O. Schrag, *The Self after Postmodernity*, 76-78쪽 참조.

55) 앞의 책, 77쪽 참조.

56) 원문은 "we interact, therefore we are."(앞의 책, 78쪽)

57) 슈라그는 프랑스의 포스트모던의 대표자들이 '우리'에 관해 말하지 못한 것을 신랄하게 비난한 로티(Richard Rorty)의 날카로운 지적들을 인용한다: "푸코의 담론은, 로티에 따르면, '모든 사회적 맥락, 모든 의사소통과의 동일성을 결여함으로써 생산된 건조함'으로 특징지어진다. 푸코는 한때 '얼굴을 갖지 않은 것에 대해' 글쓰기를 좋아할 것이라고 말한 적이 있다. … 푸코의 저술에서 발견될 '우리'라는 것은 없으며, 많은 그의 프랑스 동료들의 저술에서도 그런 것은 없다."(칼빈 O. 슈라그, 문정복 · 김영필 옮김, 『탈근대적 자아를 넘어서』, 108쪽)

58) 이를테면 '아크로폴리스(Akropolis)'라고 하면 아테네 시내에서 파르테논 신전이 있는 불룩 튀어 오른 언덕 주변(Akro-)에 공동체를 형성하여(도성을 쌓아) 모여 사는 곳을 의미한다.

인 요소임을 밝히고, 더 나아가 그의 '행복(eudaimonia)의 윤리학'도 결국 인간의 행복이 공동체 내에서 실현된다는 것을 천명한다.

물론 이런 아리스토텔레스의 '공동체적 존재'는 퍽 근본적인 인간규명이긴 하지만, 오늘날 의사소통이 요구되는 인터넷을 비롯한 각종 매체문화에서 새롭게 포매팅된 공동체의 개념과는 차이를 드러낸다. 슈라그에 의하면 "공동체는 자아 구성적이다. 그것은 초점을 그 스스로에 현전하는 자아에서 타자에 **대해**, 타자를 **위해** 그리고 타자와 **더불어** 현전하는 자아로 이동시킴으로써 자아의 모습을 구체화한다."[59] 그러기에 공동체적 주체가 공동체에 '공창조적으로(konkreativ)' 참여할 때 공동체도 의미 창조성을 갖는 것이다. 말하자면 공동체의 의미 창조성은 "개별자가 전체 생기사건에 '공창조적으로' 참여하고 있을 때만 개별자에게 고유한 것이 된다. 단순한 '들러리'로서의 개별자는 공동체에 아무런 의미가 없고, 공동체는 그에게 아무런 의미가 없다."[60]

우리의 공동체적 주체에 관한 논의는 '타자들과-더불어-있음'에도 언급되어 있듯 타자와 만나고, 더불어 있으며 함께 마주친다. 공동체 내에서 타자는 누구인가? **근대적 주체중심주의에는 이러한 타자의 위상과 공간이 빈약하다. 그러나 의사소통이 요구되는 매체문화와 정보해석학에서 타자의 존재는 필수불가결적으로 전제된다.** 우리는 "일에서나 놀이에서, 내가 일상적으로 열중하고 있는 것에서, 나는 다른 자아들과 마주친다. 나는 눈을 치켜뜨면서 그들을 본다. 그들과 인사를 하고, 그들과 악수를 한다. 그들을 이전에 만났던 것을 나는 상기한다. 나는 그들의 우호적인 미소에

59) 칼빈 O. 슈라그(문정복 · 김영필 옮김), 『탈근대적 자아를 넘어서』, 108쪽.
60) H. 롬바흐(전동진 옮김), 『살아 있는 구조』, 서광사, 2004, 58쪽.

응답하거나 아니면 그들의 위협적인 응시에서 뒤로 물러서거나 한다."[61]

물론 앞에서 언급된 공동체 내에서의 일상적인 교류는 익명성이 보장된 인터넷과 같은 매체에선 쉽지 않을 것이다. 얼굴과 얼굴로 대면하지도, 또 악수를 나눌 수도 없을 것이다. 그러나 최소한 의사소통의 상대방은 나와 같은 인간이고 인격체이며, 나와 똑같은 자격과 책임으로 의사소통에 임하고 있다는 것을 전제하면 공동체적 교류 또한 가능한 일이다. 이러한 처지에도 불구하고 공동체적 주체는 근대적 타자와는 다른 타자를 만난다.

말하자면 공동체적 주체는 우리가 이제껏 보아왔듯 결코 타자를 정초 지우거나 혹은 일정한 카테고리의 틀로 구성하거나 혹은 존재론적인 규명을 일삼는 것이 아니라,[62] 타자들과의 담론과 행동에 마주치고, 그것에 반응하고 교류한다. 그리하여 이러한 행위들을 통해서 '타자들과-더불어-있음'의 역동적이고 유기적인 관계망을 형성하며 '우리-경험'을 실현하는 것이다. 아울러 이런 과정을 통해 '사회적 존재'로서의 인간은 자아형성과 자아실현을 구현하고 공동체를 실현한다.[63]

타자에 대한 획기적인 논의는, 나중에 레비나스의 '이타주의 철학'이 태동되기 이전에, 이미 후설의 현상학 내에서 일어났는데, 그의 『데카르트적 성찰』과 『상호주관성』의 현상학은 획기적인 이정표라고 할 수 있다.[64] 후설의 현상학은 주지하다시피 어떤 대상

---

61) 칼빈 O. 슈라그(문정복 · 김영필 옮김), 『탈근대적 자아를 넘어서』, 112쪽.

62) 레비나스에게서 타자의 타자성은 절대자의 위치로 또한 무한으로 승화되었다. 다름의 신비를 간직한 타자를 주체가 자기 동일화해서는 안 된다는 것이야말로 레비나스의 정언명법이다(엠마누엘 레비나스, 양명수 옮김, 『윤리와 무한』, 74쪽 이하, 76쪽 이하, 83쪽 이하 참조).

63) Calvin O. Schrag, *The Self after Postmodernity*, 84쪽 참조.

을 말할 때 '의미된 것으로서의 대상', '의식된 것으로서의 대상', '어떤 소여방식으로서의 대상' 등으로 정의된 현상에 관한 의미탐구이다. 이러한 구도에 따른 타자에 대한 현상학적 의미는 결코 타자의 '무엇(Was)'이 문제가 아니고, '어떻게(Wie)' 의미된 존재자로 혹은 '다른 자아(alter ego)'로 다가오는가이다. '다른 자아'로서의 타자인 타자성의 의미형성을 후설은 특히『데카르트적 성찰』의 제5성찰에서 논의하고 있는데, 이러한 후설의 타자에 관한 성찰은 상호주관적이고 이타주의적인 철학을 위한 적절한 토대마련이라고 볼 수 있다.[65)]

타자가 중심이 되고 주체는 타자에게 책임을 다 하고 타자를 섬길 때 주어지는 '이타주의 철학'은 레비나스에 의해 주도되었다. 그의 획기적인 발상은 이기주의와 물질문명으로 찌든 현대인의 삶에 참신한 충격이라고 할 수 있다. "나는 타자의 인질이다."는 레비나스 철학의 모토여서 모든 주체중심의 사상에 결별을 고한다. 그는 주체의 이기적 자기주장에 상처를 당한 약자의 얼굴로서의 타자를 찾아낸다. 그런데 도대체 레비나스가 말하는 타자는 누구인가? 타자란 우선 우리가 얼굴을 마주 대하는 이웃 사람들이고 약자이다. 타자는 나에게 약자이거나 가난한 자, '과부와 고아', 낯선 자, 고향이 없는 자, 추방된 자, 곤혹스런 처지에 처한 자, 허

---

64) 후설의 '상호주관성'과 타자에 관한 논의와 레비나스의 이타주의에 관해서는 이남인, 「상호주관성의 현상학: 후설과 레비나스」, 『철학과 현상학 연구』 제18집, 13-63쪽 참조.

65) 하이데거에게서 '현존재'가 타자 앞에서 갖는 사회적 책임에 관해 슈라그는 적절하게 지적하고 있다: "현존재는 인습주의, 집단 히스테리 및 이데올로기의 중압이라는 진정하지 못한 양식으로이거나, 아니면 창조적 상호 주관적 자아-실현이라는 진정한 양식으로 타자와 마주한다."(칼빈 O. 슈라그, 문정복 · 김영필 옮김, 『탈근대적 자아를 넘어서』, 127쪽)

기진 자, 나의 응답을 요구하는 자 등으로 경험된다.[66]

슈라그도 레비나스의 『전체와 무한』을 인용하면서 타자를 다음과 같이 해설한다: "타자의 타자성은 인종차별주의, 정치적 억압 및 종교적 박해의 극단적 경우들을 설명할 때 가장 뚜렷하게 나타나기는 하지만, 타자성의 사실성은 우리가 우리들 사이에서 낯선 사람을 만나고, 고아를 만나며, 슬퍼하는 과부의 얼굴을 바라보고, 그리고 경제적으로 권리를 박탈당한 자들의 비탄의 소리를 듣는 것과 같은 우리의 일상적 왕래에 만연되어 있다."[67] 그런데 이러한 레비나스의 타자는 결코 내가 나의 이성적인 능력으로 다 파악할 수도 또 동일시할 수도 없는 무한의 신비를 갖고 있다. 물론 레비나스에게도 주체는 있다. 그러나 이 주체[68]는 다름 아닌 타자를 위해서 '타자의 인질'[69]이 된 자이다. 곧 타자의 생명과 고유성이라는 '성전'을 지키기 위해 볼모로 된 자이다.

슈라그는 그의 '공동체적 자아'에서 레비나스의 타자성의 윤리학을 퍽 긍정적으로 받아들인다.[70] 매체문화와 정보해석학, 나아가 모든 인간의 공동체적 삶에서 레비나스의 이타주의가 실현된다면 그야말로 유토피아를 이루어 갈 수 있겠지만, 그러나 종교적인 영역으로 승화되고 절대화된 타자와 그에 대비된 '인질'의 주

---

66) E. Levinas, *Totalitaet und Unendlichkeit*, 87쪽 이하, 102-105쪽 참조.

67) 칼빈 O. 슈라그(문정복 · 김영필 옮김), 『탈근대적 자아를 넘어서』, 116쪽.

68) 레비나스의 주체는 "철저하게 수동적인 주체"(E. Levinas, *Humanismus des anderen Menschen*, 63쪽)이고, 더 나아가 "어떤 수동적 존재보다 더 수동적인 자"(앞의 책, 101쪽)이다. 그런데 이런 수동성은 결코 어떤 능동성이 상실된 상태가 아니라, 오히려 타자의 간청을 듣는 자이고(앞의 책, 44쪽), "고도로 주의를 기울이는 태도"이며 또 극도로 집중하는 태도인 것이다.

69) E. Levinas, *Humanismus des anderen Menschen*, 82쪽 참조.

70) Calvin O. Schrag, *The Self after Postmodernity*, 85-86쪽 참조.

체는 의사소통적 공동체에 현실성이 부족한 것으로 보인다.

그러나 그 대신 공동체의 윤리학을 위해 슈라그는 '적절함(kathakonta)'이라는 그리스어 개념에 뿌리를 둔 '적절한 반응의 윤리학'[71]을 언급한다. '다른 자아'들로서의 타자들과 더불어 윤리적으로 살아간다는 것은 "그들의 담론과 행동에 대하여 적절한 방식으로 반응한다."[72]는 것이고, "적절한 방식으로 반응한다는 것은 진행 중인 것에 단순히 스스로를 적응시키는 것이 아니다. 그것은 식별, 평가, 비판적 판단 — 우리가 '실천적 비판'이라 부르게 된 것 — 을 포함한다."[73] 공동체적 주체가 구체적인 생활세계(lifeworld)를 나누어 가지는 이들의 담론과 행동의 타자성에 대해 적절하게 반응하는 것을 슈라그는 윤리적 행위의 절정으로 보고 있다.[74]

4) 초월적 자아

오늘날 '탈현대'니 '탈주체'니 '탈형이상학'과 '탈변증법'과 같은 용어들은 이미 우리에게 친숙한 상태이다. 특히 '초월'과 같은 개념은 감성적이고 경험적인 범위를 뛰어넘는다고, 혹은 비과학적이라고 해서 저러한 '탈형이상학'을 더욱 부채질한다. '초월'은 전통 형이상학에서 주요한 테마로 여겨지지만, 대부분의 반-형이상학자들은 이를 비판의 대상으로 삼기도 한다. 물론 우리는 탈근대 이후의 초월적인 자아문제를 논의하기에 저러한 '초월'을 둘러싼 시비와 논쟁에 뛰어들 필요가 없다. 그러나 탈형이상학과 반형이

---

71) 칼빈 O. 슈라그(문정복 · 김영필 옮김), 『탈근대적 자아를 넘어서』, 131쪽.

72) 앞의 책, 131쪽.

73) 앞의 책, 131쪽.

74) Calvin O. Schrag, *The Self after Postmodernity*, 102쪽 참조.

상학의 무자비한 공격에도 불구하고 '초월'은 여전히 탈근대 이후에도 생동하고 있을 뿐만 아니라 긴요한 테마이다.

초월의 문제는 철학적 사조나 시대적 흐름에 관계없이 유의미한 테마일 것이다. 그것은 예나 지금이나 인간이 삶의 의미를 추구하는 과정에서 필연적으로 초월을 중요한 과제로 받아들이기 때문이다. 인간은 직접적으로 주어진 상태에서만 만족하고 안주하며 살아가지 않는다. 그는 자신의 현재의 주어진 상태에 퍼져 앉아 안주하지 않고 끊임없이 다른 세계로 나아가고 초월해 나간다. 그의 자유와 지성과 의지가 그에게 주어진 직접성에 묶이는 것을 용납하지 않기 때문이다.

현세내적인(intramundan) 경계를 넘어서고 어떤 절대적 타자성과 혹은 어떤 무한하고 불변적이며 무조건적인 것과 혹은 '그 자체 안에 그리고 그 자체만을 통해서 존재하는(kata auto)' 것과의 관계는 고래로부터의 형이상학적 초월개념이다. 존재-신학적 초월개념도 이와 대등소이하다. 최고로 완전하고 무제약적이며 비의존적인, 유한한 모든 것을 창조한 절대적 존재자는 현세내적이고 유한한 존재자로서의 인간의 영역을 벗어난다. 이러한 초월의 영역을 인식할 수 있다고 한다거나 파악하는 것을 칸트는 '낡은 형이상학'으로 규명했지만, 그러나 이러한 영역이 그 중요성을 상실한다는 것은 결코 아닐 것이다. 칸트의 일방적인 선언 이후에도 초월의 개념은 탈근대 이후 실존철학의 영역과 레비나스의 이타주의 철학, 엘리아데의 종교철학 등에도 생동하고 있다.

그러나 우리는 '탈근대 이후'에 국한하여, 특히 정보해석학의 영역에 맞춰, 전통 형이상학에서의 초인간적이고 초자연적인, 어떤 고차적이거나 신비스러운 영역에서 초월의 의미를 찾지 않기로 한다. 또 앞에서 언급한 실존철학에서나 레비나스 및 엘리아데에게서의 초월개념도 여기선 보류하기로 하고, 그 대신 앞의 장(章)들에서 논의한 테마의 연장선에 머물기로 한다. 말하자면 인식활동에 많은 부담이 되는 형이상학적 초월('낡은 형이상학': 칸트)이 아니라, '내재성-내의-초월(Transzendenz innerhalb der Immanenz)'로서 인간주체가 담론과 행동과 공동체적 참여 속에서 자기중심적 세계관을 넘어 외부와 교류하고 의사소통함으로 말미암아 스스로를 이해하고 새로운 자아를 형성해 가는 그런 초월이다.

'담론적 자아'나 '행동적 자아' 및 '공동체적 자아'를 위해서는 이기주의라든지 자기중심주의에서 벗어나야 하고, 편협한 자기탐닉을 초월해야 하며, 일상적이고 예사로운 것의 차원을 뛰어넘어 탁월성을 추구해야 할 것이다. 말하자면 정보사회에서의 원만한 커뮤니케이션을 위해서는 칸트적 의미로 미성숙의 상태에서 벗어나야 한다. 이성적, 도덕적, 기술적인 영역에서 성숙되어 자기책임에 의한 삶을 영위하는 자율적인 인간이 요청된다.

편협한 자기탐닉과 사사로운 자기이익에서 벗어나 공동체의 이익과 공동체와의 의사소통에 임할 때 원만한 공동체가 구성되는 것이다. 정보사회와 매체문화에서는 인간을 위기로 내몰 요소가 곳곳에 숨어 있다. '사이버 중독'이나 '사이버 맨', '가상인간'과 같은 말을 우리는 아주 흔하게 듣는다. 편협한 자기탐닉에서 벗어나지 못할 경우 오히려 단순한 기계문명의 노예로 전락할 잠재성이 더 높으며, 익명성으로 점철된 사이버 공간과 정보기술은 우리의 도덕감을 더욱 약화시키기 때문이다. 사이버 공간과 컴퓨터의 모니터가 우리의 정체성이나 근원성을 알려주지는 않는다. 즉 우리가 자기탐닉에서 벗어나 큰 공동체의 일원이 되어 우리를 타자의 거울에 비쳐봄으로써 저러한 정체성이나 근원성을 감지할 수 있게 되는 것이다.

칼빈 슈라그는 '담론적 자아'와 '행동적 자아' 및 '공동체적 자아'를 논의하는 과정에 이미 초월의 의미가 작용하고 있었다고 한다: "물론 초월성의 주제는 담론적 자아와 행동적 자아 및 공동체적 자아에 관한 앞선 탐구의 지평에서 분명해지고 있었다. 그것은 여러 시점에서 일관하여 암시적으로, 그리고 간접적으로 언급되었으며, 일종의 보이지 않게 숨어서 열심히 일하는 사람의 역할을 하였다."[75]

이를테면 '담론적 자아'에 초월의 의미가 작용하고 있음을 우리는 쉽게 목격할 수 있다. 모든 언어행위에는 이미 개별적인 단계를 초월한 언어세계가 구축되어 있음을 부인할 수 없다. 가다머가 '전승'과 '선이해'와 같은 것을 중요시한 것도 이 때문이다. 즉 우리가 언어행위를 할 때에는 이미 의미의 잉여물을 전승한 언어를 가지고 말을 하는 것이다.[76] 언어뿐만 아니라 삶의 양식이나 습관, 문화 등 수없이 많다. 또 담론행위는 자기독백의 경우를 제외한다면 끊임없이 자아의 세계를 초월한 외부와의 의사소통인 것이다. 요약하면 언어적 전승은 주체의 말하는 행위에 대해 초월적이고, 또 주체의 말하는 행위는 타자를 향해 초월적이다.

'행동적 자아'에도 초월의 의미가 작용하고 있다. 주체의 자아-형성적 행동에 초월이 작용하기 때문이다. "행동은 정확히 현재 사태를 넘어서 앞으로 이루어질 사태로 옮아가는 것이다. 행동적 자아는 초월적 자아이다."라고 칼빈 슈라그는 규명한다.

또 이와 같이 '공동체적 자아'에도 초월의 의미가 작용하는데,

---

75) 칼빈 O. 슈라그(문정복 · 김영필 옮김), 『탈근대적 자아를 넘어서』, 145쪽.
76) 앞의 책, 146쪽 참조.

그것은 사회적 실천과 공동체적 참여를 위해서는 주체의 개별적 차원을 초월해야 하기 때문이다. 즉 공동체적 자아는 타자적인 것으로의 초월이 전제된다. 공동체의 형성과 공동체와의 교류, 공동체에의 참여와 의존을 위해서는 자기중심의 세계관에서 벗어나야 하고 동시에 공동체와의 변증법적 교류를 통해 새로운 자아-형성을 이루어 나가야 한다. 주체와 공동체와 의 변증법적 관계는 '해석학적 순환'에서의 전체와 부분과의 관계와도 유사한 면이 있다.

2. 정보문화에서 의미의 생산자와 담지자로서의 주체

1) 정보문화에서 주체

인간은 누구나 인식행위를 하고 경험하며, 이해하고 깨달으며 삶을 영위한다.[77] 그것은 주체든 타자든 예외가 아닐 것이다. 나의 인식(깨달음, 이해 등)과 나의 경험은 나를 버리고 이루어질 수 없다. 이때 나의 주체는 결코 주체중심주의를 구성하기 위해서가 아니라, 그러한 인식과 경험을 위해 동원되는 필연적인 당사자인 것이다. 또한 윤리적인 측면에서도 이러한 인식과 행위의 당사자(주체, 나, 자아, 자기 등)는 결코 아직 비윤리적이거나 윤리적이라고 할 수 없는 중립적인 태도를 견지하고 있는 것이다. 더욱이 이러한 인식(이해와 깨달음 등)과 경험을 통해 마치 후설의 현상학에서 표명되어 있는 '통속적 태도(natuerliche Einstellung)'로부터 '철학적 태도'(초월적 태도)로의 전환을 가져오게 될 것이다. 이러한 태도전환은 액면 그대로 윤리적이라고 할 수는 없지만, 일

77) 아리스토텔레스의 *Metaphysik*의 첫 문장인 "인간은 본래적으로 앎을 추구한다."를 상기할 필요가 있다.

종의 성숙으로서 '윤리적 태도'를 갖출 가능성이 있는 것이다. 레비나스에게서 '타자의 철학'을 수행하는 주체도 단연 성숙된 인격을 가졌을 것이다.

모든 인간이 이타주의가 아닌 이상, 혹은 모두가 '이타주의 유전자'를 가지지 않은 이상, 타자를 무한자로 그리고 절대적 타자로 경험하기 위해서라도 윤리적으로 성숙된 주체가 전제된다. 이런 맥락에서 이남인 교수도 후설 현상학의 입장에서 온당하게 지적하고 있다: "어떤 자아가 타인을 절대적 타자로서 경험할 수 있기 위해서는 그 자아가 그의 일상의 삶을 매 순간마다 각인하고 있는 이기주의적 태도에서 벗어나, 타인을 향한 열려 있는 태도, 타인을 환대하는 태도, 즉 근본적인 윤리적인 태도로 전환해야 할 필요가 있다."[78]

만약 후설 현상학에서의 주체가 '나의 지향적 의식의 화살'[79]을 쏜다 해도, 이 화살에 의해 드러난 대상은 결코 손상을 입거나 쓰러지지 않을 것이다. 만약 내가 쏜 지향적 의식에 의해 되돌아오는 노에마에 비윤리적 내용이 묻는다면, 그것은 그러한 지향성 이전에 윤리적으로 성숙되어 있지 않은 인간 됨됨이가 문제인 것이다. 후설의 현상학적 노력은 '원리 중의 원리'인 명증(Evidenz)을 획득하려는 것이지, 주체중심주의를 구축하려는 것은 아닌 것이다. 또한 주체의 선험적 순수의식이 '의미부여(Sinngebung)'를 할 때에도 — 레비나스의 거듭되는 비판과는 달리 — 타자에 대해 결코 배타성을 전제로 하지는 않는 것이다.

그런데 '주체'나 '나' 및 '자아'와 같은 용어를 논의하고 문제

78) 이남인, 「상호주관성의 현상학: 후설과 레비나스」, 『철학과 현상학 연구』 제18집, 55쪽.

79) 한정선, 『생명에서 종교로』, 302쪽.

삼는다고 해서 주체중심주의라든지 자아중심주의 및 자기중심주의의 혐의를 씌우는 것은 온당하지 않은 것이다. 더욱이 주체와 자아가 인식행위와 경험을 한다고 해서 타자를 나의 부속물로 삼는다거나 소유물로 여기는 것은 아니다. '윤리적 주체'가 되는 노정은 꼭 레비나스에게서처럼 타자로부터 출발되어야 할 이유는 없는 것이다.

레비나스의 '타자의 철학'을 듣는 자도 주체요, 그러한 철학으로부터 변화를 일으키는 당사자도 주체다. 더욱이 그러한 철학을 (적극적으로) 수행(해야)하는 이는 타자가 아닌 각각의 주체인 것이다. 따라서 주체를 등지고 '타자의 철학'을 수행하자는 것은 모순에 빠지고 만다.

정보해석학에서 논의하는 '주체'는 결코 어떤 근대적 의미에서의 개념이 아니다. 주객분열의 당사자이고 또 임의대로 사물을 주관에 의해 정립되고 구성되는 대상으로 보는 그런 주관이 아닌 것이다. 주체는 그렇다면 주객분열 이전의, 즉 이러한 분열이 일어나기 이전의 생생한 체험의 세계에서의 행위당사자인 것이다. 이러한 세계는 딜타이에게서 반성적인(reflexiv) 의식 이전의 '전-반성적인(pre-reflexive)' 구조연관이고, 또 후설에게서는 모든 이론적이고 학문적인 정립 이전의 지평인 '생활세계'인 것이다. 이러한 세계에서 행위자로서의 주체는 후설과 딜타이 및 하이데거의 해석학에서 명백하게 드러난다. 딜타이의 '삶의 해석학'은 인간의 삶 자체를 어떤 실증주의적인 도식이나 관념적 사변에 의해 추상화되는 것을 거부하고 구체적인 삶 자체로 돌아가 그 삶에 의해 표현되고 이해되는 것을 있는 그대로 받아들이는 태도를 취한다. 이러한 태도는 딜타이에 의하면 인간이 삶 자체의 배후로 거슬러 올라갈 수 없다는 것이다. 하이데거의 '현존재 해석학'에서 현존재의 존재방식도 이와 대등소이하고, 또 '생활세계' 속에서 구체적 삶을 살아가는 후설의 '주체'도 마찬가지다.

정보문화와 정보해석학에는 주체의 의미가 강력하게 부각되지 않으면 안 된다. 정보매체는 그것이 아무리 발전된 현대의 것이라도 유통에 개입되는 매체이지 결코 정보나 지식을 생산하는 당사자가 될 수는 없다. 말하자면 매체의 기능은 정보의 유통에 있고, 정보를 생산하는 당사자는 인간주체인 것이다. 매체는 인간주체에 의해 정보가 생산되고 유통되며 소비되는 과정에서 기술적으로 개입할 따름이지, 결코 정보생산과 소비의 주체가 될 수는 없다. 현대의 첨단화된 기술이 정보상품의 포장이나 유통방식의 과정에서 고도의 기능을 발휘하지만, 그것은 어디까지나 주체에 의해 이미 생산된 것과 이미 존재하는 정보를 가공입력하는 경우인 것이다.

따라서 정보를 만들고 또 이를 '정보바다'에 띄우는 이는 결국 인간주체이며 더더욱 이러한 정보는 사용자의 정보이용 목적에 따라 그 사용가치가 결정된다. 따라서 이 정보의 확실성과 불확실성, 효용성과 비효용성은 이것을 수용하는 사람의 주관적 관점에 따라서 그 가치가 달라질 수 있는 것이다. 그러기에 여기에도 인간주체의 의미가 강력하게 부각되는 것이다. 매체의 유통적 기능이 대단한 역량을 수행하지만, 정보의 생산과 최종적인 소비에는 인간주체가 당사자인 것이다.

매체해석학에서의 커뮤니케이션은 의사소통하는 당사자, 즉 주체를 필연적으로 전제한다. 이때의 주체는 의사소통을 할 수 있는 능력과 자질을 갖춰야 하고 자신의 언어와 행위에 책임을 지는 인격체여야 한다. 이 필연적으로 전제되어야 하는 주체에서 우리는 포스트모던으로부터 일방적으로 타도되고 터부시된 주체개념을 복권시켜야 한다.

모든 주체가 다 주체중심주의를 형성하고 권력행세를 하는 것은 말할 것도 없이 아니다. 모든 주체가 다 근세의 주체처럼 세계를 구성하고 그 존재의미를 부여하는 것처럼 오만한 것은 아니다. 정보사회의 커뮤니케이션에서 주체가 필연적으로 전제된다는 것은 결코 어떤 형이상학적인 주장도 아니고 절대적인 '요청(Postulat)'도 아니다. 그것은 자연적인 것이고 엄연한 현실이며 원리적인 것이다. 이를테면 내가 존재하고(das Ich-bin) 내가 사유하며(das Ich-denke), 내가 살고 있고(das Ich-lebe) 내가 의지를 갖는 것(das Ich-will)은 무엇보다도 네 가지의 기본적인 확실성인 것이다.[80] 이러한 주체는 결코 어떤 주체중심주의나 권력행세를 표방하는 것이 아니라, 주체가 엄연한 현실로(원리적으로) 존재하고 살고 있으며 사유와 운동과 자율성의 근원이라는 사실을 말하는 것이다.

오늘날 정보사회에서의 그리고 매체해석학에서의 주체는 근세의 주체도 아니고 포스트모던의 주체도 아닌, 새롭게 포매팅된 주체이다. 그것은 커뮤니케이션에서 필연적으로 전제되는 의사소통의 주체이고, 담론의 주체이며 공동체적 주체인 것이다. 주체에 대해 부당하게 혐의를 덮어씌우는 포스프모던의 도전에 대응하여 최근의 칼빈 슈라그는 구체적인 주체인 '담론적 자아'와 '행동적 자아', '공동체적 자아'와 '초월적 자아'를 제안한다.[81] 포스트모

80) G. Schmidt, *Subjektivitaet und Sein*, Bouvier Verlag: Bonn, 1979, 69쪽, 89쪽, 127쪽, 155쪽 참조, 특히 60쪽 이하 참조. 슈미트는 이와 같이 부인할 수 없는 확실성을 '네 가지의 기본적인 확실성(vier fundamentale Gewissheiten)'이라고 규명한다.

81) 칼빈 O. 슈라그(문정복 · 김영필 옮김), 『탈근대적 자아를 넘어서』, 27쪽 이하, 65쪽 이하, 105쪽 이하, 145쪽 이하 참조.

던에서의 주체는 아무런 정체성도 없는 체계 속의 언어적 기호에 불과한 호모 시그니피컨트(Homo significant: 기호적 인간)로서 이는 정보사회에서의 커뮤니케이션에 아무런 적합성도 갖지 못하는 유령에 불과하다.

2) 쌍방향 커뮤니케이션 시대에서의 주체

기계문명의 발달에 따라 인간주체와 실존의 의미가 퇴색되고 거대하고 몽매한 대중만이 위력을 갖는다는 실존철학자들의 개탄은 잘 알려져 있다. 오늘날의 대중문화와 대중매체의 시대에도 그러한 인간주체와 실존의 의미는 고려되지도 또 부각되지도 않는다. 일방향적 대중매체에는, 보드리야르의 첨예한 비판에도 잘 드러나듯 — 보드리야르는 텔레비전의 경우를 예로 제시한다 — 인간의 의사소통과 의사교환을 오히려 저해하는 요소가 들어 있다: "다시 말해서 사람들이 더 이상 서로 대화하지 않는다는 사실, 사람들이 마침내 서로 분리되어 응답 없는 발언을 향한다는 사실의 확실성을 구현하기 때문이다."[82)]

이러한 보드리야르의 진술은 어렵지 않게 파악된다. 텔레비전 때문에 가족 사이에 대화가 없는 것은 어제 오늘의 문제가 아니다. 텔레비전에 중독되면 의사소통과 의사교환을 위한 시간과 여유는 없어진다. 또한 텔레비전과도 대화할 수 없다. 그것은 텔레비전이라는 매체가 일방향성이라서 발신자만의 메시지만 일방적으로 전달하고 응답의 가능성은 배제하기 때문이며, 대체로 전달하는 메시지의 내용조차도 발신자가 거의 절대적으로 독점한다. 그러기에 수신자는 자신의 견해나 의도를 발신자에게 전할 수 없

---

82) J. Baudrillard, *Pour une critique de l'économie politique du signe*, Gallimard: Paris, 1972, 211쪽.

다. 간혹 청취자의 견해가 전화나 인터뷰의 형식으로 방송에 삽입된다고 해도, 그것은 주로 발신자의 요구에 부합되는 시나리오일 수도 있고 발신자의 계획된 프로그램에 하나의 기능적 역할일 따름이다. 그것은 의사소통을 위장한 어떤 형식적인 탈에 불과하며 발언의 절대적인 독점은 여전히 발신자만의 것이다.

그러기에 보드리야르에 의하면 텔레비전과 같은 대중매체는 본성상 사회구성원들 사이의 관계를 통합시키기보다는 오히려 분리시키고, 의사소통이나 의사교환을 가능하게 하기보다는 오히려 이를 폐기하는 쪽에 가깝다: "대중매체의 특징은 그것이 반중재적(anti-médiateurs)이고 비양도적이며, 또한 비의사소통성(non-communication)을 초래하는 데 있다."[83] 그러기에 "매체들은 사회화의 수행자들이 아니라, 정반대로 대중들 속에서 사회적인 것을 함열시키는 자이다. 이것은 의미의 함열을 기호의 현미경적인 차원으로 거대하게 팽창하는 것일 따름이다."[84] 대중매체의 시대에 오히려 매체문화가 추구하는 의사소통과는 반대현상이 일어나는 것이다. 사람들 사이의 고립화 현상과 의사소통 및 의사교환의 감소, 무분별한 정보의 범람에 비례하는 의미의 상실은 매체문화에 은밀하게 배태된 질병이다.

대중매체의 코드와 형식에 의해 구조상 무응답에 강요된 수신자들은 결국 침묵의 집합체와 무정형의 대중으로 굳어진다. 더욱이 과잉의 정보와 기호의 홍수 속에서 의미와 사회적 매개가 오히려 차단되고 함열되기에 대중은 상호 고립된 개인들로 이루어진

83) 앞의 책, 208쪽. 이러한 보드리야르의 논지는, 하이데거가 매체에 의해 빠져든 사물의 무거리성은 오히려 '친근성(Nähe)'의 상실을 초래한다는 것을 지적한 것과 유사하다(「'세계-내-존재'의 관계망」 참조).

84) 장 보드리야르(하태환 옮김), 『시뮬라시옹』, 147쪽.

어떤 무정형의 덩어리로 전락된다. 그런데 이 대중 덩어리는 무엇인가? 보드리야르에 의하면 그것은 오히려 사회성이 침몰하고 사회적인 것이 함열하는 장소이다: "모든 사회성의 최종 생산물로서, 그리고는 단숨에 이 사회성이라는 것에 종말을 가해 버리는 대중 덩어리, 사람들이 우리에게 그것이 바로 사회적인 것이라고 믿게 하려고 하는 이 대중 덩어리는 반대로 사회적인 것이 함열하는 장소이다."[85)]

보드리야르의 이러한 비판은 텔레비전을 넘어 다른 대중매체에도 적용 가능할 것이다. 쌍방향의 커뮤니케이션에도 부정적인 요소는 다분히 개입될 수 있다. 이를테면 인터넷에 중독되어 폐쇄된 자기만의 공간에 갇힐 때, '사이버 맨'이 되어 현실과 가상을 구분하지 못할 때, 정예 전문가가 인터넷에 개입되어 여론을 호도하거나 조작할 때 등 그 예는 많다. 그러나 그럼에도 불구하고 쌍방향의 커뮤니케이션에는 앞에서 초래된 부정적인 요소가 많은 부분 제거될 수 있다. 무엇보다도 쌍방향의 커뮤니케이션에는 발신자만의 절대 독점적 발언이 허용되기 어렵고 또한 일방향에서 상실된 인간주체의 의미가 부각된다. 이 특이한 역설을 '뉴미디어' 개념을 통해 고찰해 보자.

보통 미디어(media)란 정보전달을 통하여 커뮤니케이션을 가능케 하는 모든 수단을 의미한다. 그런데 뉴미디어는 기존의 미디어에 새로운 정보통신기술이 결합됨으로써 과거와는 그 차원이 전혀 다른 정보의 수집 · 처리 · 가공 · 전송 · 수신 · 교환 · 분배 · 이용을 가능케 하는 미디어를 말한다. 더욱이 오늘날의 미디어는 디지털화의 경향에 따라 기존의 미디어가 각기 개별적으로 수행

85) 앞의 책, 128-129쪽, 248쪽 참조.

하던 기능을 복합적으로 수행할 수 있게 되었다. 이러한 다기능 매체로서의 뉴미디어를 소위 '멀티미디어(multimedia)'라고 한다.

이를테면 문자시대의 대표적 미디어라고 할 수 있는 편지는 뉴미디어 시대에서 전자우편으로 대체되고 인쇄문화의 대표적 미디어인 신문이나 잡지는 팩시밀리를 통해 직접 보내어지는 전송신문이나 종이가 필요 없는 전자신문으로 변모한다. 또한 텔레커뮤니케이션의 주도적 미디어인 전신, 전화, 텔렉스도 팩시밀리, 화상전화, 화상회의, 문서 및 음성메일, 비디오텍스, 화상응답, 쌍방향 CA-TV 등으로 변하고 있다.

말하자면 일방(향)적인 정보전달이 이루어지는 기존의 미디어 문화에서 정보수용자인 주체는 수동적이고 정적인 위치에 설 수밖에 없다. 정보의 발신자는 획일적인 정보를 내보내고 또 수신자는 원하든 원하지 않든 이 획일적인 정보를 대할 수밖에 없다. 그렇다면 이런 방식을 원만한 커뮤니케이션의 형태라고 할 수 없다. 그러나 뉴미디어는 기존의 미디어와는 달리 커뮤니케이션의 형태를 변모시킨다. 즉 커뮤니케이션의 체계가 일방(향)적인 정보전달이 아니라, 상호주체의 작용에 의거한 쌍방향적 커뮤니케이션 과정으로 변화하는 것이다. 이때 정보의 발신자는 일방적이고 획일적인(혹은 검증되지 않은, 몽매하거나 이질적인) 정보전달을 하기가 어려울 것이며 수신자를 더 의식하게 된다. 더더욱 상호주관적 쌍방향 커뮤니케이션에서는 정보의 수신자도 발신자의 입장에 설 수 있다. 따라서 쌍방향 커뮤니케이션에서는 주체의 의미가 더욱 부각된다고 볼 수 있다.

3. 의미구성의 당사자로서의 주체

가치와 의미 자체는 ― 마치 이데아처럼 ― 독자적으로 존재한다고 치더라도(특히 플라톤과 하르트만에게서), 이러한 가치와 의미가 구체적으로 생동하고 체득되는 경우는 주체의 경험에 의해서이다. 그러기에 "의미는 언제나 의미 연관관계로서만 체험될 수 있으며, 이 의미 연관관계 속에는 언제나 가치 쪽으로 굳어지고 확보될 가능성도 들어 있다."[86] 후설에게서 '의미'란 두 측면을 모두 가지고 있다. 즉 '의미'는 한편으로 그 자체적 존재라고 할 수 있는 이데아적 자기동일성을 가지고 있으면서 다른 한편으로는 주체의 의식작용과 연루되어 있는 것이다.[87]

그러나 아무리 그런 자체적인 존재라고 할지라도 '그것을 그것으로서(etwas als etwas)' 파악하고 이해한 인식(의식, 체험, 인지 등)과 아무런 관련을 맺지 않으면 우리는 그것에 관해 전혀 말도 생각도 할 수 없다. 이러한 인식 가운데에 그런 자체적인 존재는 살아 있고 의미 있는 것으로 드러나는 것이다. 이런 의미부여 혹은 의미형성을 후설은 주체의 의식과의 관계에서 고찰한다. 말하자면 의미란 주체의 대상구성행위(노에시스)에 의해 구성된(kon-

---

86) H. 롬바흐(전동진 옮김), 『살아 있는 구조』, 74쪽.

87) E. Husserl, *Ideen I*, 19쪽 이하, §15, §22-§23, 57쪽 이하 참조. 두 측면을 가진 후설의 의미개념은 그의 현상학이 논리적 객관주의와 주관주의의 종합을 지향하고 있음을 시사한다. 이를테면 '2 + 5 = 7'이라거나 '삼각형의 내각이 180도'라는 것은 실제로 누가 언제 어디서 생각하든 상관없이, 또 아예 아무도 이것을 생각하지 않더라도 동일한 의미를 가지는 자체적인 존재이다. 그러나 이러한 사실은 이것을 생각하거나 인식하는 주체가 없으면 드러나지 않을 뿐만 아니라, 말해지거나 논의되지도 또 활성화되지도 못한다. 한전숙, 『현상학』, 166-167쪽 참조.

stituirt) 의미형성체, 즉 노에마이다.

우리가 삶을 체험하는 곳에는 생동하는 의미의 계기에 의해서이다. 그것은 인간주체가 체득하는 의미와 괴리된, 어떤 과학적이고 정태적인 범주나 기계적인 범주에서 삶의 체험이 일어날 수 없기 때문이다. 이러한 상황을 팔머도 온당하게 지적한다: "우리가 삶을 체험하는 것은 '힘'이라고 하는 기계적 범주에 의해서가 아니라 '의미'라고 하는 복합적이고 개별적인 계기에 의해서이다."[88]

후설의 노에시스와 노에마 이론은 어떤 신비한 인식행위가 아니라, 우리의 일상적인 경험활동에 그대로 드러나는 것이다. 경험을 떠난, 혹은 경험과 무관한 가치와 의미는 생각하기 어렵다. 그러기에 경험은 구체적인 가치와 의미의 근본조건인데, 이러한 경험은 반드시 어떤 주체의 경험인 것이다. 말하자면 어떤 주체가 전제되지 않는 경험은 있을 수 없다는 것이다. 따라서 의미와 가치가 독자적으로 존재한다고 가정해도 의미구성과 의미부여, 의미생산, 의미해석, 의미교환 및 의미창조는 직접적으로 인간주체와 관련된 것이다.

그러기에 어떤 정보가 의미나 가치를 갖기 위해선 구체적으로 그 정보를 받아들이고 사용하는 주체의 경험을 거쳐야 한다. 정보는 기본적으로 주체에 의해 생산되고 가공되며, 사용되고 처리되는 과정에 있다. 그 이상적인 주체인 정보생산자와 가공자 및 해석자와 사용자를 만나지 못하는 경우 정보는 자신의 생명력을 갖지 못한다. 주체의 경험은 어떤 주어진 정보가 의미와 가치를 갖게 하는 근본조건인 것이다. 그것은 정보의 의미와 가치가 구체적으로 생동하기 위해선 필연적으로 평가적 속성을 가진 주체의 경

88) R. 팔머(이한우 옮김), 『해석학이란 무엇인가』, 152쪽.

험단계를 거쳐야 하기 때문이다. 이런 맥락에서 포스트모던의 주체파괴 및 '해체'는 자가당착으로 드러난다.

정보라는 것은 기본적으로 그 수용자에게 어떤 **의미**와 가치를 제공할 목적으로 미리 가공되고 처리된 데이터라는 것을 골자로 하고 있다. 즉 정보가 생성되는 과정에 이미 어떤 **기초적인 의미구성**이 이루어진 것이다. 그러나 이러한 정보는 그것을 수용하는 주체의 관점과 판단에 따라서 그 의미와 가치가 결정되는 특징을 지니고 있다. 즉 그 정보를 수용하는 주체의 관점과 판단의 과정에서 의미 있고 가치 있는(혹은 유효하고 필요한, 생명력이 있는) 정보로 거듭나기 때문이다. 즉 주어진 정보를 수용하는 주체에 의해 새롭게 의미가 부여되고 재구성될 때 그 정보는 커뮤니케이션 과정에 있어서 역동적 매개체로 작용할 수 있다.

그렇지 않을 경우, 즉 정보를 수용하는 주체에 의해 받아들여지지 않거나 아무런 의미부여를 받지 못할 경우 그 정보는 그냥 '정보의 바다'에 떠다니는 '어떤 무엇'에 불과하고 아무런 역동적인 구실을 할 수 없다. 그러기에 어떤 정보가 이 정보를 수용하는 주체에 의해 의미 있고 가치 있는 정보로 거듭나는 데에는 **정보수용자에 의한 의미구성**의 과정이 전제로 된다. 그런데 이러한 과정이 활성화되어 어떤 정보가 이 정보를 공유하는 주체들에 의해 의미 있고 생동적인 역할을 수행하여 하나의 역동적인 매개체의 지평을 형성할 때에는 **상호주관적 의미구성**이 충족되었다고 볼 수 있다. 그것은 정보의 발신자와 수신자 사이에 — 비록 직접적인 교류가 없다고 하더라도 — 의미생산의 현상이 일어났기 때문이다.

8 장
정보해석학에서의 의미구성

1. 정보해석학에서의 의미물음

'의미구성'에 관한 문제는 어떤 특정한 철학파에 국한된 것이 아니라, 여러 분야에서 심도 있게 논의되었다. 칸트나 후설이나 하이데거에게 의미구성의 문제는 이들 철학자들의 중요한 관건이었다. 의미의 문제는 어떤 철학파의 관건을 넘어 거의 모든 인간들이 자연스럽게 그리고 필연적으로 추구하는 것이기 때문이다. 삶의 의미추구는 인생의 행로에서 굵직한 문제이고, 이는 정상적인 삶을 위해 기본적인 것이다. 매체문화를 받아들이는 사람은 물론 어떤 형태로든 의미추구에 이바지하기에, 정보해석학에도 중요한 관건이 되는 것이다.

의미의 물음은 해석학에서의 본질적 과제이다. 제우스의 사자(使者) 헤르메스가 신의 뜻을 인간에게 전하는 과정에서 무엇보다도 문제가 되는 것은 언어였다. 즉 말하자면 인간들이 신의 말을 이해하지 못하기 때문에 그 의미를 인간의 언어로 전해야 하는 것이 그의 과제였다. 인간들에게 전해져야 했던 것은 신이 말한 것의 의미였던 것이다. 즉 신의 메시지 자체가 아니라, 이 메시지가 인간의 언어로 재구성되어 전달되는 것이었다. 이처럼 '의미'의 이해와 파악 내지 전달은 해석학의 과제이고, 이는 정보해석학에서도 여전히 타당하다. 정보해석학에서는 여러 다양한 매체들이 등장하여 일자와 다자(多者)뿐만 아니라, 다자와 다자 사이의 커뮤니케이션이 일어나는데, 이 과정에는 여러 가지 언어와 기호, 인공언어와 전문어 및 독특한 개념들이 등장한다.

우리가 '의미'라는 개념을 흔히 사용하고 있지만, 그러나 이 개념은 한두 마디의 단도직입적인 명제로 규명되지는 않는다. 어떤 질문과 현상에 내재한 내용을 일컫는 것에서부터 구조주의 언어학에서의 시니피에(signifié),[1] 사실을 규명하는 명제로부터 얻는 논리학적인 의미, 나아가 형이상학적인 의미론에 이르기까지 다양한 심층을 갖고 있다. 그런가 하면 우리가 어떤 '의미'를 직접적으로 경험하거나 발견하지 못한 경우에도 우리는 '근원적인 의미'라는 말을 하기도 하고 또 그것을 추구하기도 하며 탐구하기도 한다. 이때의 '의미'는 어떤 단순한 언어와 기호의 차원에서 말해지는 것이 아니며, 그 이전의 원초적인 의미이거나 혹은 그 이후의

---

1) 보통 '의미론(Semantik)'이라고 하면 언어의 의미에 치중된 의미연구이다. 그런데 언어적 의미연구를 세부적으로 나누면 세 가지의 명칭으로 분류된다. 말하자면 의미작용의 기본적인 구조엔 대화자로서의 주관, 표현하고 있는 대상, 그리고 기호의 세 가지 요소가 중심축을 이루는데, 이들 중에서 기호를 사용하는 자에 관련된 연구를 '어용론(Pragmatik)'이라고 하고, 기호와 또 이 기호가 의미하는 대상에 관련된 연구를 '의미론(Semantik)'이라고 하며, 또한 기호 사이의 구문상의 관계를 문제 삼는 연구를 '문장론' 혹은 '구문론(Syntax)'이라고 한다.

궁극적인 의미를 뜻한다. 심지어 '말할 수 없는 의미'라거나 '말로 드러낼 수 없는 의미'[2]와 같은 말을 듣기도 한다. 그러나 어떠한 경우의 의미든 설명하거나 의사소통을 전제로 할 경우엔 언어와 기호에 의존할 수밖에 없다.

의미의 물음이야말로 철학과 인생에 긴요하고 절실한 물음이다. 혹은 롬바흐(Heinrich Rombach)가 말하듯 "의미(Sinn)에 관한 물음은 인간에게 불가피하다. … 인간이 무엇을 하건, 무엇을 체험하건 의미에 관한 물음이 제기된다. 물론 어떤 것은 의미가 없거나 의미 없는 것으로 느껴질 수도 있다. 하지만 그럴 수 있는 것은 단지, 인간과 관계된 모든 것에 대해 원칙적으로 그 주도적 의미가 물어질 수 있기 때문이다. 그런 주도적 의미가 존재한다는 것, 또는 존재해야 한다는 것은 늦어도 의미가 의심스러워지거나 상실되어 갈 때는 분명해진다. 의미의 위기, 의미의 상실, 의미의 붕괴, 의미의 그늘짐은 인간 현존재와 그 삶의 질을 결정적으로 위태롭게 만드는 것들이다."[3]

"삶의 의미가 무엇일까?"라는 질문은 그 질문의 차원에 따라 아주 심각한 물음일 수도 있다.[4] 이러한 물음에는 삶 자체가 뭔가에 얽매어 있음으로 인하여 부자유한 것이나 혹은 거꾸로 그런 구속으로부터 자유로운가에 대한 내용이 담겨 있다. 삶의 의미가 곧 삶을 추진시켜 주는 원동력이 될 수도 있고, 또 삶의 애환을 극복

---

2) 이를테면 노자 『도덕경』의 제1장은 "말로 표현할 수 있는 도(道)는 상도(常道)가 아니다."로 시작한다.

3) H. 롬바흐(전동진 옮김), 『살아 있는 구조』, 43-44쪽.

4) 롬바흐에 의하면 삶의 의미 없이, 의미의 창조 없이 인간은 살아갈 수 없다: "그 어떤 것도 의미 창조성이 전혀 없으면 살아 있을 수 없다. 의미 창조의 정도가 삶의 강도와 충족 정도를 결정한다."(H. 롬바흐, 전동진 옮김, 『살아 있는 구조』, 58쪽)

하게 해주는 요인이 될 수도 있을 것이다. 의미가 삶을 추진시켜 주는 중추적 힘이 되는 것을 롬바흐는 잘 지적하고 있다: "팽창하는 의미의 생기사건은 긍정적인 기분으로 체험되고, 줄어드는 의미의 생기사건은 약해짐과 암울해짐으로 체험된다."[5)]

의미는 '뜻'으로도(Sinn als Bedeutung) 파악된다.[6)] 단순하게 뭔가가 어떤 것(etwas)을 뜻할 때(bedeutet) 의미를 갖는 것이다. 그렇다면 의미물음은 곧 일종의 뜻을 찾는 것이다. 이에 비해 '무의미(Sinnlos)'는 아무런 해석이나 설명이 주어지지 않은 현상이다. 또 '반의미(Sinnwidrig)'는 필연적으로 또는 개연적으로 잘못된 해석이나 설명이 야기될 때이다. 그러기에 의미와 무의미 및 반의미의 정도는 어떤 현상이나 표시(Zeichen)의 명료성(해석 가능성, 명백성)에 비례한다고 할 수 있다.

또 의미는 어떤 말이나 문장, 어떤 행위나 예술작품의 이해 가능한 내용 혹은 이해한 내용을 말한다.[7)] 이를테면 아름다운 음악에 대한 의미나 어떤 것에 대한 미적인 의미, 어떤 정신적인 것의 의미 등은 사전(事前)에 이해한 내용이 있었기에 그렇게 명명된 것이다. 물론 이러한 이해한(하는) 내용을 성취하는 것은 앞의 예에서의 음악적이고 미적이며, 정신적인 가치나 업적, 사태들에 대한 감응성(Empfänglichkeit)이나 접근성(Zugänglichkeit)의 능력을 갖추고 있어야 한다.

주지하다시피 의미의 개념은 결코 어떤 단순하게 주어진 현상

5) H. 롬바흐(전동진 옮김), 『살아 있는 구조』, 54쪽.

6) G. 프레게는 그의 *Funktion und Begriff*와 *Über Sinn und Bedeutung*에서 의미(Sinn)를 '의의' 혹은 '표의(Signifikation)'로서의 뜻(Bedeutung)과 구분하여 사용하였다.

7) Johannes Hoffmeister, *Wörterbuch der philosophischen Begriffe*, Felix Meiner: Hamburg, 1955, 557쪽 참조.

(Erscheinung)을 일컫지 않고, 이렇게 주어진 현상이나 생각해 낸 (erdacht) 가능성에 부여한 질문의 내용을 말한다.[8] 우선 어떤 주어진 현상이 그 내용적인 의미 가능성을 획득하기 위해서는 이를 사유하고 인지하는 구조에 귀속되어야 하는 것이다. 이러한 귀속(Zuordnung)에 의하여 일차적으로 경험이 유발된다. 그러기에 경험의 맥락 속에서 인지되고 사유된 것은 그 가능한 의미를 획득하게 된다.[9] 이때 의미는 인식기관에 살아 있는 유기체(내용)로서의 역할을 수행한다고 볼 수 있다.

만약 어떤 인지된 것(Wahrgenommenes)이 의미 있는 것으로 드러나려면, 우리의 사유와 의지가 미리 그러한 가능한 경험의 구조를 마련해 주어야 하며, 그렇게 될 때 의미가 구축되는(gestiftet) 것이다.[10] 의미를 포착한다거나(Sinn erfassen) 경험한다는 것은 동일한 의미인데, 의미에 대한 경험은 우리의 사유와 의지의 의미 예견(Sinn-Antizipation)에 의해 가능해진다. 사유와 의지는 '경험 가능의 조건(Bedingungen der Möglichkeit der Erfahrung)'인 것이다.[11] 말하자면 의미의 경험은 미리 사유와 의지를 전제로 하고, 이들에 의해 가능하게 된 경험은 이제 역으로 사유와 의지에게 새로운 형상(새로운 사유거리)을 부여한다. 그리하여 경험은 사유와 의지의 도움으로 인지된 것을 이제 사유와 의지에게 언어로 나타나게 한다거나 사고전환과 생각을 바꾸도록 주문한다.

---

8) Hans Radermacher, "Sinn", in *Handbuch philosophischer Grundbegriffe*, Hrg. von H. Krings, H. M. Baumgartner und C. Wild, Köselverlag: München, 1973, 1326쪽.

9) 앞의 책, 1334쪽 참조.

10) 앞의 책, 1340쪽 참조.

11) 앞의 책, 1340쪽 참조.

일상적으로는 흔히 우리는 의미를 '**유용성(쓰임새**: Tauglichkeit)'**의 관점에서** 파악한다. 이를테면 어떤 현상에 대한 의미물음은 이 현상이 어떤 기능을 충족하는 데 있어서 **그 유용성(쓰임새)을 검토할 때 발생한다**.[12] 말하자면 그 현상이 충분히 유용하게 쓰일 때, 그 쓰임새를 검토하고 확인하는 과정에서 의미가 주어지는 것이다. 그렇다면 이때의 의미물음은 기능충족에 따른 쓰임새의 관점에 의해 달라질 수 있는 것이다. 이와 같은 의미파악은 우리의 정보해석학과 매체문화에도 크게 기여할 수 있다.

또 의미의 물음이 어떤 의도한 목적달성에 부합되면 의미를 갖는다고 볼 수 있는데, 이때의 의미는 곧 **목적달성에 기여할 때**(zweckdienlich) 주어지는 것으로 볼 수 있다.[13] 이에 비해 '무의미'는 어떤 의도나 행위가 목적달성에 아무런 기여를 하지 못할 때 일컬어진다. 의미와 무의미(Sinnlosigkeit), 반의미(Sinnwidrigkeit)의 정도는 그렇다면 목적달성의 성취와 그런 목적달성에 기여한 방편의 관계에 비례한다. 의도한 어떤 것이 목적달성에 기여할 때, 혹은 의도하고 추구하는 것이 충족될 때(erfüllend), 의미의 현상은 드러난다.[14]. 이와 같은 의미파악은 우리의 정보해석학에도 크게 이바지한다. 말할 것도 없이 정보해석학과 매체문화에서

---

12) 앞의 책, 1326쪽 참조. 유용성의 관점에서 의미를 파악하는 것은 일상적이다. 추상적으로 흐르는 것을 피하기 위해 적합한 예를 하나 들면 준비된 고전어 실력으로 고대의 텍스트를 번역하고 그 내용을 다 파악할 때(고전어 실력의 쓰임새) 당연히 의미 있는 현상이 주어지는 것이다. 어떤 현상이나 도구로 큰 업적을 성취할 때, 그 쓰임새에 따른 의미가 구축되는 것이다.

13) 앞의 책, 1326쪽 이하 참조. 앞의 각주를 다시 한번 응용해 보자. 준비된 고전어 실력으로 내가 목표로 했던(의도했던) 텍스트의 번역을 완성할 때(목적달성), 의미가 획득되는 것이다.

14) 앞의 책, 1338-1339쪽 참조.

주어진 정보가 곧 내가 목표로 하는 가치를 창출하거나 재생산에 기여할 때, 의미는 생산되는 것이다.

2. 잠재적인 의미형태

'정보'의 존재란 이미 의미를 전제로 하고서 데이터들로부터 목적에 맞게 구성된 것이다. 이런 정보는 아직 수신자에 의해 해석되지 않은 상태에서는 그에게 아무런 의미를 갖지 못하지만, 그러나 엄연히 어떤 주체에 의해 이미 의미구성된 것이다. 즉 '정보'라는 것은 이미 누군가에 의해 아직 의미의 형태를 띠지 않은 데이터로부터 처리된 것이다. 따라서 데이터가 정보로 되는 과정에서 의미가 (미세한 중량으로라도) 스며들게 된다.

이러한 정보는 수신자가 검색, 검토, 확인, 판단하는 과정을 거치지 않은 상태에서는 잠재적 의미의 형태를 띠고 있다. 그러나 정보가 이러한 과정을 거쳐 **유용하게 쓰일 때**, 이 정보는 적극적인 의미를 갖게 되고 생명력을 갖는다. 정보는 그 자체로 어떤 효용성과 가능성 및 유용성을 갖고 있기에 우리가 그것을 통해 무엇인가를 알 수 있고, 할 수 있으며, 유용하게 사용할 수 있다(인터넷 이용법, 도로 안내판, 도구의 사용법, 주의사항, 가격, 여행, 지리 등). 즉 정보는 우리를 만남으로 말미암아 그 자신이 무엇인가를 드러내 보인다.

정보는 마치 아리스토텔레스가 '목적론적 세계관'을 설명하는 과정에서 드러나듯 '무엇 무엇이 되기 위한 가능성(dynamis)'을 가진 질료와도 같이 형상을 부여받으면, 즉 정보해석자나 정보가공자에 의해 사용되면 일정한 기능을 수행할 수 있다. 정보는 말하자면 이미 합목적성을 자체 내에 품고 있는 것이다. 따라서 정보는 이를 접하고 해석하는 주체를 만남으로 말미암아 자신을 드러내고(ἀποφαῖνεσθαι), 자신이 곧 무엇 무엇에 관한 정보라는 사실을 밝힌다. 정보의 자기 자신을 드러내는(apophantisch) 운동은 곧 어떤 존재자나 현상을 '빛-가운데로-가져오는(ins-Licht-bringen)' 행위라고 할 수 있다.

아리스토텔레스에게서 진술(Aussage)은 곧 '무엇 무엇에 관한 진술'이라는 형식을 갖고서 어떤 현상을 드러내는 것이다(Apophansis).[15] 이러한 양상은 후설 현상학에서도 잘 드러나는데, 말하자면 의식은 항상 '무엇 무엇에 관한 의식'이라는 '지향성(Intentionalität)'을 갖는다. 이와 마찬가지로 정보 또한 '무엇 무엇에 관한 정보'라는 도식을 가지므로 자체 내에 이러한 지향성이 배태되어 있다고 볼 수 있다.

정보와 기호는 해석되어야 한다. 해석되기 전에, 쓰여지기 전에 이들 정보와 기호는 아직 생명력이 있는 의미를 갖지 않고, 잠재적인 의미만 갖는다고 할 수 있다. 그러나 기호든 정보든 해석되고 쓰여지기 위해 — 이미 '목적론적 세계관'의 유전자를 갖고 있다 — 존재한 것이다. 기호가 쓰여질 때 생명력을 갖는다고 비트겐슈타인은 분명히 밝힌다: "모든 기호는 **그 자체로는** 죽어 있는 것처럼 보인다. **무엇이** 그것에 생명을 부여하는가? — **쓰여짐에서** 기호는 **살아난다.**"[16] 비트겐슈타인에 의하면 언어도 어떤 도구와도 같이 쓰여질 때 의미를 드러낸다.[17]

---

15) Aristoteles, *Analytica posteriora*(*Zweite Analytik*), 71b-72a 참조. 또한 Aristoteles, *Peri Hermeneias*, 17a-17b 참조; G. Schmidt, *Vom Wesen der Aussage*, Verlag Anton Hain: Meisenheim/Glan, 1956, 82-85쪽, 114쪽 참조.

16) Ludwig Wittgenstein, *Philosophische Untersuchungen*, Suhrkamp: Frankfurt a. M., 1971, §432, 강조표시는 필자에 의한 것임.

어떤 형태로든 모든 기호는 해석되고 또 의미와·연결되(어야 하)는 것을 전제로 하고 있다.[18] 그것은 기호의 사용자가 어떤 기호를 창안할 때 그 기호에 대한 해석과 의미를 염두에 두고 창안하기 때문이다. 의식을 가진 주체들에 의해 만들어진 기호는 어떤 의미를 갖는다. 컴퓨터를 통한 커뮤니케이션은 말할 것도 없고 컴퓨터의 기능원리에 이미 기호가 중추적 역할을 한다: "컴퓨터 과학의 발전은 기호논리학의 발전과 전자공학의 발전에 의해서 비로소 가능해진 것이다. 인간의 논리적 사고능력과 산술적 계산능력의 어떤 부분을 기계화한 것이 컴퓨터이다."[19]

그런데 매체는 커뮤니케이션을 매개하는 과정에서 기호의 증식과 확장에 개입하며 새로운 기호적 환경을 창출하기도 하는데, 이러한 기호들이 해석되고 이해되는 과정을 거치는 단계에서 의미구성적인 역할을 수행한다고 볼 수 있다. 새롭게 증식되고 확장된 기호환경은 오늘날 매우 복합적으로 얽혀 있는데, 그것은 시각과 청각뿐만 아니라, 촉각과 관능에 호소하는 매체들(이를테면 광고매체)도 있어, 그 기호적 효과는 일종의 의미작용을 불러일으킨다고 볼 수 있다. 그러기에 매체는 메시지나 정보를 전달하거나 유통시키는 기능뿐만 아니라, 기호환경을 형성하여 우리로 하여금

---

17) 앞의 책, §25, §26 참조.

18) 박이문 교수는 기호와 의미와의 관계를 인식과 존재와의 관계처럼 서로 순환적인 것으로 파악하는데, 그에 의하면 "기호를 떠난 의미를 생각할 수 없는 것과 마찬가지로, 의미를 내포하지 않은 기호는 존재할 수 없고, … 인식되지 않은 존재를 주장할 수 없는 것과 같이 존재하지 않은 것을 인식할 수 없다."(박이문, 『자연, 인간, 언어』, 143쪽) 기호와 의미의 서로 뗄 수 없는 관계에 대해서는 앞의 책, 121쪽 이하, 「기호와 의미」 참조.

19) 소흥렬, 『논리와 사고』, 24쪽.

그 기호가 담긴 메시지와 실재의 관계를 해석하고 규명하도록 한다.

기호이든 텍스트이든, 혹은 하이퍼텍스트이든 해석을 전제로 하고(이렇게 해석될 때 비로소 기호와 텍스트는 의미생산물로 된다), 또 이와 반대로 해석도 이와 같은 해석되는(해석되어야 하는) 대상적인 존재자를 전제로 한다. 해석되지 않는 기호와 메시지들, 소비되지 못하는 정보들은 오히려 기호환경과 네트워크의 환경뿐만 아니라 정보문화를 오염시키는 폐기물과 다름없다.

정보사회에서의 과다한 정보폐기물은 마치 산업사회에서의 산업폐기물이 생태환경을 위협하는 것과 유사하게 정보사회를 위협하고 오염시키는 결과를 낳는다: "우리에게 필요하고 해독 가능한 정보 외의 다른 정보들은 수용자의 입장에서 본다면 정보폐기물에 지나지 않는다. 이런 의미에서라면, 정보매체의 복합화는 우리의 기호환경을 더욱더 오염시킬지도 모르며, 이는 산업구조의 복합화와 고도화가 우리의 생태환경을 위협하고 있는 것과 마찬가지의 형국이다."[20]

과다한 기호환경의 오염은 결국 정보가 문화의 적으로 될 위험을 안고 있으며, 따라서 정보사회와 정보문화는 끊임없는 견제와 처방이 전제로 된다: "산업사회가 생태계를 오염시키는 결과를 가져왔다면, 정보사회는 기호환경의 오염을 가져오고 있으며, 그 징후는 나날이 분명해지고 있다. 이런 점에서 우리는 정보가 곧 문화의 적이 되는 사회를 맞이하게 될지도 모른다. 정보사회는 결코 이상적인 공동체의 모델이 아니라 끊임없는 견제와 처방과 치유가 필요한 우리의 상상물에 지나지 않는다."[21]

---

20) 이기현, 「정보사회와 매체문화」, 김상환 외, 『매체의 철학』, 363쪽.

오늘날 대중매체의 확산으로 인해 정보의 홍수시대라고 할 만큼 정보와 메시지도 양적으로 증가하였다. 물론 그렇다고 이에 비례하여 의미의 증가현상이 일어났다고는 말할 수 없다. 의미는 저러한 불특정하고 불확실하며 불투명한 정보와 메시지들이 주체에 의하여 구체적으로 해석되어 살아 있고 유용한 정보로 될 때에만 가능하기 때문이다. 실재의 세계를 넘나드는 시뮬라시옹(가상작용)도 결국은 어떤 무엇(이를테면 어떤 실재세계)에서 억지로 혹은 비약적이거나 왜곡되게 해석되어 쌓아올린 가상세계이고, 또 이는 역설적으로 실재세계와 견주어 끊임없이 해석되어야 할 과제이다. 만약 가상실재가 실재보다 더 실재적인 위상을 갖는다고 해도 — 보드리야르가 적나라하게 지적하듯 — 그러한 가상실재의 세계도 해석되어야 하며 의미의 물음에 견주어 재해석되어야 한다.

광범위한 매체문화에서의 텍스트도 또 하이퍼텍스트도 물론 해석되어야 한다. 그것은 어떠한 텍스트(하이퍼텍스트, 메시지 등)도 커뮤니케이션 과정에서 잘못 해석되고 잘못 이해되는 경우가 흔히 발생할 수 있기 때문이다. 그것은 발신자와 수신자에게서 각각 해석과 이해의 수준도 문제가 되겠지만, 견해와 생각의 다양성 때문에 다분히 엉뚱한 해석과 오해가 발생할 수 있다는 것이다. 움베르토 에코의 지적대로 "가장 강경한 해체주의자도 받아들일 수 없는 엉뚱한 해석이 있다."[22]는 사실이다. 또한 커뮤니케이션 과정에서 이미 해석된 텍스트도 이 텍스트를 해석하는 이들에겐 어떤 영향력을 행사하거나 일종의 제약을 가하는 것일 수 있다. 그

21) 앞의 책, 364쪽.

22) 움베르토 에코(김광현 옮김), 『해석의 한계』, 열린책들, 1995.

러기에 고전해석학에서뿐만 아니라 정보해석학에도 '해석'의 문제는 결코 등한시될 수 없는 것이다.

3. 기초적인 의미구성

'정보의 바다'에는 엄청난 양의 익명성 정보가 범람하고 있고, 나와는 무관하고 무의미한 정보도 흘러넘친다. 정보의 범람과 홍수 속에서 현대인은 어떤 것이 의미 있고 유용한 정보인지 가늠하기 어려울 때도 많다. 그러나 그럼에도 불구하고 유용하고 의미 있는 정보를 판단 · 선택하는 과제는 정보사용자인 주체에게 달려 있다. 주어진 정보가 이 정보를 취급하고 사용하는 (또는 정보를 수용하는) 당사자인 주체에 의해 뭔가 의미 있는 것으로 판단되어 받아들여지고 경우에 따라선 재편성되거나 재구성되는 단계를 기초적인 의미구성의 단계라고 규명한다.

진정한 의미에서의 정보는 전달된 메시지의 내용과 의미를 해석하고 이해하고자 하는 능동적이고 적극적인 주체 없이는 존재할 수 없다. 즉 수신된 메시지가 주체의 능동적인 해석행위를 통해 의미 있는 사실과 지식으로 받아들여질 때 하나의 정보로 수용되는 것이다. 이때 메시지를 수용하는 과정에서 의미구성의 담지자이자 해석주체인 당사자는 송달된 메시지를 가치론적, 인식론적, 의미론적 분석을 통해 수용하거나 또는 이와 반대로 의심하거나 거부함으로써 주어진 메시지에 대한 비판적 태도를 취하게 된다.

만약 주어진 메시지가 수신자인 주체에 의해 거부된다면, 그러한 송달된 메시지는 적어도 이 수신자에겐 아무런 가치도 의미도 또 어떠한 일관성도 갖지 못하는 기호에 불과하게 된다. 말하자면 주어진 메시지가 어떤 무의미한 기호로 머물지 않고 정보로 되는 중요한 계기는 오로지 자율적이며 능동적인 해석주체인 수신자가 가치론적이고 의미론적이며 인식론적인 구조를 통해 주어진 메시지를 해석하여 유의미한 것으로 받아들일 때이다.

이러한 기초적인 의미구성의 과정에 **필연적으로 개입되는 당사자인 주체**의 위상에서 우리는 구조주의나 포스트모던이 그토록 선언했던 '주체의 죽음'이나 '주체의 해체' 내지는 '주체의 장례'가 아주 허무맹랑한 자가당착임을 확인할 수 있다. 따라서 정보해석학에서 주체의 복권은 시급하며, 더 이상 주체가 구조주의와 포스트모던의 경솔하고 무책임한 해체적 카타르시스를 위한 희생물이 되어서는 안 된다.

기초적인 의미구성의 과정에는 선험적 주체가 주어진 대상적 세계를 구성하는 **후설 현상학의 모델**이 적용된다. 이때 대상적 세계란 발신자에 의해 주어진 정보(아직 수신자에겐 의미 있는 정보로 판단되지 않은 상태로 주어진 것)나 '정보의 바다'에 떠다니는 정보이다. 수신자의 의식은 이러한 개별적인 정보를 지향하여서는(의식의 지향성) 검토 · 분석 · 판단 · 선별하는 과정을 거치는데, 어떤 정보가 가치 있거나 무가치한(필요한 또는 불필요한, 의미 있는 또는 무의미한 등등) 것으로 선별되는 과정에 **의미구성현상**이 일어난다. **주체는 누구도 부인할 수 없는 의미구성의 당사자로서 이러한 의미구성 작업에 당연히 참여한다.**

현상학적 방법의 특징은 바로 "대상을 의식하는 주체의 주관적 체험 및 활동적인 형성행위(bildender Akt)로 되물어 가려는 시도"[23)]인바, 이는 곧 대상에서부터 그 궁극적인 형성원천을 찾아서

23) E. Husserl, *Phänomenolosche Psychologie*(Hua. IX), 28쪽 이하.

주체의 체험으로 되물어 가려는 현상학적 태도인 것이다. '선험적 현상학'이라고 할 때의 '선험적'이라는 개념은 바로 이러한 현상학적 태도가 전제된 것으로서 "모든 인식형성의 궁극적 원천으로 되물어 가려는 동기"[24]라고 후설은 규명한다.

왜 현상학은 우리의 시선을 주관으로 돌리게 하는가? 그것은 주체의 주관이 '모든 인식형성의 궁극적 원천'으로서 대상형성과 의미구성 및 의미생산에 필연적으로 참여하기 때문이다. 이러한 주체는 그러기에 포스트모더니즘이 비판하는 권력행사를 하는 주체도 아닐 뿐만 아니라 이기주의나 주체중심주의를 구축하는 것도 아니다.[25] 오히려 오늘날 정보와 더불어 살아가는 정보사회에서, 정보를 취급하는 정보문화에서 여전히 유효한 주체인 것이다.

주어진 정보는 곧 주어진 대상이고, 모든 주어진 대상은 어떻든 주체의 **의식체험과의 상관관계** 속에 직접적으로 주어지는 **의식의 상관자**이다. 정보를 검토하는 주체로부터 직관적으로 통찰되는 것은 곧 의식에 절대적으로 주어져 있는 것, 즉 현상(Phänomen)이다. 이처럼 의식과 대상 사이의 구조적 상관성을 파악하려는 후설의 노력은 그의 **지향성 이론**에 집약되어 있다.

지향성(Intentionalität)이란, 의식을 가진 주체가 어떤 사물을 생각하든 지각하든 기억하든 파악하든 상상하든 추리하든, 항상 의

---

24) E. Husserl, *Krisis*, 100쪽.

25) 한전숙 교수도 후설이 말하는 주관이 독일 관념론에 등장하는 원리의 영역을 차지하는 주관이 아니라, 노에시스의 순수작용영역이라는 사실을 지적한다. 그리고 이러한 주관은－후설의 논의에 걸맞게－구체적인 '경험의 장'인 것을 밝힌다: "즉 순수 주관성이란 무슨 신비로운 가정이나 논리적 요청 또는 속이 빈 형이상학적 존재가 아니라 선험적 경험이 이루어지며 따라서 그 체험내용을 기술할 수 있는 구체적인 '경험의 장(Erfahrungsfeld)'이다."(한전숙, 『현상학』, 173쪽)

식은 무엇 무엇에 관한(… über etwas) 의식이라는 것이다. 이를테면 생각이란 무엇 무엇에 관한 생각이고, 지각은 무엇 무엇에 관한 지각이며, 기억이나 파악이나 상상과 추리 등도 이와 같은 구도 속에 있기에 의식과 이 의식의 대상은 서로 분리될 수 없이 본질적 상관관계(Korrelation)[26]로 얽혀 있다는 것이다.[27]

그렇다면 사고(의식, 생각, 기억 상상, 추리, 이해 등)의 내용이 아니라 사고의 구조 자체가 이미 지향적이라는 것이다. 항상 대상으로 향해 있고 서로 본질적인 상관관계를 형성하는 이러한 의식과 대상은 서로를 배제하는 것이 아니라, 오히려 서로를 요구한다. 서로는 서로를 필요로 하고 서로에게 의존하는(구체적으로 의식하고 생각하며, 지각하고 기억할 때 등등) 존재적 상관자인데, 이는 서로의 존재가 관계의 범주 속에 있다는 것이다. 서로 떼어서 생각할 수 없는[28] 이러한 '상관관계'는 주관이 대상과의 관계 속에서 비로소 주관적 성격을 갖는 '주관성(Subjektivität)'이 되며, 또 역으로 대상 역시 주관과의 관계를 통해서 대상적 성격을 갖는 '대상성(Gegenständlichkeit)'이 된다고 한다.

---

26) E. Husserl, *Krisis*, 184쪽 참조; *Ideen I(*Hua. III/1*)*, 319쪽 참조.

27) 의식과 대상 사이의 본질적 상관관계, 즉 지향성의 개념 속에서 후설은 근대의 유산인 주-객 대립의 이데올로기를 극복한다. 근대는 여전히 이원론적 대립에서 벗어나지 못했는데, 이를테면 주관과 객관은 서로 분리되어 있고 이 객관은 인식하는 주관이 처분하는 대로 따를 뿐이다. 근대의 사유는 (칸트에게서도 잘 드러나듯) 주관에 의한 일방적인 객관의 정립이라는 사유양식이다. 이 사유양식은 세계가 주관에 대해 존재하는 것으로 당연시하고 세계의 존재에 대한 자신의 믿음에 대해서는 아무런 반성을 하지 않았다. 세계의 존재가 주관에 의해 정립되어야 한다는 소박한 신념을 가졌던 것이다. 이러한 태도를 후설은 '자연적 태도의 일반정립(natürliche Einstellung)'이라고 규명한다.

28) 한전숙, 『현상학』, 93쪽 참조.

그런데 이러한 상관관계에서 의식은 대상과 일대일로 대응하는 (브렌타노에게서와 같은) 정적 관계가 아니라, 대상을 인식하고 관계를 성립시키는 조건, 그 대상성을 형성하는 측면에서 동적 관계를 갖는다.[29] 후설이 '지향적 체험'이나 의식행위(Bewußtseinsakt)를 말할 때, 이는 대상인식이나 대상형성이라는 동적이고 목적론적(teleologisch)인 의미를 갖는 것이다.[30]

물론 아무런 주관적 작용(의식작용)이 가해지지 않은 의식 밖의 '본래대로의 존재자'[31]는 아직 대상이라고 할 수 없으며 따라서 '지향적'이라는 성격을 갖지 않은 상태이다. 이런 '본래대로의 존재'는 그러나 통각작용(Apperzeption)에 의해 활성화되고(beseelen: 생기를 불어넣어줌) 종합되어서 파악되면 그때 비로소 대상이 현출하는(erscheinen) 것이다.[32] '통각'이란 이러한 현출작용을 일컫는다. 따라서 대상이란 의식과 관계를 맺지 않은 본래대로의 사물이 아니라, 의식의 지향작용이라는 체험에 의해 형성된 것이다.

따라서 주어진 대상이나 정보를 파악한다는 것은 일종의 인식행위이고 또한 인식하는 행위는 의식에 들어온 감각내용을 '무엇

---

29) 의식의 대상형성 작용은 소위 자체적으로 존립하는 수학이나 논리학의 세계도 예외가 아니다. 그것은 그러한 세계도 결국 의식의 지향작용을 통해서 자체적으로 존립한다는 사실이 드러나기 때문이다(E. Husserl, *Logische Untersuchungen* II/1, 382쪽 참조; *Krisis*, §48 참조; 한전숙, 『현상학』, 94쪽 참조).

30) E. Husserl, *Ideen I*, §35, §86, §145 참조; *Logische Untersuchungen* II/1, 164쪽 이하 참조.

31) E. Husserl, *Logische Untersuchungen* II/1, 399쪽. 여기서 '본래대로의 존재자(das rohe Dasein der Empfindung)'란 아직 의식의 세계에 들어오지 않고, 아직 의식과 관계를 맺지 않은, 그러나 의식과 관계를 맺을 수 있는 본래대로의(roh) 존재자 혹은 사물을 말한다.

32) 앞의 책, 399쪽, 406쪽 참조.

으로서(als etwas)', 즉 어떤 특정한 의미로 이해한다는 뜻이다. 즉 파악행위란 의식에 들어온 대상을 어떤 의미를 가진 대상으로서 파악하는 일이기에, 이는 곧 의미부여행위(sinngebender oder bedeutungsverleihender Akt)이고 의미형성행위(sinnbildender Akt)인 것이다.[33] 주어진 대상이 '어떤 무엇으로서' 파악된 것이 의미이기에, 의미는 곧 대상파악의 본질적 요소이다. 그렇다면 '지향적 체험'이라든지 '지향행위'는 곧 일종의 의미부여행위인 것이다.

후설이 『논리연구 II』에서 전개했던 의미구성에 관한 '통각이론'은 그의 후기 사유인 『이념들 I』에서 소위 '노에시스-노에마 이론'으로 재현된다.[34] 전기에서 '본래대로의 존재자(das rohe Dasein der Empfindung)', 즉 그 자체로서는 아직 아무런 의미도 부여받지 않은 소재나 단편들은 후기에서 질료(Hyle)라는 개념으로, 또 이러한 것을 의식의 세계에 들여와 의미를 부여하거나 생기를 불어넣어 대상을 형성하는 '파악행위'는 노에시스(Noesis)로,[35] 나아가 노에시스에 의해 파악된 대상은 노에마(Noema)로

---

33) 의미를 부여하거나 대상을 형성하는 행위를 후설은 '구성(Konstitution)'이라고 한다.

34) 후설은 *Ideen I*에서 노에시스와 노에마의 이론을 제3장-제4장(§87-§127)에서 제4단락(Abschnitt)에 이르기까지 집중적으로 논의하고 있다.

35) 후기의 후설 현상학에서 질료와 실재적인 것이 강조된다. 전기의 고전적 현상학에선 선험적 주관의 구성작용에 치중한 나머지 질료는 그저 주어진 것으로서만 문제된다. 그러나 '질료학'에선 이러한 질료가 어떻게 주어지는가를 문제로 삼는다. 질료란 주관의 밖에서, 주관의 능동적인 개입과 무관하게 존재하면서, 주관에게 제공된 무언가를 말한다. 전기 후설의 선험적 관념론은 대상을 형성하는 주관작용이 더 강조되었다. 그러나 아무리 주관작용이 강조된다고 하더라도 질료를 만들어내지는 못하는 것이다. 실제로 질료 없이는 대상형성이 불가능하다. 선험적 주관이 대상형상이라는 기능을 수행하기 위해서는 미리 질료가 주어져 있어야 한다. 이러한 질료는 주관외적인 객관적 실재로서 주관에 작용해 오는

재현되었다.[36]

주체의 노에시스가 질료에 생기를 불어넣고(beseelend) 의미를 부여하여(sinngebend, sinnverleihend) 노에마를 형성하는 과정을 후설은 '구성(Konstitution)' 혹은 '의미구성(Sinnkonstitution)'이라고 명명한다. 의미부여작용, 즉 주관의 대상구성행위(Noesis)에 의해 구성된 의미형성체 혹은 의미구성체는 곧 노에마이고, 이는 다름 아닌 노에마적 의미 또는 의미이다.[37] 질료로서의 정보자료나 데이트는 주관의 대상구성행위에 의해 지식으로 태동되며, 따라서 지식은 주어진 대상에 대한 구체적 주관의 해석 결과이며 주관에 의한 의미구성체인 것이다.

그런데 후설이 자신의 현상학적 근본법칙을 "그것에 특이하게 의존하는 노에마적 계기가 없는 노에시스적 계기는 있을 수 없다."[38]고 할 경우 노에시스와 노에마의 상호공속성(Zugehörigkeit)

객관의 사실성이다. 바로 여기에 후설의 '구성'이 칸트의 그것과 확실한 차이를 드러낸다. 칸트에게서 질료는 오로지 주관에 의존하고 주관의 처분에 내맡겨져 있다. 말하자면 주관의 아프리오리한(apriorisch) 형식을 질료에 그저 덮어씌우는 것이다. 그러나 후설의 '구성'에서는 결코 주관의 위주가 아니다. 질료가 밖에서부터 주어진다는 것은 주관의 어떤 지배나 능동작용의 개입 없이 제공된다는 것이고, 더욱이 이 질료의 제공된 내용까지도 주관의 전적인 지배권 안에 있는 것이 아니다. 그러기에 '구성'이란 주관이 아무렇게나 멋대로 처분하는 것이 아니라, 이미 주어져 있으면서 나름대로의 질서를 갖고 있는 질료를 밝혀냄을 말한다. 질료의 선소여적인 과정과 내용의 바탕 위에서 인식이 이루어지는 것이다. 그렇다면 인식행위에서 필수불가결적인 선험적 주관성으로의 노에시스는 대상성립에 불가결한 필요조건이지만, 그러나 충분조건은 아닌 것이다. 말하자면 주관작용의 지배 아래에 있지 않는 객관적 사실성으로서의 질료도 저 주관작용 못지않게 중요하다는 것이다.

36) E. Husserl, *Ideen I*, 170-175쪽 참조, Kap. 3 참조. 노에시스와 노에마에 관한 자세한 논의는 한전숙 교수의 『현상학』, 164-171쪽 참조.

37) E. Husserl, *Ideen I*, 267쪽 참조.

이 분명하게 드러나며, 지향적 작용인 노에시스는 다름 아닌 노에시스 자신에 대립된 내용으로 향하는 작용으로서, 이 노에시스적 작용에 의한 노에마들(noemata)은 특이한 독립성을 가지면서 저 노에시스적 작용들과 상관관계를 갖는다.

그런데 이 노에시스와 노에마의 이론은 현상학의 초보자에게는 좀 복잡하게 들리겠지만, 우리의 일상적인 생활에서도 또 인터넷에서도 인식하는 행위와 의미를 구성하는 활동에는 늘 일어나는 현상이다. 가령 우리가 인터넷 뉴스나 인터넷 카페에 실린 어떤 정보, 이를테면 눈에 덮인 설악산 풍경을 지각한다고 가정하자. 이때 실재로 땅 위에 있는 자연물로서의 눈 덮인 설악산과 우리에게 지각된 눈 덮인 설악산은 그 존재방식을 전혀 달리한다. 눈 덮인 설악산 자체는 기온이 상승하거나 폭우가 내리면 곧 다른 모습으로 나타나겠지만, 눈 덮인 설악산으로 지각된 것 자체는 그런 밖의 실재적 자연물과는 다른 것이다. 즉 이 후자는 지각체험에 의해 의미변동현상을 일으키는데, 이와 같은 과정을 거친 후자의 '눈에 덮인 설악산'이 바로 노에시스에 의해 구성된 지향적 대상, 즉 노에마(의미)이다.[39]

후설의 후기 '생활세계의 현상학'에서는 사물을 인지하고 의미를 파악하는 주체의 시야가 넓어진다. 그것은 노에시스와 노에마의 인식구도를 넘어 신체적인 감각활동을 통해 직접적으로 체험하는 영역이 확보되기 때문이다. 이 영역에서는 고전적 현상학에서의 선험적 주관성이 신체적 주관성으로 대치된다. 신체적 주관성이 갖는 직접적인 경험계로서의 생활세계는 선험적 주관성에

---

38) E. Husserl, *Ideen I*, 232쪽.

39) E. Husserl, *Ideen I*, 184쪽 참조. 여기서 후설은 '나무'를 예로 들어 노에시스와 노에마를 설명하고 있다.

의해 구성된 세계가 아니라, '동적(kinetisch)' 또는 '발생적(genetisch)' 의식에 드러난 세계이며 대상이 '그것 자체로서 직접적인 현전에서'[40] 경험되는 세계이다.

따라서 의미의 획득은 이제 선험적 주관의 노에시스 작용에 의해서 구성된 것이 아니라 직접적으로 체험된(lived) 세계이며, 또 이러한 체험의 주체는 이론적인 주관이 아니라 신체적 주관인 것이다. 이 신체적 주관에 의해 몸소 체득된 세계는 바로 생활세계이며, '생활세계의 현상학'은 곧 여기에 최후의 명증(Evidenz)을 구하도록 한다.

후설에게서 신체는 '내적으로 볼 때' — 우리가 앞의 「행동적 자아」에서 고찰했듯이 — 자발적이며 자유로운 자기운동을 할 수 있는 의지기관이며, '외적으로 볼 때는' 다른 여러 사물들과 인과관계를 맺고 있다. 그러나 신체는 무엇보다도 다른 모든 것에 대해서, 또한 타자들이 '거기의 양태 속에(im Modus Dort)'[41] 있는 것에 비해서, 언제나 "절대적인 여기(das absolute Hier) 혹은 방위중심적인 '여기'(das zentrale 'Hier')"를 이루고 있다.[42]

우리를 둘러싼 주위세계는 '사태들의 세계(Sachenwelt)'뿐만 아니라, '가치의 세계'이고 '재화의 세계'이며 '실천의 세계'이기도 하다.[43] 이러한 세계들 속에서 주체는 '표상하고 판단하며 느끼고 욕구하는'[44] 신체적 자아이다. 우리의 눈앞에 전개되는 사물들로부터 우리는 여러 가지 사태의 성질뿐만 아니라, 또한 이를테면

---

40) E. Husserl, *Krisis*, 130쪽.

41) E. Husserl, *Cartesianische Meditationen*, 122쪽.

42) 앞의 책, 100쪽 이하, 113쪽 이하, 116쪽 이하, 119-120쪽, 124쪽 참조.

43) E. Husserl, *Ideen I*, 50쪽 참조.

44) 앞의 책, 48쪽.

아름답다든지 추하다든지, 마음에 든다든지 혹은 안 든다든지, 쾌적하다든지 혹은 불쾌하다든지 등의 가치성격도 포착할 수 있다.[45] 이토록 신체적 주관성이 경험을 통해 획득한 명증은 객관적이고 논리적인 명증보다 더 높고 더 근원적인 권위를 갖게 하는 것이 '생활세계의 현상학'의 특징이다.[46]

신체적 주관성이 갖는 키네스테제적(동적이고 발생적인) 의식은 자신의 신체의식과 자기의식을 넘어 생활세계적인 시간의식과 공간의식이며 지평의식과 세계의식을 포괄한다.[47] 이러한 의식을 가진 주체는 자신의 신체의식과 자기의식을 바탕으로 몸소 체험을 해가는 주체이며, 또 브란트(G. Brand)가 지적하듯 '세계를 경험하면서 존재하는 자아'이고 그의 삶은 곧 '세계를 경험하는 삶(welterfahrendes Leben)'인 것이다.[48]

브란트는 후설의 초월적인 지향성의 개념[49]을 온당하게 해석하는데, 그에 의하면 지향성을 본성으로 하는 의식은 '언제나 이미 자신을 넘어 세계 속에(über sich hinaus, in der Welt)'[50] 나가 있다.

---

45) 앞의 책, 50쪽 참조.

46) E. Husserl, *Krisis*, 130쪽 참조.

47) U. Claesges, "Edmund Husserls Theorie der Raumkonstitution", in *Phänomenologica* 19, Martinus Nijhoff: Den Haag, 1964, 120쪽 이하 참조.

48) G. Brand, "Husserl-Literatur und Husserl", in *Philosophische Rundschau* 8, Jahres Heft 4, 1960, 279쪽 참조.

49) 후설의 지향성의 개념은 여러 가지 의미로 풀이된다. 그것은 우선 선험적(transzendental)인 성격을 갖고 있고, 또 의미를 부여하고 대상을 구성하는 작용 등 여러 가지 능동적인 능력을 갖고 있으며, 특히 초월하는 능력(transzendieren), 즉 자기초월성을 갖고 있기에 의식은 자기 자신을 넘어 세계 속으로 나아가 의식 외적인 것과 관계를 맺는다.

50) G. Brand, "Husserl-Literatur und Husserl", in *Philosophische Rundschau* 8, 279쪽.

말하자면 그런 의식을 가진 주체는 '스스로 끊임없이 세계로 향하여 초월해 나가는(sich ständig zur Welt hin transzendierend)'[51] 주체이다. 이토록 본래적으로 자기초월적이면서 자기개방적인 방식을 취하는 주체는 하이데거에게서의 인간의 존재방식, 곧 '탈존(Ek-sistieren)'과도 유사한 형식을 갖고 있다.

4. 상호주관적 및 상호문화적 의미구성

1) 상호주관적 의미구성

인터넷(internet)이란 용어는 후설의 '상호주관성(Intersubjektität)'에서처럼 '인터(inter-)'의 어근을 갖고 있는바, 철저하게 상호성과 상호적인 관계망이 전제된다는 것을 스스로 밝히고 있다. 후설의 '상호주관성'[52]에는 자아뿐만 아니라 타자로서의 '다른 자아(alter ego)'도 같은 도덕적 책임감과 권리를 갖기에, 또한 상호성과 상호교류가 중요한 테마로 등장하기에, 우리의 정보해석학에 많은 시사점을 제공한다.

인터넷을 비롯한 각종 컴퓨터상의 커뮤니케이션은 컴퓨터의 매개에 의해 이루어지는 커뮤니케이션이다. 여기에서 네티즌들은 컴퓨터의 매개를 통해 상대방이 공존하지 않아도 같은 공간에서 서로의 의사를 주고받는다. 즉 상대방과의 직접적인 대면이 없이도 또 발신자와 수신자 사이에 시간적인 공유 없이도(비동시성) 컴퓨

---

51) G. Brand, *Welt, Ich und Zeit*, Den Haag, 1955, 43쪽.

52) 후설은 상호주관성의 문제를 그의 『논리연구(*Logische Untersuchungen*)』 출간 이후 줄곧 논의해 왔고, *Ideen I*, *Ideen II*, *Krisis*, *Cartesianische Meditationen* 등에서 집중적으로 천착하였으며, 그의 전집(Husserliana) XIII-XV에서는 『상호주관성의 현상학』(I, II, III)을 대규모로 다루었는데, 그는 자신의 생애를 마감할 때까지 이 문제에 매달렸다.

터가 서로를 연결하여 커뮤니케이션 상황을 만들어내는 것이다.

여기서 커뮤니케이션은 현대의 정보사회와 매체문화를 가능하게 하는 데에 핵심적인 역할을 수행하고 있다. 볼츠는 한 마디로 "오늘날의 커뮤니케이션은 컬트(Kult)로서 그리고 정보는 물신으로서 이해되어야 한다."[53]고 하며, 나아가 "인터넷 그리고 또한 텔레비전과 같은 낡은 미디어들도, 정보는 물신으로 그리고 커뮤니케이션은 컬트로 프리젠테이션한다."[54]고 단언한다. 볼츠는 인간이 사회에서 커뮤니케이션을 하지 않고 살 수 없다고 지적하면서 곧 인간의 이러한 커뮤니케이션하는 것을 인간의 본성으로 규명한다.[55]

또 야스퍼스도 그의 『철학적 신앙』을 끝맺으면서 "커뮤니케이션을 모든 실현 가능성 속으로 가까이 가져오는 것은 철학적 삶의 일상적인 과제"[56]라고 여기며, 나아가 다양한 원천들로부터 커뮤니케이션을 밝히는 것은 철학함의 중심테마로 파악한다. 그러기에 야스퍼스에게서 커뮤니케이션의 파괴는 인간 사이의 대화라는 성스러운 정신에 역행하는 것으로서 이러한 파괴를 그는 악마적 작태(Teufelei)[57]라고 규명한다. 그러나 커뮤니케이션 개념이 우리의 연구테마에 특별히 중요한 것은 '의사소통'을 넘어 **의미전달**의 역할을 수행하기 때문이다. 볼츠는 커뮤니케이션을 '의미 전달의 예술'로 표현한다.[58]

---

53) N. 볼츠(윤종석 옮김), 『구텐베르크-은하계의 끝에서』, 10쪽.

54) 앞의 책, 10쪽.

55) 앞의 책, 54쪽 참조.

56) K. Jaspers, *Der philosophische Glaube*, 152쪽.

57) 앞의 책, 151쪽.

58) N. 볼츠(윤종석 옮김), 『구텐베르크-은하계의 끝에서』, 40쪽 참조.

그러나 니클라스 루만(N. Luhmann)은 커뮤니케이션 이론을 극단으로 끌고 가는데, 그에 의하면 사회는 오직 커뮤니케이션의 순환고리로만 엮어져 있다. 즉 루만에 의하면 "사회는 커뮤니케이션들로 구성되어 있다. 사회는 커뮤니케이션들만으로 구성되어 있다. 사회는 모든 커뮤니케이션들로 구성되어 있다. 사회는 커뮤니케이션에 의해 커뮤니케이션을 재생산한다."[59] 따라서 루만에게서는 사회도 인간도 커뮤니케이션의 순환고리 속에 휘말려 들어가고, 오직 커뮤니케이션만이 주체가 되어 있는 그러한 자신의 사회학을 기술하고 있다.

이런 루만의 극단적인 커뮤니케이션 이론에 대하여 볼츠는 루만의 글을 인용하면서 다음과 같이 특징짓는다: "타자는 나의 영혼적 형제가 아니라 한 명의 커뮤니케이션 수신자이다. 이제 여기서 … 루만의 커뮤니케이션 이론의 기본 테제를 다음과 같이 결론지을 수 있다: '인간은 커뮤니케이션할 수 없다. 단지 커뮤니케이션만이 커뮤니케이션할 수 있다.' 그리고 '사회는 인간들로 구성되어 있지 않고 커뮤니케이션으로 구성되어 있다.' "[60]

정보사회에서의 커뮤니케이션은 이를 가능하게 하는 매스미디어들이 전제로 됨을 알 수 있다: "현대 세계는 미디어들을 필요로 하고 있다. 따라서 인간들은 미디어 사용자들의 모든 스페이스에서, 즉 파노라마로부터 전자 화면을 거쳐 사이버스페이스에 이르기까지의 모든 장소에서 서로 만나게 되어 있다."[61] 말하자면 매스미디어들은 정보사회에서의 커뮤니케이션을 위해 구심적 역할[62]을 수행하는 것이다: "매스미디어들은 세계 사회의 급속한 커

---

59) N. Luhmann, *Die Wirtschaft der Gesellschaft*, 50쪽.

60) N. 볼츠(윤종석 옮김), 『구텐베르크-은하계의 끝에서』, 80쪽.

61) 앞의 책, 16쪽.

뮤니케이션적 통합을 주도하고 있다. 모든 것에 침투하고 있는 팝음악의 바이브레이션에 대해, 그리고 유명 브랜드에 대한 컬트(숭배)적 소비 행위에 대해서도 세계 커뮤니케이션이라는 지위를 확고히 해주고 있는 전자장치들의 상호융합은, 오래 전부터 더 이상 언어를 필요로 하고 있지 않다."[63)]

컴퓨터의 매개에 의한 커뮤니케이션은 기존의 텔레비전이나 라디오에서 볼 수 있는 일방향성이 아니라, 쌍방향성이다.[64)] 쌍방향성 커뮤니케이션은 발신자와 수신자의 능동적인 참여가 가능하기 때문에 일방향성과는 전혀 다르게 — 일방향성일 경우 수신자는 능동적인 입장에 설 수 없다 — **주체들의 상호주관성**이 허용된다. 주체들(발신자와 수신자)은 여기서 시간적인 공유라는 조건이 없이도 메시지를 공유하고 유통할 수 있기에, 면대면(face to face)의 직접적인 커뮤니케이션이 성취하기 어려운 비동시적인 커뮤니케이션을 구현할 수 있다. 물론 면대면의 커뮤니케이션의 경우보다

---

62) 중재자(미디어, Medium)를 통한 커뮤니케이션의 체계는 라이프니츠의 단자론(Monadologie)에도 그 모형이 잘 드러난다. "단자는 창문이 없다. 그 어떤 것도 밖에서 안으로 들어가거나, 역으로 안으로부터 밖으로 나올 수 있는 그런 창문을 갖고 있지 않는 것이다."(Leibniz, *Monadologie*, §7) 이토록 단자들은 서로 고립되어 있으나, 신(Gott)에 의해 이들은 커뮤니케이션의 관계에 들어가고 상호간 조화를 이루고 있다. 서로 고립되고 독립되어 있는 단자들은 신에 대한 근본적인 의존성을 갖고 있어 신의 중재(Medium)를 통해 커뮤니케이션할 수 있다는 것이다. 물론 오늘날 정보사회와 매체문화에서의 커뮤니케이션 상황은 신에게 의탁하거나 신의 필연성을 전제하지 않는다. 단지 전자장치로 된 매체들과 정보교환 및 의사소통에만 의존할 따름이다.

63) N. 볼츠(윤종석 옮김), 『구텐베르크-은하계의 끝에서』, 15쪽.

64) 볼츠는 이러한 쌍방향성이 현대의 정보사회에서 숭배적 의미를 갖고 있으며 "멀티미디어 사회의 물신과 같다."고 한다(N. 볼츠, 윤종석 옮김, 『구텐베르크-은하계의 끝에서』, 10쪽).

는 사회적 실재감이 떨어질 것이다. 이러한 비동시적인 쌍방향 커뮤니케이션은 컴퓨터의 기술적인 특성인 메시지 저장능력으로 인해 가능하다. 그러기에 발신자도 또 수신자도 상대방을 직접적으로 의식하지 않고, 어느 때라도 메시지를 주고받을 수 있다.

더욱이 컴퓨터의 매개에 의한 쌍방향 커뮤니케이션은 물리적 공간상에서의 이동 없이도 가능하기에 공간적인 거리를 극복할 수 있다. 이러한 커뮤니케이션에 참여하는 사람들은 미리 같은 사이버 공간을 공유하고 있기에, 서로 다른 물리적 공간에서도 메시지를 교환할 수 있다. 이를테면 여러 종류의 카페나 인터넷 등 서로 다른 장소, 서로 다른 국가 사이에서도 의사소통이 가능하며, 소위 원격 강의나 원격 진료 및 화상회의와 같은 것도 그 좋은 예이다.

컴퓨터의 매개에 의한 쌍방향 커뮤니케이션의 특징 중에는 익명성이 있다. 이러한 커뮤니케이션에 참여하는 사람들은 면대면의 직접적인 커뮤니케이션의 경우와는 달리 서로의 신원과 신분을 밝힐 필요도 없으며, 나아가 직업이나 출신, 사회적 지위나 직책, 인종, 나이나 외모, 성씨나 외양 등 모두를 노출시킬 필요가 없다. 발신자와 수신자의 이름도 별명이나 가명 내지는 전자우편의 주소면 충분하다.

이러한 익명에 의한 커뮤니케이션은 어떤 특정 개인(혹은 단체)으로부터의 지배력이 의미 없기 때문에 커뮤니케이션의 참여자 사이에 지배와 피지배의 관계가 형성되지 않으며 참여자 모두의 신분을 평등하게 만들어주기도 하고 또 심리적 편안한 상태를 제공하기도 한다. 사회의 수직적 위계질서를 타파하는 오늘날의 네트워크-문화에서 볼츠는 우리 인류가 이때껏 형성한 여러 공동체의 유형과는 또 다른 '새로운 형태의 공동체 형식'을 형성했다고

보고 있으며, 이러한 현상을 그는 상당히 긍정적으로 파악한다:

"네트워크-문화는 사회적 위계서열과 정반대다. 개방된 망들 속에서 자유롭게 연결된 개인들이 만나고 있다. — 그리고 그들이 항상 새롭게 자신을 '기록'할 수 있는 하이퍼텍스트로 꾸민 공동체를 형성하고 있다. … 사회적 위계질서라는 친숙한 형식들은 오늘날 점점 더 단호하게 '근원이 다른' 네트워크-문화를 매개로 사라져가고 있다. 우리는 고대의 부족적 형제애(종족 공동체)와 근대의 보편적 형제애(모든 인류가 형제다. — 서로 '타인'이고 이방인이면서도)의 단계를 지나서 이제 또다시 하나의 새로운 형태의 공동체 형식 — 즉 전자적 네트워크에 의해서 유도된 조직적 이웃애(Neighborhood) — 을 마주하고 있다. 네트워크의 원래 의미는 정보-프로세싱의 차원에 있지 않고, 공동체들의 형성에 있다."[65]

물론 이러한 볼츠의 낙관적인 견해와는 달리 부정적 요소도 다분히 있다. 그것은 주로 상대방을 확인할 수 없는 익명적 의사소통이기에 비인격적인 상황이 벌어지기도 하고 사회 규범적 요소가 상실되기도 하며, 때론 왜곡되고 과장 · 조작된 표현과 저질의 상스러운 표현도 있다(욕티즌, 섹티즌, 금융사기범 등).

그런데 신원과 신분에 관련된 것들을 커뮤니케이션에서 중요한 관건이 아니라 부차적인 것이라고 할 때(메시지와 정보의 내용이 핵심적이기에!), 후설과 하이데거가 말하는 '사태 자체에로(zu den Sachen selbst)'[66]를 실현할 수 있을 것이다. 그것은 의사소통을 하는 주목적이 메시지와 정보의 내용이기 때문이다. 그래서 여러 부차적인 것을 제거하고 핵심적인 관건으로 지향하고 접근할 때

---

65) N. 볼츠(윤종석 옮김), 『구텐베르크-은하계의 끝에서』, 12-13쪽.

66) M. Heidegger, *Sein und Zeit*, 27쪽; E. Husserl, *Logische Untersuchungen* II/1, 10쪽; *Ideen I*, 41쪽.

'사상 자체(die Sachen delbst)'를 구현하는 시도가 가능할 것이다.

미리 결론을 내리지만, 인터넷을 비롯한 의사소통의 공동체와 매체문화를 위해 후설의 상호주관적인 '모나드 공동체(Monadengemeinschaft)'는 하나의 이정표가 되고 또한 이상적인 모델이 될 수 있다고 여겨진다. 그것은 무엇보다도 책임 있는 주체들에 의한 이상적인 공동체를 표명하기 때문이고, 나아가 인격적인 교류를 위한 의미생산과 인격성숙을 지향하기 때문이다. 후설은 '나와 너의 인격적인 관계'를 상호주관성의 현상학에서 핵심적인 테마로 다루고 있다. 이와 같은 테마의 중요성은 그가 '의사전달 공동체의 현상학'[67]이란 제목에서 나와 타자의 관계를 서로가 서로를 전제로 하는 존재로 파악하고 서로 친숙한 인격체로서의 '너'를 경험하며, 서로 교류하고 공동체를 이루어 나가는 것으로 파악한 데서도 잘 드러난다: "나는 나에 대해서만 나인 것이 아니며, 타인은 타인으로서 나와 대립해서 (고립적으로) 존재하는 것이 아니다. 타인은 나의 너며, 우리는 말하고, 경청하고, 대꾸도 하면서 나름의 방식으로 통일된, 공동적인 우리 사회를 형성해 나간다."[68]

실로 매체란 것은 인간이 필요로 해서 만든 도구이다. 따라서 매체에 대한 우려나 기대 내지는 저주를 내리기 이전에 매체의 존재의미와 운명에 대해서는 우선 철두철미하게 이를 사용하는 인간에게 물어야 한다. 매체는 그 자체로 가치중립적이어서 오직 인

---

67) E. Husserl, *Zur Phänomenologie der Intersubjektivität*(III)(Hua. XV), 461쪽 이하 참조.

68) 앞의 책, 476쪽. 번역문은 이남인, 「상호주관성의 현상학: 후설과 레비나스」, 『철학과 현상학 연구』 제18집, 32쪽.
자아가 타자와 언어적 의사소통의 관계 속에서 서로 인격적인 교류와 친숙한 관계를 형성해 나가는 것에 관한 논의는 후설의 *Zur Phänomenologie der Intersubjektivität*(I)(Hua. XIII), 92쪽 이하 참조.

간이 어떻게 매체문화를 만들어가는가에 매체의 미래가 달려 있는 것이다. 따라서 매체문화의 바람직한 정립과 그 미래는 후설이 표명한 인격적인 교류와, 책임과 인격을 바탕으로 한 이상적인 공동체가 온당한 것으로 여겨진다.

그런데 인터넷을 비롯한 쌍방향 커뮤니케이션이 가능한 매체들에서는 공동체적 성격이 근본적이기에, 이러한 공동체를 구성하고 공동체를 위하며 공동체와 더불어 의사소통을 일구어 가는 동적(動的)인 요소들, 즉 나와 너, 타자와 우리의 존재의미가 근본적이어야 하고 생동적이어야 한다. 그러기에 주체뿐만 아니라 타자가 올바른 공동체를 이루도록 서로 같은 권리와 책임 및 위상을 가져야 한다.

말하자면 포스트모던에서 볼 수 있듯 주체가 혹사되어서도 안되고(이와 반대로 근대에서의 주체처럼 제 혼자 권력을 휘둘러서도 안 되며), 또 이와 대조적으로 레비나스의 '이타주의 철학'에서 볼 수 있듯 일방적으로 타자중심적이어서도 곤란하다. 세상은 '이타주의 유전자'를 가진 사람들만 모여 있는 곳이 아니고 천사와 악마, 양과 늑대가 뒤섞여 있는 곳이고, 익명성이 보장된 인터넷과 정보의 바다에서는 책임 있는 주체 대신 '유령'이 떠다니기도 한다. 그러기에 주체와 타자가 동일한 권리와 책임 및 동일한 위상을 갖는 후설 현상학의 모델이 바람직한 것으로 여겨진다.

후설의 상호주관성에 관한 논의가 여전히 주체중심의 사유에서 벗어나지 못했다는 비판이 많이 일어나고 있지만,[69] 그러나 자아와 타자에게 동등한 권리와 책임 및 위상을 부여하는 후설 현상학의 성찰은 오히려 의사소통을 중시하는 정보해석학과 매체문화에

69) 한전숙, 『현상학』, 285쪽 참조.

온당한 시금석이 될 수 있다. 더욱이 상호주관성의 현상학에서는 '나' 중심의 주체가 아니라, 나와 타자 및 타자와 내가, 즉 우리가 공동존재라는 차원에서 의미와 문화를 구성하는 것이다.

레비나스는 후설의 현상학에서 주체중심의 사유를 비판하지만, 그러나 후설의 주체는 인식하고 경험하는 차원에서의 주체이지 남을 지배하거나 남의 위에 군림하는 그런 주체는 결코 아니다. 물론 타자중심의, 그리고 타자에게서 절대적인 철학의 시작을 강조하는 레비나스의 이타주의 철학은 고도의 윤리적인 차원을 갖고 있지만, 그러나 의사소통이 근본적인 바탕을 이루는 정보해석학과 매체문화에서 자아와 타자에게 동일한 주체적 권리와 책임 및 위상을 부여하는 후설의 경우가 더욱 실제적(aktuell)이고 현실적으로 여겨진다.

후설의 현상학이 주체의 문제를 중요한 테마로 삼고 있지만, 그러나 이러한 사유를 레비나스의 후설 비판에서와 같이 '유아론'이나 '주체중심주의'로 치부하는 것은 온당치 않다. 후설은 주체가 다양한 루트를 통해 타자들과 상호주관성이며 상호문화성을 이루고, 나아가 모나드 공동체를 형성함을 천명한다. 특히 그의 『데카르트적 성찰』 제5성찰에서 '유비하는 통각(analogisierende Apperzeption)'을 통해 초월적 주관이 고립된 채 유아론적으로 혹은 주체중심주의적으로 존재하는 것이 아니라, 다른 초월적인 주관들(타자들)과 더불어 초월적인 상호주관성을 이루고 타자들과 더불어 존재함을 확고하게 드러낸다. 후설에 의하면 '초월적인 공동자아의 세계(das Universum von transzendentalen Mit-Ich)'는 나의 존재와 타자의 존재가 서로의 존재를 전제로 하지 않고서는 존재할 수 없다. 이토록 서로가 서로에게 지향되어 있음이 '초월적 공동존재의 필연성'이라고 한다.[70]

우리는 앞 절에서[71] 후설의 '신체적 주관성'에 관해 논의했는데, 이 신체적 주관성이 타자와 맺는 관계를 주목할 필요가 있다. 신체적 주관은 결코 자기중심적으로 타자와 대상을 구성하거나 노에시스와 노에마의 작용에 의해 대상에 의미를 부여하는 그런 주체가 아닌 것이다. 신체적 주관은 그러한 구성작용을 하기보다는 마치 '세계 속에 닻을 내리고 있는'(메를로-퐁티) 신체처럼, 혹은 '세계-내-존재'(하이데거)로서의 현존재처럼 타자와 대상의 가운데에 있다. 거기서 그는 타자와 대상을 구성해 내는 세계 외적 주관이 아니라, 오히려 이들과 만나고 교류를 갖는 주체이다. '생활세계의 현상학'에서 두드러진 것은 타자와 너, 우리를 비롯한 세계 내의 모든 대상들은 노에시스에 의해 구성되는 타자도 대상도 아니고, 오히려 만나지고 체험되는 타자이고 대상이다.

말하자면 상호주관성의 현상학과 상호문화성의 현상학, 나아가 '생활세계의 현상학'에서는 자아와 타자 및 자아와 세계가 노에시스와 노에마에 의한 구성작용과 구성체의 관계에 있는 것이 아니라, 서로 공속의 관계에 있다. 말하자면 "나와 우리, 세계는 서로 공속하여 하나의 전체를 이루고 있는 것이다."[72] '다른 자아'로 칭해지는 타자는 그러기에 자아와 함께 공동주체로서 **'세계구성의 동역자**(Mitträger der Weltkonstitution)'[73]이고 의미 있는 세계를 함께 건축한다. 이들 당사자들 사이에는 상호주관적이고 상호

---

70) E. Husserl, *Zur Phänomenologie der Intersubjektivität*(III)(Hua. XV), 370쪽 참조.

71) 이 책 230쪽(3절 「기초적인 의미구성」) 이하 참조.

72) E. Husserl, *Ideen II*(Hua. IV), 288쪽.

73) E. Husserl, *Zur Phänomenologie der Intersubjektivität*(III)(Hua. XV), 551쪽.

문화적인 관계와 교류가 전제되어 있다.

그러기에 우리는 타자를 구성하는 것이 아니라, 타자와 서로 만나고 교류하며, 이러한 만남은 또한 자아중심으로 이루어지는 것이 아니라 '공동존재라는 선행적인 열린 지평'에서이다.[74] 이때 선행적인 열린 지평으로서의 공동존재란 세계 속에 닻을 내리고서 삶을 영위하고 있는 신체적 주관의 의식이 본래적인 자기초월성과 자기개방성에 입각해 부단히 자기 자신으로부터 밖으로 나와(脫自的, Ek-sistieren) 언제나 타자와 사물들의 곁에 — 타자와 사물은 결코 나의 의미구성작용에 의해서가 아니라, '질료학'이 밝히듯 선소여적인 존재이다 — 있다는 그 '공동존재'를 본질로 하는 것을 일컫는다.

후설의 '상호주관성의 현상학'은 다른 자아(alter ego)의 존재를 구체적으로 드러낸다. 선험적 자아는 세계를 다른 자아들과 함께 경험한다. 나는 세계를 나의 어떤 개인적인 종합적 형성물(synthetisches Gebilde)로서가 아니라, 우리 모두가 접할 수 있는 '상호주관적'인 세계로서 경험한다. 세계의 존재의미는 나를 위해서만이 아니라 다른 자아를 위해서도, 나아가서는 '모든-사람에 대하여-거기에-존재함(das Für-jedermann-daseiende)'이다.[75] 인간은 생활세계 안에서 혼자 존재하지 않으며 타인들과 함께 생활세계를 공유한다. 생활세계는 공동체를 이루는 사회세계이고 문화세계이다.

상호주관성에 관한 현상학적 논의의 출발점은 우선 우리의 일반적인 선이해(Vorverständnis)에 주목한다.[76] 말하자면 우리가 일

---

74) 한전숙, 『현상학』, 285쪽 참조.

75) E. Husserl, *Cartesianische Meditationen*, 94쪽 이하 참조.

76) 앞의 책, 87쪽 참조; E. Husserl, *Krisis*, 175쪽, 190쪽 참조.

반적으로 어떤 사물에 대해 지각하고 경험하는 것은 같은 의미에서 다른 주체들도 이렇게 혹은 저렇게 지각하고 경험할 수 있으리라는 것을 떠올릴 수 있다. 그리하여 우리는 지각하고 경험하는 주체들로서 하나의 공통적인 세계를 생각해 볼 수 있는데, 이때의 다른 인격체로서의 주체들은 결코 저 대상적인 사물로 파악될 수 없으며, 오히려 우리처럼 저 사물에 대해 지각하고 경험하며 파악하는 한에서 모두가 서로를 공통의 세계를 '함께 구성하는(mit-konstituierend)'[77] 주체로 받아들일 수 있는 것이다.[78]

물론 지각하고 경험하는 내용들은 서로 다른 주체들인 만큼, 공동으로 의식되었다고 하더라도 그 이해방식과 명확성의 정도에 있어서, 또 서로 다른 지각장(知覺場)과 회상장(回想場)을 갖고 있는 것만큼, 사람마다 다를 것이다. 그러나 이러한 모든 차이에도 불구하고 우리는 우리와 같은 다른 사람들과 이해하고 교류하며, 우리들 자신도 그들에게 이런 식으로 받아들여지고, 그리하여 우리 모두에게 현존하는 주변세계로서 하나의 공동체적이고 객관적인 시공간적 현실세계를 정립할 수 있을 것이다.[79] 상호주관성에 의해 정립된 후설의 '모나드 공동체(Monadengemeinschaft)'는 바로 이러한 세계를 보여준다.

모나드(Monad)란 후설이 그의 『데카르트적 성찰』에서 사용한

---

77) E. Husserl, *Krisis*, 190쪽.

78) 이러한 상호주관적으로 정립된 세계를 후설은 "모든 이를 위한 세계(Welt für alle)"(*Krisis*, 189쪽)로, "전적으로 공동체적이고 객관적인 세계(eine allgemeinsame objektive Welt)"(*Cartesianische Meditationen*, 87쪽)로, 그리고 "모든 나와 같은 주체들의 공간으로서의 보편적 사회성(die universale Sozialität, als 'Raum' aller Ichsubjekte)"(*Krisis*, 175쪽)으로 규명했다.

79) E. Husserl, *Ideen I*, §53 참조; *Cartesianische Meditationen*, 87쪽 참조.

새로운 자아의 개념이다. 의식적 체험의 흐름을 강조한 『논리연구』에서의 주관과 『이념들 I』에서의 순수자아를 융합한 형태가 모나드인 것이다. 그런데 여기서 후자는 그 관계방식이나 태도의 방식을 제외하면 본질적 성분을 하나도 갖지 않고 또 이렇다 할 내용도 갖지 않는, 그저 순수자아인 것이다. 순수자아이기에 의식의 다양한 작용에도 영향을 받지 않는 공허한 동일성극이다.[80] 그러나 주관과 순수자아의 융합형태를 띤 모나드는 동일성극이면서 의식 내에 일어나는 것들의 영향을 받는 자아이다. 말하자면 모나드는 선험적 자아가 자기 자신을 자연화(Naturalisierung)[81]한 형태로서 자기 자신을 세계 속에 시공간적으로 존재하고 활동하는, 즉 '세계화하는 자기통각(verweltlichende Selbstapperzeption)'[82]으로 이해하는 존재이다.

무엇보다도 후설이 강조하는 자아의 형태는 '완전히 구체화된 자아'인데, 이를 라이프니츠와 관련시켜 모나드라고 칭했다.[83] 이러한 모나드로서의 자아는 구체적인 자아이고 자기의 의지결단에 의해서 자기에게 습득된 습성을 지닌 존재가 된다. 구체적인 자아인 만큼 "모나드는 역사를 지니고 있다. 따라서 자아는 이제 단순히 노에시스-노에마라는 형식적 구조를 가지는데 그치지 않고 그 속에 과거 현재 미래가 구성되는 구체적인 체험류요 그 속에 나타나는 모든 개별적인 것들은 단순히 공존하는 것이 아니라 서로

---

80) E. Husserl, *Ideen I*, 195쪽 참조.

81) E. Husserl, *Krisis*, 224쪽 참조. 선험적 자아가 자기 자신을 정신적이고 물리적인(psychophysisch) 자아로 파악하는 경우도 하나의 '세계화하는 자기통각'이다.

82) E. Husserl, *Cartesianische Meditationen*, 102쪽; *Krisis*, 209쪽, 212쪽, 256쪽 이하 참조.

83) E. Husserl, *Cartesianische Meditationen*, 100-102쪽 참조.

‘동기부여(Motivation)’[84]의 관계에 있다. 구성작용으로서의 체험류는 동기부여의 체계로서의 역사를 갖는다.”[85]

그러나 후설의 관심은 단순히 모나드로서의 자아설명에 그치는 것이 아니라 — 사실 이러한 모나드는 ‘모나드 공동체’를 위한 토대라고 할 수 있다 — 모나드적인 고유영역, 즉 ‘원초적(primordiale)’ 영역을 기초로 하여 ‘다른 자아’인 타자들과 모두가 어떻게 상호주관적이고 공통된 하나의 세계를 정립하는가이다. 상호주관성의 현상학에서 ‘원초적 영역’은 근원적으로 타자경험을 위한 토대인데, 그러나 이 토대는 나에게만 접근 가능한 영역이 아니다. 그것은 나와 타자의 공통지반으로서 이미 내가 다른 초월적 주관들과 공유하는 영역이기에, 타자와의 관계가 단절된 상태에서는 접근이 불가능하다.

후설은 상호주관적인 ‘원초적 영역’에서 초월적 자아는 다른 초월적 주관들의 영향을 받을 뿐만 아니라, 그들에게 영향을 받으면서 그러한 영역이 형성됨을 지적한다.[86] 이러한 ‘원초적 영역’은 하나의 객관적인 세계로서 나 자신도 그 안에 포함될 뿐만 아니라 누구에게나 동일한 하나의 세계인 모나드 공동체이다. 그러기에 이 모나드 공동체는 ‘선험적 우리(transzendentales Wir)’[87]가 상

---

84) 『성찰』, 109쪽.

85) 한전숙, 『현상학』, 213쪽.

86) E. Husserl, *Cartesianische Meditationen*, §49 참조.

87) 앞의 책, 110쪽; E. Husserl, *Ideen I*, Nachwort, 153쪽 참조; Werner Marx, *Die Phänomenologie Edmund Husserls*, 89쪽 참조. ‘선험적 우리’와 유사한 개념으로 후설은 ‘우리-공동체(Wir-Gemeinschaft)’(*Ideen I*, Nachwort, 153쪽), ‘선험적 상호주관성(transzendentale Intersubjektität)’(*Ideen I*, Nachwort, 153쪽), ‘우리-종합(Wir-Synthesis)’(*Krisis*, 175쪽), ‘우리-모두(Wir-Alle)’(*Krisis*, 186쪽), ‘다수의 자아들을 지닌 우리(Wir mit den vielen ‘Ichen’)’(*Krisis*, 186쪽)와 같은 용어를 쓰고 있다.

호주관적으로 정립한 공동체적이고 객관적인 세계이다. 후설에 의하면 이러한 객관세계의 구성에는—라이프니츠에게서의 예정조화처럼—"본질적으로 모나드들의 조화(Harmonie)가 포함되어 있다."[88]

상호주관적으로 정립되었음에도 불구하고 모든 주체들에게 공동의 지반인 객관적 세계가 가능한 것은 모나드들의 '예정조화'에 의해서 무수히 많은 모나드가 서로 공동체화될 수 있는 데 기인한다. 순수 자연으로부터 문화적인 생활세계에 이르기까지 그 토대가 부여되는 구조는 열려 있는 모나드의 공동체에 의해서이다. 이 열려 있는 모나드 공동체들의 하나하나에 속하는 모나드의 상관자는 선험적으로 정립된 상호주관적이고 객관적인 세계이다. 이를테면 나의 신체적 지각활동이 오직 나의 고유영역에 있음에도 불구하고, 또 타자의 지각활동이 오직 그의 고유한 영역에 있음에도 불구하고 타자는 내가 경험하는 것과 동일한 세계로 파악하는 세계를 갖는다. 이러한 세계는 곧 모든 모나드들에게 동일한 세계이기 때문에 객관적 세계인 것이다.[89]

그런데 이와 같은 '선험적 우리'에 의해 상호주관적으로 정립된 '모나드 공동체'의 출발은 원초적 자아인 모나드에서 시작하여 '다른 자아'인 타자이해, 나아가 다수의 타자로 이루어진 공동체의 의미구성, 종국적으로 누구나 그 안에 포함되고 누구에게나 동일한 하나의 객관적인 세계의 정립의 과정이다. '선험적 자아'이면서 '완전히 구체화된 자아'인 모나드는 후설에게서 '다른 자아'인 타자들에게도 그대로 적용된다. 모나드는 본질적으로 각기 그

---

88) E. Husserl, *Cartesianische Meditationen*, 138쪽.

89) 앞의 책, §62-64 참조; Werner Marx, *Die Phänomenologie Edmund Husserls*, 93쪽 참조.

자체 안에 서로 '다른 자아'인 타자의 의미를 지닌다.

나와 같은 인격체로서의 타자는 후설에게서 '나와 같은 주체(Ichsubjekt)'로 받아들여진다. 그는『이념들 I』 제29장에서 "'다른' 나와 같은 주체와 상호주관적인 자연스러운 주변세계"라는 제목으로 타자를 다음과 같이 설명한다: "나 자신에게 타당한 모든 것은 내가 아는 바와 같이, 나의 주변세계 내에 현존하는 다른 모든 사람들에게도 타당하다. 그들을 사람으로 경험하면서 나는 그들을 '나와 같은 주체들(Ichsubjekte)'로 이해하고 받아들인다. 나 자신도 그들에게 이러한 주체들 중의 하나이며 그들의 자연스러운 주변세계에 관계되어 있는 '나와 같은 주체들' 중의 하나로 받아들여질 것으로 이해한다."[90]

후설에게서의 타자는 결코 나와 무관한 어떤 종(genos)이나 단순한 자연물 내지는 사물이 아니라 '다른 자아(alter ego)'로서 자아와 똑같은 특권을 가진 주체로, 나와 함께 주변세계 안에 있는 신체들로 받아들여진다. 타자가 나와 같은 주체로 받아들여지고 상호주관적 '상호이해'가 가능하게 되기 위해 후설은 '간접현전(Appräsentation)'과 '자기이입(自己移入, Einfühlung)' 및 '유비하는 통각(analogisierende Apperzeption)'과 같은 개념들로써 설명한다.[91] 이를테면 우리는 실제로 나의 신체와 비슷한 다른 사람을 지각하고서(다른 자아에 대한 근원적 현전: Urpräsenz) 우선 나와 같은 신체를 가진 타자를 '자기이입'[92]에 의해 유추한다.

---

90) E. Husserl, *Ideen I*, 60쪽. 또한 Werner Marx, *Die Phänomenologie Edmund Husserls*, 83쪽 참조.

91) E. Husserl, *Cartesianische Meditationen*, §50, 138-144쪽 참조; *Ideen I*, §1 참조.

92) '자기이입'으로 번역된 'Einfühlung'은 주로 심리학적인 용어로 사용되며 심리학적으로는 대체로 '감정이입'으로 번역된다. 그러나 후설에게서 이

이러한 유추과정은 '유비하는 통각'[93]에 의해 이루어진다. 이때 유비란 결코 단순한 추론이 아니고 타자의 신체가 나의 신체와 하나의 짝을 이루는 것으로 파악되는 것이고, 또 이 '짝을 이룸(Paarung)'[94] 혹은 '연합적 짝짓기(assoziative Paarung)'[95]에 의해서 우선은 육체(Körper)로 현전하고 만나진 다른 사람이 곧 타자의 신체(Leib)이고, 이는 또다시 나와 같은 신체를 가진 '다른 자아'라는 '통각적 의미전이(apperzeptive Sinnesübertragung, Sinnesüberschiebung)' 현상이 이루어짐을 말한다.[96]

이토록 타자의 신체를, 즉 타자가 그의 운동감각으로 지배하는 자아를 내가 경험할 수 있는 것은 그의 거동(Gebaren)에 의해 가능하다. 그것은 거동이 타자의 신체를 필증적으로 알 수 없고 또 타자의 신체에 대하여 근원적으로 접근 불가능한 측면이 있지만, 그 어떤 접근 가능성을 개방해 주기 때문이다. 타자의 거동을 나는 내 자신의 신체적 거동의 변형으로서 이해하고 경험한다.

그런데 내 자신의 거동은 나에게 원본적으로 주어지고 또 나에게는 전형적으로 알려져 있기 때문에 타자의 거동에서 표현되는 타자의 심적 영역을 파악하는 가능성이 주어지는 것이다. 이를테

용어는 '감정이입'과는 무관하며, '감정적 태도(emotionale Einstellung)'로 오해되어서는 안 된다(Peter Prechtl, *Husserl*, 87쪽 참조). 한전숙 교수도 적절하게 지적하듯 후설에게서 이 용어는 저런 심리적인 의미를 넘어, 이를테면 타자의 "표정을 보고 거기에 상응하는 나 자신의 정감을 옮기는 데 그치지 않고", 저 타자에게 내가 느끼는 "주체성을 옮기는 데까지 확대하여 사용하므로" '자기이입'으로 번역하는 것이 바람직하다고 보인다(한전숙, 『현상학』, 284쪽 참조).

93) E. Husserl, *Cartesianische Meditationen*, 115쪽, 121쪽 참조.

94) 앞의 책, §51 참조.

95) 앞의 책, 115쪽 이하, 121-122쪽, 126쪽, 133쪽 참조.

96) 앞의 책, 116쪽 참조.

면 타자의 신체의 거동에서 표현되는 분노나(심지어 분노의 정도까지도), 기쁨, 슬픔, 증오, 웃음(미소나 조소 등), 숙고 등을 이해하고 경험할 수 있으며, 이에 비해 내 자신의 거동이 나에게는 전형적으로 친숙하기 때문에 '의미전이'를 이루고 상호이해를 획득할 수 있는 것이다.

물론 이 모든 과정에서도 타자의 신체는 원본적으로 직접 현시될 수 없으며, 오직 '간접현전'에 의해서이다. 내가 거동을 통하여 타자를 그의 자아에서 경험할 수 있는 방식이 곧 유비(Analogie)이며, 그는 나의 유사체(Analogon)로, 나의 자아와 전형적으로 유사한 타자로, 나의 객관화된 자아로, 내 자아의 한 변형체(Modifikat)로, 내 자신의 모나드의 '지향적 변형'으로 받아들여지는 것이다.97)

그러나 타자의 신체는 사물과는 다르기 때문에 '원본적으로(originär)' 주어지지는 않는다. 사물은 나의 지각활동에서 원본적으로 주어질 수 있지만, 신체를 지니고 있는 심신적인 존재로서의 타자의 의미는 그러나 '원본적으로' 주어지지 않고, 연합(Assoziation)의 '수동적 종합(passive Synthesis)'에 의해 간접현시되며, 이는 '자기이입'이란 통로를 통해 간접적으로 주어질 뿐이다. 타자의 신체에 대한 확실성은 따라서 필증적(apodiktisch)이 아니고 추정적일 따름이다. '자기이입'이라는 수단을 통해서는 결코 타자를 '원본적으로' 현시할 수 없다.

후설이 타자를 '원본적으로' 현시할 수 없고 또 타자에 대한 확신이 필증적이지 않다고 하는 데에서 — 레비나스의 비판과는 달

97) E. Husserl, *Ideen I*, 215쪽; *Erste Philosophie*, II. Teil, 135쪽; *Formale und transzendentale Logik*. 314쪽 이하; *Krisis*, 172쪽, 189쪽, 191쪽, 262쪽 참조.

리 — '타자의 타자성'이 보존되어 있음을 우리는 알 수 있다.[98] 주체는 결코 타자의 성역을 침입할 수도 없거니와 또 그렇게 하지도 않는다. 타자이해를 위한 과정설명에서 후설의 '자아'는 — 허다한 후설 비판과는 달리 — 결코 주체중심적인 태도로서 일관하는 것이 결코 아니다. 이러한 과정을 주체중심주의라고 하면, 그건 아예 후설의 현상학을 잘못 이해한 결과이다. 그것은 우선 자아가 결코 자기중심주의나 주체중심주의를 구축하려는 것이 아니라, 자아든 타자든 모든 주체들은 사물이나 세계나 상대방을 이해하고 체험하는 데 있어서 그런 과정을 겪는다는 것을 밝히기 때문이다.

그런데 앞에서 신체적 표현을 근거로 하여 '신체적-정신적인 단일체(psychophysische Einheit)'[99]로서의 타자를 보고 이해하며 경험하는 등 '자기이입'하는 것이 나에게 가능하다면, 그것은 나와 같은 모든 타자에 대해서도 본질적으로 가능한 것이다. 이러한 과정을 통하여 우리는 상호주관적으로 정립된 '모든 이를 위한 세계(Welt für alle)'[100]를, '전적으로 공동체적이고 객관적인 세계(eine allgemeinsame objektive Welt)'[101]를, 그리고 '모든 나와 같은 주체들의 공간으로서의 보편적 사회성(die universale Sozialität, als 'Raum' aller Ichsubjekte)'[102]을 정립할 수 있다.

---

98) 후설의 상호주관성의 현상학에 대한 레비나스의 비판을 비판적으로 검토한 논의는 이남인 교수의 「상호주관성의 현상학: 후설과 레비나스」(『철학과 현상학 연구』 제18집, 2002)를 참조.

99) E. Husserl, *Ideen I*, 80쪽; *Cartesianische Meditationen*, 93쪽, 100쪽 이하, 126쪽 이하, 132쪽 이하, 136쪽 이하, 145쪽 이하 참조.

100) E. Husserl, *Krisis*, 189쪽; *Ideen I*, §151 참조.

101) E. Husserl, *Cartesianische Meditationen*, 87쪽.

102) E. Husserl, *Krisis*, 175쪽. 또 이와 비슷한 표현으로 후설은 "모든 객관

이토록 상호주관적으로 정립된 공동체적 세계는 주체들 상호관계와 상호이해, 상호교류에 의해서이므로 이 세계는 '의사소통의 주변세계'라고 칭해진다.[103] 이 의사소통의 주변세계에 참여하는 인격체들은 바로 이 참여하고 교류하는 행위로 인하여 결코 어떤 객체나 대상이 아니라 '동료들(Genossen)'[104]인 것이다. 말할 것도 없이 이 동료들은 서로 사회적 관계를 형성하고 있다. 후설에 의하면 사회성이란 공동의 의사소통적 주변세계에 관계된 상호이해와 상호교류로부터 정립된다는 것이다.[105] 공동의 주변세계에

성과 모든 존재자 일반이 그 속으로 해소되는 보편적 상호주관성(die universale Intersubjektivität, in die sich alle Objektivität, alles überhaupt Seinde auflöst)"의 세계(*Krisis*, 183쪽 참조)를 언급한다.

103) E. Husserl, *Erste Philosophie*, II. Teil, 121쪽 참조; *Ideen I*, 117쪽 참조; *Cartesianische Meditationen*, §58 참조; Werner Marx, *Die Phänomenologie Edmund Husserls*, 85쪽 참조.
후설 현상학에 유아론적 주관주의라는 혐의를 씌우는 비판은 온당하지 않다. 이를테면 Alfred Schütz(*Das Problem der transzendentalen Intersubjektität bei Husserl*, in: ders., *Studien zur phänomenologischen Philosophie*, Gesamelte Aufsätze Bd. III, Den Haag, 1971, 86-118쪽 참조)와 Michael Theunissen(*Der Andere*, Walter de Gruyter: Berlin, 1965, 15-155쪽 참조), 또 앞에서 자주 언급했던 레비나스와 사회철학자 하버마스 등이다. 후설은－우리가 누누이 강조해 왔듯이－끊임없이 인간 '서로 간의 교류(im Verkehr miteinander)'(E. Husserl, *Krisis*, 20쪽)를 생활세계적 근간으로 하며 이러한 교류를 바탕으로 상호주관성과 상호문화성 및 공동체의 형성을 일구어나간다. 그는 인간을 결코 고립적이고 유아론적인 존재로 보지 않고, 가족과 부락, 국가 등의 공동체를 이루며 살아야 하는 존재로 규명하고 있다(*Krisis*, Hua. VI, 2. Auflage, 327쪽 참조).

104) E. Husserl, *Cartesianische Meditationen*, 138쪽 참조; Werner Marx, *Die Phänomenologie Edmund Husserls*, 85쪽 참조.

105) E. Husserl, *Cartesianische Meditationen*, 135쪽, 140쪽 참조; *Krisis*, 175쪽 참조.

부단하게 관계되어 있는 이 의사소통(Kommunikation)에서 점점 더 높은 단계의 인격적 공동체들이 구성될 수 있으며, 나아가 이 구성이 더욱 진전됨으로써 잠재적 의사소통의 관계에 있는 주체들의 총체가 구축되어, 그리하여 상호주관성과 그 상관자인 '정신들의 세계(Geisterwelt)'[106]가 건립된다.

2) 상호문화적 의미구성

후설 현상학에서 선험적 주관성은 선험적 '상호주관성'으로, 이는 다시 상호주관적인 선험적 사회성으로 확장되어, 급기야는 '상호문화성'의 지평을 열었다. 따라서 우리는 '상호문화성'의 논의를 '상호주관성'에 대한 논의의 연장선에서 파악할 수 있다. '상호문화성'은 물론 '제일철학의 테마'인 것이다.[107] '상호주관성'이나 '상호문화성'이란 개념은 두말할 것도 없이 철저한 상호성과 주관성 및 개별성의 바탕 위에서 성립 가능한 것이다.

물론 후설의 '생활세계'가 보편성으로도 구성된 것처럼 문화적인 보편성[108]도 우리는 찾을 수 있다. 즉, 여러 다양한 문화들은 서로 상대적이고 이질적인 것임에도 불구하고 서로 '보편적인 구조'[109]를 갖고 있는데, 이를테면 "비록 서로 다르게 파악되더라도 공간형태, 운동, 감각적인 성질과 같은 것들처럼 공통된 생활세계적 대상들은 그들에게나 우리에게나 동일화될 수 있게 한다."[110]

---

106) Werner Marx, *Die Phänomenologie Edmund Husserls*, 85쪽 참조; E. Husserl, *Cartesianische Meditationen*, §58 참조.

107) B. Waldenfels, "Erfahrung des Fremden in Husserls Phänomenologie", in *Phänomenologische Forschungen* 22, 46쪽 참조.

108) E. Husserl, *Krisis*, §36 참조.

109) 앞의 책, 142쪽 참조.

110) 앞의 책, 142쪽 참조.

문화들의 보편성을 드러내는 것은 각 문화들의 공속성과 공통분모 내지는 공감성을 드러내는 것이지, 어떤 하나의 또는 몇몇의 문화가 척도로 둔갑하여 보편화로 선언하고 절대화하는 것이 아니다. 또한 '세계지평' 내지는 '보편지평'만이 전체인 반면에, 여기에 속한 여러 개별적인 지평들은 개별적인 지평일 따름이지 전체일 수는 없는 것이다.[111] 남의 문화를 잠식하고 절대화를 선언하는 그런 문화독점주의나 문화제국주의, 문화전제주의는 근원적으로 불가능함을 우리는 알 수 있다.

'상호문화성'이란 오르트(E. W. Orth)도 밝히듯이 "통상 사회적-공간적으로 제한된 서로 다른 문화들 (또는 문화권들) 상호간의 개방성과 또 그로 인한 공동작업의 가능성을 의미한다."[112] 그런데 이러한 상호문화성과 그에 관한 공동작업이 가능하기 위해서는 우선 첫째로 다른 문화들의 고유성(Eigenständigkeit)과 이방성(Fremdheit)이 근원적으로 그리고 철저하게 인정되어야 한다. 다른 문화들의 고유성을 전제로 하여 상호문화성은 그 존재의미를 부여받는다. 또한 타자는 후설에게서 '다른 나'이고, 나는 이 타자

111) 발덴펠스(B. Waldenfels) 교수도 「한국현상학회 창립 20주년 기념 국제학술회의」(1998. 10. 10, 연세대)에서 그의 발표논문 "Phänomenologie und Interkulturalität"을 통해 어떤 하나의 개별적 문화도 전체로서 다른 문화와 비교될 수 없다는 것을 강조했다. 이는 후설도 누누이 강조하듯이, 전체는 오로지 개방된 지평으로만 가능하기 때문이다. 하나의 문화적 척도가 전체로 선언되는 데서, 보편적인 것의 관점이 하나의 보편적인 관점으로 격상되는 곳에 월권이 시작되는 것이다. 『현상학과 상호문화성』, 7쪽 참조.

112) E. W. Orth, "Die Vieldeutigkeit des Kulturbegriffs und seine mögliche Bestimmung im Rahmen der Intentionalitätstheorie", in 『현상학과 상호문화성』(한국현상학회 창립 20주년 기념 국제학술회의, 1998. 10. 10, 연세대), 40쪽

에게 타자가 되며, 타자들은 의미 있는 세계의 구축에 참여하는 '세계구성의 동역자(Mitträger der Weltkonstitution)'[113)]이다.

오르트는 「지향성 이론의 범위 내에서 문화개념의 다양한 해석과 그 가능한 규명」[114)]이라는 제목으로 발표한 논문에서 문화개념의 다의성과 상호문화성의 차원에서 이방문화에 열려 있고 배워야 한다는 논의를 펼쳤는데, 이는 후설 현상학에 입각해서 원만한 의사소통을 위한 토대마련일 뿐만 아니라, 나아가 오늘날 '문화전쟁' 내지는 '문명의 충돌'(새뮤얼 헌팅턴) 시대에 시사하는 바가 큰 것으로 보인다.

낯선 이방문화나 이방인과의 만남에는 우선 생생하고 다양한 체험과 느낌을 — 사람에 따라 — 갖게 될 것이다: 섬뜩한, 매혹적인, 낯선, 혐오스러운, 어리둥절한, 기묘한, 무서운, 곤혹스런, 공포스러운, 기타 등등. 그러나 현상학적으로 특별히 의미 있는 것은 우리가 이때 의식의 자극으로 말미암아 예사롭고 일상적이며 관습에 젖은 태도로부터 의미변화를 가져올 수 있는 것이다. 그러면 나의 의식세계에 갇힌 상태에서 벗어나 (순간적일 수도 있지만) 초월적인 경험을 하게 되는 것이다. 또한 이때의 의식은 타자와의 대면으로부터 발생한 것이므로 생생하게 살아 있는(leibhaftig) '원본적 의식(Originalbewusstsein)'에 의해 얻어진 이방체험(Fremderfahrung)인 것이다.

상호문화성과 그에 관한 공동작업을 위해서는 둘째로, 서로 다른 문화들(토속문화와 이방문화들)이 추구하고 수렴하는 이상을

113) E. Husserl, *Zur Phänomenologie der Intersubjektivität*(III)(Hua. XV), 551쪽.

114) 원제목 : "Die Vieldeutigkeit des Kulturbegriffs und seine mögliche Bestimmung im Rahmen der Intentionalitätstheorie".

향한 공동적인 작업이 구체적으로 요구되는 것이다.[115] 상호문화성을 위해서는 구체적으로 그리고 "점차적으로 더 넓은 이해 가능성(Verständigungsmöglichkeiten)을 마련해야 하는 것이다."[116]

나에게 뿐만 아니라 모든 이에게 세계가 주어져 있는 것처럼 문화세계 또한 나에게 뿐만 아니라 모든 이에게 접해질 수 있는(zugänglich) 것이다.[117] 문화세계는 따라서 하나의 보편지평의 형태를 갖기에 상호문화성을 위해서는 하나의 이상적인 모델로 또한 과제로 주어져 있다. 이러한 바탕 위에서 토속문화뿐만 아니라 이방문화가 자연스럽게 존립하게 되는 것이다. 보편지평으로서의 문화세계라는 개념은 (그러기에 개별적 문화세계에는 결코 다 주어지지 않는!) 이미 저러한 여러 문화세계들을 포괄하고 있다.

나와 타자가 상호주관성을 이루듯이, 토속문화와 이방문화는 상호문화성을 실현할 수 있는 것이다. 상호문화성을 위해서는 '이방경험'이 필요하고, 또 이 이방경험을 위해서는 이방의 문화를 가진 타자 및 인류와 그 문화들 속으로의 '자기이입(Einfühlung)'이 있어야 한다.[118] 상호문화성이 실현되는 곳에는 서로 다른 문화를 간직한 사람들 사이에 문화의 '뒤얽힘(Verflechtung)'이 일어난다. 이때 서로 다른 문화들 사이에 '완전한 일치(vollständige Koinzidenz)'나 '전적인 괴리(völlige Disparatheit)'는 거의 불가능한 것으로 보이고, 또 어떤 한쪽이 다른 쪽을 잠식하거나(über-

---

115) E. W. Orth, "Die Vieldeutigkeit des Kulturbegriffs und seine mögliche Bestimmung im Rahmen der Intentionalitätstheorie", in 『현상학과 상호문화성』, 40쪽 참조.

116) E. Husserl, *Cartesianische Meditationen*, 136쪽.

117) 앞의 책, 135쪽 참조.

118) 앞의 책, 138쪽 참조.

greifen) 침략 내지는 소멸하는 극단적인 경우를 제외하면 상호문화의 교류가 이루어지는 것이라고 볼 수 있다.

특히 오늘날의 '국제화 시대'에는 여러 형태의 문화교류가 이루어지고 또 이방문화에 열려 있는 계층이 늘어나기도 하고, 이국적인 것(Exotisches)에 매력을 느끼는 사람도 많이 있다. 미국의 흑인음악이 서구와 기타 다른 대륙의 사람들의 심금을 울리고, 아프리카의 조각품이나 토산품이 다른 문화에 속한 사람들에게 감동을 주며, 동양의 불교가 서양에 선풍적 인기를 가져오고, 학술교류나 스포츠 교류, 관광을 통한 이방문화에 대한 이해 넓히기, 이방적 음식문화를 통해 이방에 대한 애호심 갖기 등등 이러한 모든 것은 상호문화성을 실현하고 확대해 나가는 데에 분명히 어느 정도로 기여한다. 그러나 우리가 한 지구 위에 살면서 이러한 상호문화성에 입각해 '세계동포주의'(스토아)를 일구어낼 수 있을지는 의심스럽다. 무엇보다 그 역량이 극히 미미하기 때문이다. 또 이와 반면에 반-상호문화적인 세력도 구석구석 요소요소에 박혀 있어, 이것이 인류를 위태롭게 하고 도탄에 빠뜨린 것을 세계사는 분명히 보여주고 있다.

따라서 반-상호문화성의 위협에 대해, 상호문화성의 적들에 대해, 철저한 대책과 교육이 모든 영역에서 이루어져야 하는 것이다. 여기엔 이국적인 것(Exotisches)과 이방에 대해 긍정하는 태도(토속적인 것도 결국 이방의 눈에는 이방적인 것으로 나타나므로!), 이방의 문화와 존재방식에 대해 긍정하는 태도, 어떠한 토속적인 문화도 보편적인 문화세계(이념적인!)에 대해 개별적인 문화일 따름이라는 것 등이 근원적으로 교육되어야 하는 것이다. 어떠한 개별자나 국가나 문화권도 보편자로 될 수는 없다. 이는 그저 이들이 오로지 보편자의 적나라한 부분이기 때문이다.

보편자와 절대자의 위치에 군림하는 문화제국주의는, 마치 '세계'만이 보편지평이며 총체이고 그 외의 어떠한 개별적인 (또는 부분적인) 세계가 결코 그럴 수 없는 것처럼, 허용될 수 없음을 우리는 분명하게 파악할 수 있다. 절대성과 총체성을 띤 것은 우리의 어떤 지평에 드러난 세계가 아니라 이념적 열린 지평을 가진 세계 자체뿐인 것처럼, 어떠한 개별의 혹은 몇몇의 문화도 결코 절대성과 총체성을 주장하거나 요구해서는 안 되는 것이다.

누구나 그리고 어떤 공동체도 자신들의 고유한, 친숙한, 잘 알려진 토속문화(Heimkultur)를 갖게 되는데, 이것을 문화이해와 경험에 있어서 근원토대(Ursprungsboden)라고 한다면, 이 토대 위에서 이방문화(Fremdkultur) 또는 낯선 세계의 문화를 접하고 습득하여 이해를 넓혀갈 수 있을 것이다.[119] 그리하여 우리는 토속문화의 경계를 넘어 문화세계의 지평확대를 가져올 수 있고 또 서로 다른 타자문화와 공동체를 형성할 수 있을 것이다. 그러나 우리는 동일한 맥락에서 역설적으로 토속문화와 토속세계(Heimwelt)든 이방문화와 이방세계든 결코 " '전체의 세계(die ganze Welt)'가 아니라 그 '단면(Ausschnitt)'일 따름인 것"[120]을 알 수 있다. 이는 문화적인 것을 독점해서도 또 문화적 절대화를 선언해서도 안 된다는 것이다.

어떤 문화든 지평확장(Horizonterweiterung)은 가능하다. 그러나 아무리 확장해도 그것은 특수세계이고 개별세계이며, 그런 만큼 이런 세계에 고유한 지평이 있을 따름이다. 또한 아무리 지평을 확장한다고 해도 그 지평은 보편지평으로 또는 총체지평으로 될

119) L. Landgrebe, *Der Weg der Phänomenologie*, 51쪽 이하 참조.

120) 앞의 책, 52쪽.

수는 없는 것이다. 총체지평은 무한히 열려 있는 지평이기 때문이다. 총체지평은 여러 다양하고 특수한 지평들을 다 포괄하고도 더 포괄할 수 있는 여백이 있다. 그러기에 지평확장을 무모하게 시도한다고 해도 그것은 결코 총체지평으로 될 수 없는 것으로, 오히려 더 이상 날아갈 수 없는 이카로스의 비행과도 같을 것이다. 개별자가 개별자임을 망각하고 보편자임을 선언한다거나 개별세계가 다른 개별세계들의 척도로 절대화되어 보편자임을 자처하는 곳에 질서는 무너지고 위험이 도사리게 되는 것이다. 보편지평 또는 세계 전체는 열린 지평으로 존재하기에 개별자의 보편선언 내지 전체선언은 이미 모순임이 드러난다.

5. 소극적인 의미구성

단연 정보통신기술이나 정보문화는 어떤 윤리적인 목적을 전제로 탄생되지는 않았을 것이다. 그러나 정보문화가 활성화되어 정보사회를 형성해 가는 과정에서 정보윤리는 비록 목적이 아니지만 목적에 버금가는 중요성을 갖게 되었다. 말하자면 비윤리적인 문제가 곧 정보의 바다를 오염시키고 정보사회를 뒤흔들 파괴력을 갖기 때문이다.[121)]

청정의 정보바다를 위해서 그리고 정보통신기술과 정보문화의 본래적인 역할과 기능 및 목적을 위해서는 정보윤리가 필수적인 과제임에 틀림없다.[122)] 정보윤리는 최소한 **의미상실현상**을 어느

121) 이를테면 엽기 사이트나 자살 사이트, 사이버 테러, 게임중독, 바이러스 유포, 채팅으로 인한 가정파탄, 2004년에 있었던 수능 부정 사건('로또 수능') 등 수많은 사이버 범죄들은 정보사회를 병들게 한다.

122) 특히 추병완이 지적한 것처럼 "현재 우리나라 사람들의 정보윤리의식

정도 방지하는 방책이기 때문이다.

인간이 삶을 영위하는 곳이면 예외 없이 윤리가 존재한다. 정보사회에서도 예외가 없다. '네티켓'이라는 용어는 거의 자연발생적이었을 것이다. 나아가 '정보윤리학'은 비록 일종의 '응용윤리학'이지만, 이미 현대사회에서 하나의 학문적 분야로 자리 잡았다. 욕티즌, 섹티즌, 음란물의 범람, 해킹, 정보조작, 각종 금융사기 사건, 사회악의 백화점, 사이버 테러, 자살 사이트 등 괴이한 용어들은 곧 윤리가 핵심문제임을 여실히 드러낸다.

앞에서 제기된 인터넷 문화의 부정적인 면은 결국 매체의 문제가 아니라, 이를 이용하는 네티즌이라는 **인간주체의 문제**인 것이다. 윤리가 문제되는 것은 당연한 귀결이다. 이처럼 윤리에는 인간중심과 인간주체, 의식과 의미와 이성이 필연적으로 따르는데, 포스트모던에서 이들을 다 소멸시키고 나면 도대체 정보사회와 매체문화가 어떻게 될 것인가.

만약 누군가 정보통신기술이 정치영역에서 아주 유효하게 사용된다는 낙관론만 펼칠 경우, 그는 어두운 부작용을 못 보는 아둔한 실수를 범하게 된다. 물론 파르마콘의 독소조항을 제거하면 정보통신기술의 많은 긍정적 기여를 부인할 수 없다. 신속한 대량정보의 전달과 교환을 통해 효율적으로 의견을 수렴하고, 자기표현 확대와 다원주의를 표방하여 민주주의를 확대해 나갈 수 있을 것이다. 원리적으로는 인터넷의 문화가 전자민주주의를 구현한다거나, 특히 앨빈 토플러의 『제3의 물결』에서 드러나듯이 '원격민주주의(teledemocracy)'가 '참여민주주의'를 실현할 수도 있을 것이다. 그러나 이때에도 여전히 낙관적인 일면만을 보아서는 안 된다.

은 매우 낮은 수준에 머무르고 있다."(추병완, 『정보 윤리 교육론』, 94쪽)면, 바람직한 정보사회를 위해 정보윤리는 필수적인 것으로 보인다.

파르마콘의 독소조항이 제거되지 않으면 그 부작용과 비관적인 모습이 더 위협적이기 때문이다.

만약 검정도 되지 않은 정보가 (혹은 조작된 정보가) 대량으로 유통되고 교환되면 원격민주주의는 쉽사리 우중정치로 변할 수 있다. 또 정보처리능력이 뛰어난 소수의 당파적 엘리트가 정보를 장악하는 경우 추하고 혹독한 전제정치가 출현할 수 있으며, 적대적 정치세력들이 정보의 수집 · 소유 · 분배 · 유통 · 통제에 깊숙이 개입하여 여론몰이에 나서고 대다수의 의견을 왜곡 · 조작 · 통제하는 경우도 있을 수 있다.[123] 더욱이 선거철에 자주 나타나는 현상이지만, 매체를 통한 대중조작도 쉽게 일어날 수 있다.

대중매체가 지배하는 시대에 대중('대중 덩어리')은 철저하게 조작된다고 보드리야르는 지적한다. '대중과 매체는 풀 수 없는 결합'[124]관계를 갖고 있다. 그러나 대중은 매체에 의해 오히려 의사소통이 차단당하고 정치영역과 상업광고의 영역에서 무차별 조작당함을 밝힌다.[125] 보드리야르의 『시뮬라시옹』을 번역한 하태환은 「옮긴이 해제」에서 저러한 현상을 다음과 같이 요약한다: "오늘날은 조작의 사회이다. 정치는 대중을 하나의 전자적인 분자들로 취급하여 어떤 하나의 극에 자장을 형성하여 군중을 집합시키고, 다른 경우에는 다른 곳에 자장을 형성하여 제멋대로 조작을 한다. 대중사회는 조작의 사회이다. 경제 역시 조작을 위하여만이

---

123) 이를테면 인터뷰를 날조하는 경우와 인터뷰를 하지 않았는데도 한 것처럼 날조하고 조작하는 것, 인터뷰를 하고 난 뒤에 불리한 인터뷰 내용은 삭제해 버리거나 통계에 넣지 않는 경우 등 얼마든지 가능하다. 「인터뷰를 날조한 '국정브리핑'」(『동아일보』, 2006년 7월 1일자)과 같은 건 좋은 보기가 된다.

124) 장 보드리야르(하태환 옮김), 『시뮬라시옹』, 150쪽.

125) 앞의 책, 137쪽 이하, 150쪽 이하, 154쪽 이하 참조.

거기에 있다. 수요와 공급의 법칙이란 옛날의 이야기일 따름이다. 대중은 조작될 따름이다. 상품과 광고는 조작의 메커니즘일 따름이고, 대중들은 중력과 자력에 이끌리는 쇳가루와도 같은 것들이다."[126]

이를테면 대중매체를 통해 어떤 실질적인 것(정치적 비전이나 리더십, 식견 등)은 뒤로 한 채 외양조작을 통해 초점을 흐리게 한다거나, 나아가 진정한 정책적인 토론은 무시하고 외모나 언변, 재치, 스타일 등을 과장하여 분위기를 압도하고 인기몰이에만 급급한 경우도 있으며, 심지어 대중가수나 배우 등 소위 인기 연예인이나 방송인에 빌붙는 경우도 있다. 그뿐인가. 대중매체를 통해 허위사실을 유포하여 상대방을 깎아내리는 데에만 급급한 야비한 수단도 등장하지 않는가. 이 모든 비윤리적 현상은 인간주체들에 의해 야기되는 **의미상실현상**인 것이다.

"어떠한 모습을 가진 정보사회인가?"의 문제, 혹은 바람직한 정보사회의 현실화는 결국 매체나 정보통신기술 자체의 문제가 아니라, 이들을 운영하고 이들의 확산과 발전에 가담하는 인간주체의 문제이다. 말하자면 "어떠한 정보사회를 구성해 나갈 것인가?"를 결정하는 문제는 과학적, 기술적, 제도적 차원의 문제가 아니라, 정보사회를 구성해 나가는 책임당사자인 인간주체들에 의한 윤리적, 문화적, 정치적 선택의 문제로 귀착되는 것이다.

따라서 어떠한 경우에도 주체는 결코 포스트모던에서처럼 해체되어서는 안 되고 오히려 책임의 당사자로 나서야 하는 것이다.

이상적인 정보사회와 정보문화의 구축은 결국 네티즌들의 윤리적 선택의 문제로 환원될 수 있기 때문에, 윤리의식이 필수적으로

---

126) 앞의 책, 265-266쪽.

전제된다. 불건전한 정보의 홍수와 '사회악의 백화점'에서부터 사이버 테러 등 각종 컴퓨터 범죄에 이르기까지 비인간적이고 비윤리적인 문제들은 인간의 자아와 정체성을 위협하고 있다. 사이버 공간의 바람직한 토대마련을 위해 우리는 다음과 같은 몇 가지 네티즌의 윤리과제를 제시한다.

(1) 자율적인 인간

자율적인 인간이란 사이버 공간에서 타자의 간섭이나 통제 없이도 스스로 '옳음'과 '좋음'의 판단기준에 따라 행동하는 사람을 말한다. 정보의 과잉과 홍수 속에서 옳음과 좋음을 식별하고, 참과 거짓을 구별하며, 대중의 집단주의적 유혹과 횡포에 끌려가지 않고, 자신의 고유한 자아정체성을 견지하는 것은 자율적 인간의 덕이다. 정보사회에서는 정보통신의 기술과 기계에 의존도가 높으므로 '생활세계의 내적 기계화'가 가속화될 수 있다. 이럴수록 인간의 자기 선택과 판단 및 비판과 반성이 절실히 요구되는데, 이러한 자율적 인간의 태도가 곧 인간의 기계화와 기계에 대한 노예화를 방지할 수 있다.

(2) 공동체 의식

사이버 공간은 분명 한 개인이나 특정한 집단이 마구 남용하거나 오용할 수 있는 사적 공간이 아니다. 그것은 공동체가 함께 사용하는 공적 자산의 공간이다. 사이버 공간은 애초부터 인간에게 의미 있는 것을 제공하기 위해 탄생된 공간이다.[127] 따라서 어떠

127) 따라서 사이버 공간과 정보통신기술이 탄생된 동기는 칸트가 말한 '선의지(der gute Wille)'를 갖고 있다고 볼 수 있다. 그러나 마치 노벨에 의해 (선한 의지로) 발견된 다이너마이트처럼 잘 쓰면 약이 될 수도 있

한 경우에도 사이버 공간은 인간을 파멸로 끌고 가서도 안 되고 도덕적 진공상태가 되어서도 안 된다. 사이버 공간은 공동체에 의한 그리고 공동체를 위한 전자공간이기에, '나와 그것'의 도구적 만남이 아닌 '나와 너'의 인격적 만남이 이루어지는 곳이다.[128) 인간이 함께 거처하는 곳엔 항상 윤리가 전제되므로 사이버 공간에서도 공동체 생활의 유지를 위한 도덕적 규범과 네티즌 사이의 합의 및 약속이 전제된다.

인간이 성숙한 자아정체성을 형성하게 되는 것은 결국 자기 자신과의 관계에서보다는 타자와의 관계를 통해서이다. 인간의 자아정체성은 피할 수 없이 그리고 필연적으로 어떤 공동체의 특정한 문화와 도덕, 관습, 역사, 전통 등을 통해서 형성된다. 따라서 자아정체성을 가진 성숙한 개인은 이미 공동체의 토대에 절대적으로 의존하고 있는 것이다.

"인간성을 결코 수단으로 삼지 말라."[129)는 칸트의 '정언명법

고, 또 잘못 쓰면 독이 되는 가능성도 갖고 있다.

128) 부버(M. Buber)는 그의 저서 『나와 너』(표재명 옮김, 문예출판사, 1983)에서 근원적인 언어인 짝말 '나-너(Ich-Du)'의 의미를 다른 근원어(根源語)인 '나-그것(Ich-Es)'과 구분 짓는다. 여기서 '짝말'이라고 하는 것은 이를테면 '너'라고 말할 때 '나-너'의 '나'도 함께 말해진다는 뜻이다. 그런데 부버에게서 '나-너'를 말하는 것은 타자를 객체화하는 것이 아닌 '관계'를 세우는 일이기에 '나-그것'과는 다르다. 즉 '나와 너'의 인격적 관계는 '나와 그것' 사이의 물리적 관계와 첨예하게 대립되는 것이다. 부버의 '만남'과 대화의 철학 내지는 사귐과 관계의 철학에서 '너'의 영역은 그러나 사람에서부터 자연, 자연계의 생물과 또 확실한 설명을 해낼 수 없는 절대자인 '영원한 너'에게까지 이른다. 그러나 전 영역에 걸쳐 확실한 것은 부버의 사상을 이루는 근본바탕이 바로 '만남(Begegnung)'이라는 것을 알 수 있다. 그래서 그를 '만남의 철학자' 혹은 '관계의 철학자'라고 일컫기도 한다.

129) 원문은 "너 자신의 인격과 다른 모든 사람의 인격 가운데에 있는 인간

(Kategorischer Imperativ)'에서부터 '이타주의 윤리학'을 철학의 '제일원리'[130]로 승화시킨 현대의 레비나스에 이르기까지 그 공동체의 윤리를 정보사회에 적용할 필요가 있는데, 이는 사이버 공간의 윤리를 위한 토대마련이 시급한 까닭이다. 특히 하이데거에게 타자는 결코 어떤 단순한 사물적 존재자가 아니라, 하나의 실존적 이웃으로 경험된다. 인간 현존재가 이처럼 타자와 실존적으로 얽혀 있으면서 조바심을 갖고 그와 관계 맺는 존재양식을 하이데거는 '심려(Fürsorge)'라고 나타낸다. 이때 타자는 현존재의 실존적 이웃으로 경험되는데, 현존재는 그를 위해 각별한 마음가짐과 조바심을 갖고서 관계를 맺는다.[131]

(3) 탈주체중심주의

사이버 공간이 공동체를 위한 공간인 만큼 어떤 자기탐닉적 개인주의는 바람직하지 않다. 네티즌은 일상적이고 개인적인 카테고리, 즉 사사로운 자기이익의 굴레에서 벗어나 더 큰 공동체의 이익을 추구해야 한다. 사이버 공간은 타자가 직접 면전에 나타나지

성을 항상 동시에 목적으로 대하지, 결코 수단으로만 대하지 않도록 행위하라.(Handle so, dass du die Menschheit sowohl in deiner Person, als in der Person eines jeden andern jederzeit zugleich als Zweck, niemals bloss als Mittel brauchest.)", I. Kant, *Grundlegung zur Metaphysik der Sitten*, Reclam: Stuttgart, 1986, S.79.

130) 엠마누엘 레비나스(양명수 옮김), 『윤리와 무한』, 22쪽 참조. "나는 타자의 인질이다."는 레비나스 사상의 모토이고, 이는 동시에 주체중심의 철학사에 던지는 하나의 경고장이다. 그리하여 레비나스 철학의 중심은 윤리학이고, 이 윤리학은 그에게서 전통적인 형이상학이나 존재론보다 앞선다. 그의 철학은 윤리의 문제를 서구철학에서의 '제일철학(philosophia prima)'의 위치로 올려놓으려는 대담한 시도이다.

131) M. 하이데거, 『존재와 시간』, §26 참조.

않는다는 사실과 태생적인 익명성 때문에 인격과 프라이버시가 손상되는 일이 자주 일어난다. 익명적인 커뮤니케이션과 '타자의 부재' 혹은 '타자의 상실'로 인해 타자의 존엄성이 쉽게 손상될 수 있다. 그러기에 탈주체중심주의적인 태도가 절실하며 타자를 나와 같은 '또 다른 자아(das andere Ich)'(후설)로 존중해야 한다. 만약 이러한 태도가 마련되지 않으면 사이버 공간은 인격적 중량이 상실된 개인들끼리 자기의 이익과 쾌락을 극대화하기 위한 '만인의 만인에 대한 투쟁'(홉스)이 일어나는 도덕적 진공상태로 변질될 것이다.

(4) 책임지는 주체

인간은 자기의 행위에 대해 책임을 져야 하는 존재이다. 익명성 때문에 혹은 직접적인 면대면(face-to-face) 커뮤니케이션이 아니라는 이유로 인격과 프라이버시가 손상되기 쉬운 것이 사이버 공간이다.[132] 그러기에 사이버 공간에서는 책임성이 더욱 중시되어

---

132) 이를테면 2005년 1월 중순에 벌어진 소위 '연예인 X파일'에 관한 사건은 좋은 보기이다. 각종 일간지들은 대서특필하기도 하고 논설을 통해 그 병리현상을 고발하고 있다. 다음은 2005년 1월 20일자 『조선일보』에 실린 논설 「인터넷 시대가 낳은 무차별 '인격학살'」이다: "탤런트, 영화배우, 가수 등 정상급 연예인 99명의 사생활이 실명으로 담긴 광고회사 문건이 인터넷을 타고 무차별로 유포되고 있다. 113쪽에 이르는 이 문건은 연예인들의 매력과 재능에 대한 평가, 전망과 함께 이성관계, 성(性)생활 등 확인되지 않은 소문까지 노골적이고 단정적으로 싣고 있다. 한국을 대표하는 연예인들이 인터넷에서 무더기로 '인격살인'을 당하는 초유의 사태가 벌어진 것이다. 우리 사회는 이미 일부 연예인의 은밀한 비디오가 나돌았을 때 인터넷 시대의 훔쳐보기 병리와 그 폭력이 얼마나 무자비한가를 맛보았다. 이번 문건 파문은 그때와는 비교도 할 수 없게 큰 규모여서 사태가 어디까지 굴러갈지 가늠하기 힘들다. 해당 연예인들은 이미지 추락은 물론이고 사회적으로 매장될 수도 있

야 한다. '오염된 정보의 바다'란 곧 이기적이고 무책임한 행위가 난무하다는 것을 시사하고, 이는 결국 정보문화의 저질화와 의미 상실현상을 가져온다.

일찍이 칸트는 그의 '당위윤리학' 혹은 '책임윤리학'에서 타자에 대한 의무와 책임을 강조했다. 또 독일의 철학자 한스 요나스는 그의 유명한 『책임의 원리』[133]를 통하여 기계문명시대에서의 책임윤리를 강력하게 부각시키고 현대인으로 하여금 총체적인 책임의식을 갖고 행동할 것을 주문했는데, 그는 책임윤리를 전통적인 지향윤리와 결과윤리보다 앞세웠다. 앞에서도 언급한 바 있는 레비나스도 그의 '이타주의 철학'을 통하여 타자에 대한 무한한 책임을 역설하고, 이를 철학적 사유의 중심테마로 삼았다.[134]

는 처지에 몰렸다. … 99명의 스타들이 인터넷의 바다에 말초적 호기심의 제물로 던져지고 온 나라의 네티즌들이 굶주렸다는 듯 다투어 달려드는 일은 세계적으로도 유례가 드물 것 같다. 자율과 절제를 잃어버린 인터넷 문화는 치명적 흉기가 되고 그 칼날 아래에선 어느 누구도 보호받을 수 없다. 이번 파문의 상처는 연예인들만 입은 것이 아니다. 문건을 인터넷에 퍼뜨리고 내려 받고 즐겁게 읽는 모두가 '인터넷 학살'의 공범자이자 피해자이다. 우리 사회 전체의 진지한 반성 없이는 '인터넷 강국'이라는 이름은 오명일 뿐이다."

133) Hans Jonas, *Das Prinzip Verantwortung*, Frankfurt a. M., 1984.

134) 이 외에 막스 베버(Max Weber)도 그의 "*Politik als Beruf*(직업으로서의 정치)"(in *Gesammelte politische Schriften*, Tübingen, 1958, S.505-560)에서 책임윤리를 제창하고 또 이 책임윤리가 지향윤리와 상호보완의 관계에 있다고 주장했다.

추병완은 그의 『정보 윤리 교육론』(69쪽)에서 철학자들에 의해 "적극적인 도덕적 의미에서의 책임에 대한 설명은 늘 뒷전에 머물러 있었다."고 타진하지만, 주지하다시피 책임에 관한 논의뿐만 아니라, 적극적인 '책임윤리'가 강력하게 부각되어 있음을 알 수 있다. 단지 직접적으로 실용적인 것이 아니라거나 돈이 되는 것이 아니라는 이유로 무시되고 있을 따름이며, 또 그런 맥락에서 적극적으로 교육이 되지 않고 있을 따름이다.

사이버 공간에서 책임지는 태도는 네티즌에게만 한정되는 것이 아니라, 정보사용자와 정보제공자 및 정보통신기술을 제작하고(정보기술자와 컴퓨터 프로그래머 등) 사용하는 모든 이에게 적용된다. 책임추궁 또한 마찬가지다. 네티즌들에게서 일어나는 윤리적 문제에서부터 전문가들에게서 야기되는 기술적인 사고에 이르기까지, 또 정보관련 행정과 제도에 이르기까지 책임은 추궁되어야 한다.

6. 적극적인 의미구성

1) 정보문화와 의미생산

'적극적인 의미구성의 단계'는 의미생산과 의미창조를 하는 단계인데, 여기에는 의미를 생산하고 창조하는 인간의 적극성과 능동성이 전제된다. 그는 더욱 의미 있고 가치 있는 것을 추구하는 태도가 구비되어 있어야 하며 그러한 것을 찾는 열린 태도가 마련되어 있어야 한다. 의미창조를 구현하기 위해서 그는 우선 기존의 일상적 범주에 머물러 있는 상태에서 벗어나야 한다(자기 자신에게는 아직 그런 차원 높은 의미세계가 마련되어 있지 않으므로).[135)] 일종의 초월적 태도 내지는 하이데거에게서 칭해지는 '탈존(Ek-sistieren)'이 전제로 요구된다.

물론 이때의 초월이라는 것은 결코 어떤 형이상학적 지평이나 어떤 고차원적이고 신비스런 피안의 지향을 일컫지 않는다. 사이버 공간에는 이러한 형상학적인 요소들이나 칸트를 비롯한 형이

---

135) 플라톤의 『국가』에서 '동굴의 비유'는 좋은 예이다. 동굴 속에서는, 그리고 동굴 속에 사는 주민으로서는 실재의 세계를 볼 수 없다.

상학자들에게서 볼 수 있는 신(神)과 영혼불멸, 사후세계와 같은 테마들은 직접적으로 요청될 필요가 없기 때문이다. 이 공간은 지도상에도 나타나지 않고 어떤 실제적 지형도 갖지 않은 가상공간이지만, 정보유통과 교환이 이루어지는 구체적이고 물리적인 현실공간이다.

아직 나에게는 없는 의미세계로 나아가는 것과 그런 의미세계를 포착하기 위해서는 결코 편협하고 사사로운 자기이익의 단계에 머물러서는 안 된다. 만약 어떤 네티즌이 아직 교양적, 윤리적, 정신적 미성숙의 단계에 있다면, 그래서 여전히 일상적 카테고리에 얽매어 있으면서 자신의 단계를 벗어나지 못하면, 그는 새로운 의미창조도 또 어떤 탁월성 추구도 실현하지 못할 것이다. 그는 자신의 편협한 현재상태를 극복하고 벗어나야 한다. 그러나 그런 자신의 상태를 벗어나서 획득한 의미의 세계는 결국 자신의 세계를 벗어나거나 멀어지는 것이 아니라, 역설적으로 자신의 세계로 돌아와 새롭고 성숙된 자신의 세계를 만들어가는 것이다.

적극적인 의미생산에 관한 논의를 시작하는 단계에서 우리는 다음의 두 가지 극단적으로 상반적인 견해를 미리 봉쇄하기로 하자. 그것은 — 중요한 사안이기에 서문에서 이미 지적한 바 있다 — 첫째로 매체문화를 마치 인류에게 구원이라도 되는 것처럼 '새로운 유토피아'로 여기는 것과 또 이와 반대로 마치 원죄라도 되는 것처럼 '암울한 디스토피아'로 보는 태도이다. 전자는 매체문화가 오직 긍정적인 의미생산만을 한다는 태도이고, 후자는 이와 반대로 오직 무의미하고 무가치한 것만 양산한다는 태도이다. 그런데 정보사회와 매체문화가 우리의 생활세계와도 밀접한 관계에 놓여 있을 뿐만 아니라 인류의 미래와도 연계되기에, 우리는 맹목적 중립의 태도나 방관자의 태도로 일관해서는 안 된다.

단순한 유토피아로 보는 것이 온당하지 않은 것은 우리가 가끔 언급해 왔듯이 매체문화에서 오늘날 의미잠식현상과 각종 사회적 병리현상을 비롯해 수많은 부정적이고 부도덕한 양상들이 발생하는 사실을 흔하게 목격하기 때문이고, 또 그렇다고 단순히 디스토피아로 볼 수 없는 것은 매체문화가 이미 현대의 인류 사회를 지배해 가고 있는 이데올로기로 자리 잡고 있을 뿐만 아니라 누구도 그 흐름을 막지 못하는 현재진행형이기 때문이다. 우리는 앞에서 현대인에게 매체의 역할을 하는 각종 기계들(텔레비전, 컴퓨터, 이동통신기기, 각종 영상매체와 음향기기 등)이 단순한 도구가 아니라, 신체의 연장물과도 같은 위치에 있다는 것을 지적한 적이 있다.

둘째로 우리가 적극적인 의미생산을 추구하지만, 그러나 황당하고 터무니없는 것을 요구해서는 안 된다는 것이다. 이를테면 우리가 앞의 「정보문화에서 무의미의 위협」이라는 절에서 더글러스 애덤스를 통해 언급했듯이 컴퓨터로부터 '인생과 우주와 궁극적인 문제' 같은 것을 해결하려는 시도는 하지 말아야 할 것이다. 매체는 그 능력이 아무리 뛰어나더라도 인간에 의해 프로그래밍된 것으로서 저러한 형이상학적이거나 종교적인 문제를 해결할 수 없다. 또 이와 반대로 매체 및 매체와 관련된 기계들을 막연한 '바보상자'로 취급할 필요도 없다. 매체는 그 자체로는 보물상자도 아니고 또 판도라의 상자도 아니다. 그러나 이를 지배하는 인간의 태도에 따라 보물상자로도 또 판도라의 상자로도 될 수 있다.

이러한 안전장치를 마련했지만, 그러나 '적극적인 의미생산'이 결코 쉽게 굴러 들어오지는 않을 것이다. 우리가 앞에서 보드리야르의 논의를 통해서 경험했지만, 의미생산보다는 오히려 암울한 의미상실과 의미붕괴 현상이 매체문화에 깔려 있음을 잊어서는 안 된다. 보드리야르의 대중매체론은 매체 자체에 대한 전반적인 부정을 강력하게 암시하고 있다. 사실 보드리야르와 하이데거의 대중매체에 대한 부정적 시각은 그러나 더 이상 의미를 상실하지 않게 하기 위한 강력한 경고로 받아들일 수 있다.

더욱이 움베르토 에코의 지적대로 "의미와 결별을 선언하는 만큼 더 의미 있는 텍스트는 없다."[136]는 역설을 다시 한번 상기할 필요가 있다. 그들의 지적은 결국 의미를 상실하지 않기 위한 발버둥인 것이다. 그들의 경고를 무시하면 대중매체는 말할 것도 없고 기술문명 전반이 인간에게 해악을 주는 것으로 다가올 수 있으며, 이런 바탕에서 건립된 정보사회 또한 의미의 상실현상에 놓이게 될 것이다.

따라서 정보해석학에서의 긴요하고 필수적인 과제는 — 하이데거와 보드리야르 및 많은 미디어 학자들의 노력을 참조해 볼 때 — 의미를 상실하지 않기 위한 제반 노력과 장치라고 할 수 있다. 정보문화에서 의미 찾기가 당면과제임을 마이클 하임은 적절하게 강조하고 있다: "우리는 또한 정보의 물결을 분류하고 그것을 의미 있게 만들어야 한다. 정보는 풍부하지만 그것을 조직화하는 고정된 중앙장치와 같은 것은 없다. 우리의 당면과제는 정보의 바다에서 의미를 찾기 위해 우리 자신의 경험의 닻을 단단히 부여잡는 것이다."[137]

2) 의미잠식현상을 가로질러

우리는 보드리야르에게서 의미의 함열현상을 파악하고 또 처절

136) 여기선 이기현, 「매체의 신화, 매체의 야만」, 김상환 외 『매체의 철학』, 408쪽 참조.

137) 마이클 하임(여명숙 옮김), 『가상현실의 철학적 의미』, 78쪽.

하게 의미가 잠식되어 가는 현상을 목격할 수 있었다. 대체로 근거가 있는 지적이기에 그런 현상을 부인할 수 없지만, 그러나 정보문화에서 예외 없이 모든 경우에 의미의 상실과 함열 현상만이 생산된다고는 할 수는 없다. 특수한 경우에 그런 현상이 일어나고, 또 이와 반대로 특수한 경우에는 의미의 생산현상도 일어남을 부인할 수는 없는 것이다. 매체가 탄생될 수 있었던 것은 뭔가 인간에게 의미를 제공할 수 있는 가능성을 지녔기 때문이다.

물론 이러한 기대에 못 미치게 부정적인 모습이 드러났다고 해도 오늘날 현대인의 삶에 매체가 하나의 지체처럼 혹은 운명처럼 되어 버린 상황에서 보드리야르처럼 '매체들을 위한 진혼곡'[138]만 부를 수는 없는 것이다. 오늘날 현대인이 하루아침에 모든 문명을 등지고 원시로 돌아갈 수 없는 것처럼 매체를 폐기처분할 수는 없다(결코 실제로 그렇게 하지는 않을 것이다). 그리고 '가상공간'이라고 해서 그것이 전적으로 가짜공간은 아니며, 또한 '가상실재'라고 해서 그것을 전적으로 폐기처분해야 하는 것은 아니다. 우리는 지혜로운 길을 택해야 한다.

비실재적인 것(허구)으로부터 구성된 것이 문학과 문화, 신화, 종교, 철학의 영역에서 의미 있는 것으로 거듭 태어나며 재현되거나 모방되어 실재적인 의미양산에 기여하는 것을 우리는 잘 알고 있다. 신화에 등장하는 숱한 주인공들이나 도깨비, 님프, 불사조, 산신령, 신선들의 존재는 실재세계에 존재하지 않는 허구이고 구성물이다. 그러나 그럼에도 불구하고 이들은 의미생산에 기여하고 있으며, 오늘날의 첨단과학시대에도 여전히 살아 있는 허구인 것이다. 우리는 산신령이나 도깨비가 실제로 존재하지 않는다는 것

138) 장 보드리야르(하태환 옮김), 『시뮬라시옹』, 150쪽.

을 알면서도 연극이나 영화, 문학 등에서 이들의 행위를 모방하거나 재현하는 일까지 하고 있다.

또 '불의 신'의 행위를 모방한다는 인디언들의 춤은 '불의 신'이 존재한다거나 '불의 신'이 어떤 특정한 행위를 그렇게 했다는 것을 전제로 하는 것은 아니다. 그런데 그런 인디언들의 춤을 전혀 무의미한 것으로 볼 수는 없는 것이다. 또 오늘날 첨단과학시대에 고성능의 전자장치를 장착한 로봇 강아지를 마치 실재적인 강아지인 것처럼 고삐에 묶어 끌고 다니는 사람은 어떤가? 조작적인 기제의 자동적 작동에 의해 유사실재화된 이 로봇 강아지는 가짜 강아지임에도 불구하고 실재 강아지와도 유사한 혹은 경우에 따라서는 그보다 더 많은 의미작용을 할 수 있다는 것을 예측할 수 있다. 이런 강아지를 끌고 다니는 것이 바람직하지 못하다고 탓하기는 어렵다.

물론 이런 과정들이 오늘날 정보사회와 정보해석학에서의 실재와 가상실재의 관계와 직접적인 연관이 있는 것은 아니다. 이들은 독자나 시청자에게서 아예 애초부터 허구이고 비실재적이며 가상물임이 전제로 받아들여지기 때문이고, 가상실재와 시뮬라크르의 경우는 보드리야르의 날카로운 지적처럼 전자와 같이 전제로 받아들여지지 않고 오히려 이와 반대로 실재인 양 행세를 하며 실재인 것처럼 교묘하게 속이고 조작하며 권력행세를 하기 때문이다. 그래서 결국에는 실재를 몰아내고 니힐리즘으로 몰고 가는 '의미의 함열현상'을 일으키기 때문이다.

그러나 우리는 가상실재나 시뮬라크르가 가상공간에서 누비고 다닌다고 해서 미리 모든 것을 차단해 버려서는 안 된다. 그것은 가상실재와 시뮬라크르도 문화생산적인 기능을 수행할 수 있는 가능성을 갖고 있기 때문이다. 나아가 이들이 의미 있는 도구로 거듭나도록 그쪽으로 물꼬를 틀고 방향전환을 시도하는 것이다. 우리는 의미를 잠식시키는 현상에 개탄만 할 것이 아니라 대항해 나가는, 그리하여 매체를 인간의 필요한 도구로 만들어 나가는 지혜를 가져야 한다. 무엇보다도 우리가 사이버 공간에서든 가상세계에서든 기술과 기계의 노예로 전락되지 말고, 이들을 지배하는 당당한 주체로 거듭나야 하는 것이다.

이를테면 의미를 잠식시키는 현상들로 지적된 — 우리가 앞에서 살펴본 보드리야르의 매체비판을 참고하면 — 매체에 의한 대중조작의 경우, 마냥 조작되거나 수단으로 전락되지 않도록 사회구성원의 의식수준을 향상시켜야 하며, 또 매체에 의해 의사소통이 단절되는 경우에도 이와 유사하게 매체에 중독되지 않도록 하는 장치를 마련하고, 의식화 교육을 시켜야 할 것이다. 또 과다한 기호의 난무에 의해 의미가 상실되어 가는 경우엔 기의(시니피에)로 전환되지 않는 무모한 기표(시니피앙)를 생산하지 않도록 해야 한다. 더욱이 시뮬라크르가 지배하는 매체문화를 개탄만 할 것이 아니라, 실재와 가상실재의 존재론적 가치의 차이를 주지시키고, 실재가 아닌 (혹은 실재를 빙자한) 가상실재를 양산하는 매체의 생리를 인식토록 해야 한다.

보드리야르의 지적대로 오늘날 매체문화에서 시뮬라크르가 실재를 대체하고, 실재보다 더 실재적인 것으로 받아들여지는 '하이퍼-리얼(hyperréel)'이 범람하고 있는 것은 주지의 사실이다. 나아가 가상작용(시뮬라시옹)이나 가상물(시뮬라크르)들이 이제 실재와 유리되어 독자적인 세계를 구축하고서 실재와도 같은 혹은 실재보다 더 큰 위상을 가질 수도 있다. 앞에서도 언급했듯이 "시뮬라크르는 실제로는 존재하지 않는 대상을 존재하는 것처럼 만들어놓은 인공물을 지칭한다."[139] 그러나 시뮬라크르가 '하이퍼-리얼'이라고 해도 그것은 어디까지나 기호의 세계에서 조작되고 산출된, '대기도 없는 가상공간 속에서 조합적 모델로부터 산출되어 나온'[140] 합성물이고 가짜 실재인 것이다.

더 나아가 시뮬레이션 시스템에 의해 새로 구성된 현실은 — 우리가 보드리야르의 시뮬라크르 이론에서 자세히 보았듯이 — 비록 기존의 현실과는 다른 가상현실이지만 독립적이고 위력적인 존재위상을 갖는다는 것이다. 그것은 더 이상 단순한 현실의 모방도 또 반영도 아닐 뿐만 아니라, 그 현실의 특성을 오히려 삭제하고 첨가하며 조작하고 왜곡하는 단계로 들어서기까지 한다. 그리하여 사실의 부재를 있는 것처럼 위장하는, 나아가 사실과는 어떠한 지시연관도 없는 시뮬라크르가 사실을 압도해 버리는 새로운 위상을 갖게 된다. 시뮬라크르는 이제 더 이상 실재와의 교환관계가 아니며, 그런 관계를 개의치 않을 뿐만 아니라 자기 내부에서 얼마든지 다양한 모습을 무한하게 양산하게 된다. 그러나 이러한 현상들로 말미암아 우리가 가상세계와의 싸움에서 패전했다거나 다 잃었다고 혹은 사기를 당했다고 생각할 필요는 없다. 그것은 우리가 가상세계에서 노예로서가 아니라, 이를 지배하는 위치가 엄연히 존재하기 때문이다.

3) 적극적인 의미생산현상

실재를 빙자하고 왜곡 · 조작 · 삭제 · 첨가 · 위장하여 독자적인 세계를 구축하는 시뮬라크르의 마술이 대단한 경지에 있음은 놀라운 사실이다. 그러나 그럼에도 불구하고 이러한 시뮬라크르나

139) 앞의 책, 9쪽.

140) 앞의 책, 16쪽 참조.

가상실재가 결코 전혀 무가치한 것이라고 파악해선 곤란하다. 그것은 실재가 아니지만 의미를 생산하는 데에 일종의 새로운 계기가 되고 또 전제가 될 수 있기 때문이다. 그것은 실재가 아니라는 점에서 실재와 무관하기도 하지만, 그러나 역설적으로 실재와 전혀 무관한 것은 아니다. 그것이 일종의 가짜인 면에서는 실재와 무관하다. 그렇지만 그것은 원초적인 실재와 유관하기 때문에 실재를 대신하기도 하고 또 실재의 행세를 할 수 있는 것이다. 그러나 더욱 우리가 놓치지 말아야 하는 것은 비록 시뮬라크르나 가상현실이 일단 인공적인 구성물이지만, 그러나 그럼에도 불구하고 생산적이고 긍정적인 기여를 하는 데서 문화적 구성물로 거듭날 수 있다는 것이다.

만약 예를 들어 인터넷의 동영상에서 어떤 조작된 나뭇잎이나 눈과 같은 것이 흩날리면서 떨어진다고 하자(이들은 논리학에서의 모순율을 비웃으며 떨어진다).[141] 이때의 나뭇잎이나 눈은 실재와 무관하기도 하고 또 동시에 유관하기도 한 것이다. 그것이 전혀 실재와 관계없이 사이버스페이스에서 기계와 기호에 의존하여 조작된 점에서 실재와는 무관하다. 그러나 원초적 실재를 토대로 혹은 모델로 한다거나 모방을 하여 실재의 행세를 하고 있는 면에서는 실재와 유관한 것이다. 그것은 실재가 아니지만 최소한 동영상에서조차 나뭇잎으로 혹은 눈으로 받아들여지는 것이다. 만약 나뭇잎이나 눈이 애당초 원천적으로 지상에 없다면 모방도 모델로도 할 수 없는 것이다. 그러기에 가상실재와 가상물은 여전히 실재에 의존하고 있는 것이다.

이러한 나뭇잎이나 눈의 경우와도 유사하게 텔레비전의 기상예

141) 논리학에서 이를테면 A가 B인 동시에 B가 아니라는 것은 모순이라는 것이다.

보에서 파도의 높이와 풍속을 설명할 때, 인공조작된 조각배와 바닷물을 등장시키고 동영상으로 바닷물의 출렁임과 배의 흔들림을 보여준다면, 이는 분명 시뮬라크르에 의한 인위적 조작이지만, 그러나 이것은 역설적으로 더욱 실재감을 더해 주는 효과를 가져올 수 있다고 할 수 있다. 그것은 기상예보를 말로만 하는 것보다 흔들리는 크기를 입체적으로 그리고 실재감이 우러나게 보여줌으로써 시청자가 좀 더 경각심을 갖고 받아들일 수 있기 때문이다. 이렇게 될 때 인위적으로 구성된 영상물은 그러나 의미를 생산하는데 기여한 것이 된다. 매체의 매개에 의한 실재는 분명 매체에 의해 매개되기 이전의 실재와는 그 존재론적 위상이 다름엔 틀림없지만, 전자도 나름대로 의미생산에 기여할 수 있는 것이다.

가상물이나 가상실재가 실재를 원본으로 혹은 모델로 하여 원초적인 의존관계를 갖는 것을 마이클 하임의 글에서도— 비록 직접적으로 언급을 하지는 않았지만— 읽을 수 있다: “단어들이 컴퓨터 화면 위로 흩어질 때, 나는 이따금씩 고개를 들고는 캐나다 로키산맥의 높은 봉우리들이 이룬 장쾌한 풍경을 바라본다. 각이 지고 눈 덮인 봉우리 위로 바람이 지나가는 소리가 몇 분 간격으로 들려온다. 11월의 바람이 스친 뒤의 적막감이 폐부 깊숙이 자리 잡고 깊은 고요의 바다가 밀려온다. 여기 그렇게 가만히 있노라면 왜 이곳이 캐나다 예술가들이 모여드는 유명한 장소(앨버타의 밴프예술센터)가 되었는지를 당신도 알게 될 것이다. 해발 1,370미터가 넘는 이곳에서 당신은 길가를 조용히 굽어보는 커다란 순록과 만나게 될 것이다. 그러나 하나의 역설이 이런 풍광을 깨뜨리고 만다. 이런 천국에 머물고 있는 예술가와 작가들은 가상현실의 원형과 컴퓨터로 모의된 환경 그리고 인공세계를 계획하고 구성하기 위해서 여기에 온 것이다. 20세기의 마지막 10년을 살고 있는 인간은 전기와 컴퓨터 칩을 이용하여 자연으로부터 다른 공간, 즉 전자공간으로 이동해 갈 준비를 하고 있는 것이다."[142]

그러면 실재세계로부터 벗어나 전기와 컴퓨터 칩을 이용해 전적으로 다른 공간, 즉 전자공간으로 사이버스페이스로 옮겨간 그 공간은 어떤 공간인가. 그것은 실재세계와는 무관하지만 동시에 실재세계와 전혀 무관하지는 않은 모순적 이중성을 갖고 있다. 우리는 여기서 가상실재나 가상물이 — 그것이 실재와는 무관한 가짜라고 해도 — 어떤 형태로든 실재와 유관한 관계를 맺고 있음을 간파하였다. 실재세계와의 미묘한 연결고리를 마이클 하임은 다음과 같이 나타낸다:

"우리는 가상세계를 향상시키기 위해서 어떤 의미에서든 형이상학적인 닻을 필요로 한다. 가상의 세계는 오직 우리가 그것을 닻이 내려진 실재의 세계와 대비시킬 수 있는 경우에 한해서만 가상적일 수 있다. 그래야만 가상세계가 상상적 실재의 미묘함을 간직하고, 광적인 것이 아니라 즐거운 다양성을 유지할 수 있을 것이다."[143] 로키산맥에 대한 시뮬라크르 혹은 우리가 앞에서 예로 든 나뭇잎이나 눈, 파도와 조각배 등은 이러한 미묘함을 간직하고 있다.

그러나 우리가 더욱 중요하게 여기는 관건은 이러한 가상실재와 실재 사이의 유관한 관계보다는 한 걸음 더 나아가 가상실재나 가상물이 실재에 비해서 그 존재의 위상이 떨어진다고 해도 의미의 생산에 기여하고 있다는 것을 밝히는 것이다. 말하자면 **시뮬라**

---

142) 마이클 하임(여명숙 옮김), 『가상현실의 철학적 의미』, 15쪽. 마이클 하임은 다른 곳에서 "사이버스페이스는 실제공간을 골격으로 하여 만들어지는 것 같다."고 표명한다(앞의 책, 212쪽).

143) 앞의 책, 213쪽.

크르가 지배하는 세계에도 의미가 생산될 수 있음을 읽어내는 것이다. 그것은 결코 '황무지에서 장미꽃을 피우는 것'과는 다르다. 실재가 아니라고 해서 의미가 다짜고짜로 포기되어서는 안 된다. 의미는 실재와는 동일한 것이 아니며, 실재가 아닌 시뮬라크르나 픽션(fiction)에서도 별도의 또 다른 의미가 생산될 수 있다. 우리는 의미의 생산현상을 평범하고 단순한 예를 통해서 그 증거를 찾는다.

그런데 이러한 적극적인 의미생산은 공교롭게도 가짜의 누명을 뒤집어 쓴 '가상공간'이나 '가상실재'의 지평을 통해서이다! 이러한 지평을 통하여 생산된 의미는 그러나 더 이상 가짜가 아닌(!) 진짜의 의미인 것이다. 과연 그러한 의미생산은 가능할까? 만약 그런 의미생산이 가능하다면 대중매체에 대한 그 어떤 비관자나 비판자도 더 이상 그러한 의미를 다짜고짜로 부인할 수 없을 것이다.

이를테면, 비록 인터넷의 동영상에서 어떤 조작된 나뭇잎이나 눈과 같은 것이 흩날리며 떨어지는 광경을 보고서, 이를 실재에서와 비슷한 방식으로 정서적인 변화를 일으켜 긍정적인 결과를 가져온다면(이를테면 아름다운 정서를 갖는다거나 예술적 행복감을 느끼는 등), 이러한 시뮬라크르는 곧 의미생산의 현상을 가져온 것이다. 장난감 같기도 한 조작된 집을 건축하고 그 주위에 아름다운 정원을 꾸며, 낙엽이 떨어지는 동영상이 창가로 흘러내리게 한다면, 이러한 사이버 공간에서의 가짜실재는 그러나 사람에 따라 크고 작은 변화를 일으켜 의미생산에 기여하는 것이다.

또 앞에서 예를 든 인공조작된 조각배와 파도의 출렁임에 대한 텔레비전 기상예보에서의 동영상도 마찬가지다. 동영상으로 파도의 출렁임과 배의 흔들림을 통해 파고의 높이를 더 쉽게 계측할 것이고, 이를 통해 출항의 여부를 결정할 수도 있을 것이다. 이러한 시뮬라크르는 그러나 결코 허황된 것이 아니고 실재감을 더해주는 효과를 가져온다고 볼 수 있다. 이러한 예들을 우리는 사이버 공간에서 무수히 많이 찾을 수 있다. 실재를 복제한 것이거나 모사한 것, 가상실재나 픽션 등은 분명 실재의 위상보다 떨어지지만, 현실을 창조적으로 재구성하여 긍정적인 기여에 이바지하게 할 때, 생산적인 의미현상을 목격한다. 물론 의도적인 왜곡과 조작, 허구와 속임수 및 보편성을 상실한 자기중심적인 시뮬라크르는 당연히 예외다. 의미생산을 야기하는 매체문화를 일구어나가고 확대해 간다면 문명은 결코 저주스러운 모습만을 하고 있지는 않을 것이다.

의미가 마치 '은폐한 신(deus absconditus)'인 것처럼 혹은 다가갈 수 없도록 하늘 멀리에나 있는 것처럼 생각할 필요는 없다. 우리가 앞에서 밝힌 것처럼 어떤 현상을 '**유용성(쓰임새: Tauglichkeit)'의 관점에서** 파악할 때에 의미를 획득할 수 있으며, 또한 의미의 물음이 어떤 의도한 목적달성에 부합될 때 혹은 **목적달성에 기여할 때**(zweckdienlich) 생산적인 의미세계가 발견될 수 있다는 것이다.

4) 하이데거의 사유에서 사물과 정보에 대한 의미구성

의미의 생산이 유용성의 관점과 목적달성에의 기여성과 연루된 관점은 하이데거의 사물에 관한 논의에 이미 잘 나타나 있다. 정보가 수신자에게 전해져 일종의 도구(유용한 도구이거나 그렇지 않은 것은 대체로 수신자의 관할영역에 속한다)와 사물의 성격을 갖게 되므로, 이 도구의 쓰임새에서 그 살아 있는 의미를 찾는 양상을 우리는 하이데거의 사유에서 엿볼 수 있다. 하이데거는 사물의 본질을 연장(res extensa)으로 파악하는 데카르트적인 공간개념을 받아들이지 않는다.[144] 이를테면 우리의 눈앞에 그저 놓여 있는 망치는 이것이 차지하는 공간적 의미, 즉 양과 부피, 길이와 폭, 무게 등으로 그 공간성을 파악할 수 있다. 이는 사물의 범주공간으로서 사물의 대상성을 파악할 때는 유용할 수 있을 것이다.

그런데 망치의 의미는 단지 한 공간에 고정되어 있는 데에서 드러나는 것이 아니고 — 하이데거도 망치를 예로 들 듯이[145] — 못을 박는다거나 돌을 부수는 데 사용될 때, 즉 망치의 쓰임새로서의 역할이 수행될 때 절실하게 드러나는 것이다. 그러기에 만약 망치가 이러한 쓰임새로서의 역할을 하지 못하고 일정한 공간에만 놓여 있을 때에는 망치로서의 존재의미를 갖지 못한다. 이런 망치는 망치로서의 존재의미를 상실하고서 사물적 범주공간에 속하는 하나의 물질적 존재자로 전락하게 된다. 그러나 망치가 어떤 작업공간에서 실제로 사용되고 자신의 쓰임새로서의 역할이 발휘될 때 망치의 진정한 존재의미가 주어지는 것이다.[146]

또 망치가 긴요하게 쓰여야 하는데도 훼손되어 있을 경우에, 망치의 존재의미 곧 망치란 무엇인가에 대한 의미가 드러난다.[147] 어떤 도구에 이상이 생기면, 이 도구는 주목을 받게 되고 그 존재의미가 부각된다. 건강에 이상이 있으면 생명의 의미가 더욱 드러나는 경우도 이와 유사하다. 사물의 의미는 따라서 상호관련된 의미들과의 구조적인 전체와 관련되어 있다고 볼 수 있다. 이러한 경험들은 그러나 사물의 존재의미에 관한 해석학적 원리를 잘 밝

---

144) M. Heidegger, *Sein und Zeit*, §19-21 참조.

145) 앞의 책, §15 참조.

146) 앞의 책, §15-18 참조, 특히 §17 참조.

147) 앞의 책, 69쪽 참조.

혀준다. 말하자면 사물의 존재의미는 이론적인 분석에 의해 드러나는 것이 아니라, 이 사물이 세계의 총체적인 도구적 연관 속에서 '탈은폐'되는 순간에 드러난다는 것이다.[148)]

그렇다면 망치라는 도구는 그것이 통용되는 세계를 위하여(worum-willen)[149)] 존재하는 것이며, 이런 맥락에서 도구의 공간은 사물의 대상적 공간과는 달리 세계의 유의미성을 자신의 공간으로 갖는다. 도구의 의미는 따라서 그것이 사용될 수 있는 가능성들 전체의 맥락에서 '…을 하기 위한 것'으로 규명되어 있다. 이를테면 망치는 못을 박기 위하여, 집을 짓기 위하여 등등 사용되는 것이다. 도구는 결국 우리를 위하여 쓰이고, 우리의 존재 가능성들을 위해 사용되는 것이다. 그러기에 도구는 우리들 자신의 존재 가능과 관련하여 어떤 의미를 갖는 것이다.

이토록 도구가 유효하게 쓰임으로써 그 존재의미를 갖는 경우와도 같이 정보도 유효하게 쓰일 때 그 유의미성을 갖는 것이다. 일반적으로 우리 주변의 사물들은 그 쓰임새에서 자신의 존재의미를 갖는다. 우산이나 신발의 존재의미를 생각하면 단연 그 쓰임새에 있음을 누구나 확신할 것이다. 따라서 정보의 본래적인 존재의미도 그것의 쓰임새에 있는 것이다. 사물의 이러한 무엇 무엇을 위한 쓰임새의 성격을 갖는 양식을 하이데거는 '쓰임새의 존재(Zuhandensein: 도구적 존재)'라고 규명한다.

그런데 우리는 앞에서 지적한 사전에서와 하이데거의 사유에서 정보가 적극적인 의미구성을 충족하는 데에 결정적인 역할을 하는 것과 더불어 윤리적인 것이 항상 전제되어 있다는 것을 상기해

148) R. 팔머(이한우 옮김), 『해석학이란 무엇인가』, 197쪽 참조.

149) 앞의 책, §18 참조.

야 한다. 엽기 사이트나 심지어 자살 사이트에서도 위와 같은 요구조건이 충족될 가능성이 있기 때문이다. 그러기에 우리가 앞 절(「소극적인 의미구성」)에서 요구한 것은 의미를 구성하고 산출하는 모든 곳에 전제인 것을 잊어서는 안 된다. 이를테면 칸트의 보편적인 도덕률인 "네 의지의 준칙이 항상 동시에 보편적 입법의 원리로 타당하도록 행위하라."는 필수불가결적인 전제다.[150]

우리는 비트겐슈타인에게서도 의미생산의 개념을 읽을 수 있다. 그에 의하면 "그 자체로는 죽어 있는 것처럼 보이는 기호가 쓰일 때에 생명력을 가진다."는 것인데,[151] 이를 좀 더 확대하면, 즉 기호와 도구, 언어뿐만 아니라 정보도 유효하게 해석되고 쓰일 때 생산적인 의미가 획득된다는 것이다.

또 이와 같이 칼빈 슈라그의 논의에서 의미생산의 예를 찾을 수 있다. 그는 폴킹혼(Donald E. Polkinghorn)이 『이야기적 인식과 인문과학』에서 이야기를 '의미 만들기의 한 형식'으로 정의한 것을 그대로 받아들이는데,[152] 우리는 이를 확대하여 정보를, 의사소통에서의 담론을 의미 만들기의 기초형식으로 받아들일 수 있다. 물론 이때의 정보나 담론이 액면 그대로 의미 만들기에 기여하는 것은 아니다. 필요하고 절실한 정보로서 의미 만들기의 건축에 긴요한 정보이고 담론인 것이다.

---

150) 인터넷의 세계에는 이와 같이 나와 너뿐만 아니라 모든 이를 구속하는 칸트의 보편적인 도덕률이 '절대자'인 타자에게 주체로 하여금 무한 책임을 짊어지고 '타자의 인질'이기를 요구하는 레비나스의 윤리보다는 훨씬 더 현실성이 있음이 드러난다.

151) Ludwig Wittgenstein, *Philosophische Untersuchungen*, §25-26, §432 참조.

152) 칼빈 O. 슈라그(문정복 · 김영필 옮김), 『탈근대적 자아를 넘어서』, 42쪽 참조.

의미 만들기는 우리에게 과제로 주어진 것이다. '의미'는 기호와는 달리 비가시적이기에, 의미구성 또한 기호나 상징처럼 밖으로 드러나지 않는다. 그러나 쓰임새나 목적달성의 기여성을 확인하는 과정에서 우리 스스로가 의미구성과 의미생산에 가담했음을 알 수 있다. 설령 내가 의미구성에 참가한 당사자임을 못 느끼더라도, 쓰임새나 목적달성의 기여성이 성공적이었고 그 결과 보람있는 일로, 기쁜 일로, 생산적인 일로, 다행스런 결과로 등등 여겨지면, 거기에는 의미구성과 의미생산이 존재함(했음)을 말하는 것이다.

5) 평범한 의미생산활동

우리는 앞에서 지적한 힌트들을 통해서 매체문화에서의 적극적인 의미구성과 의미생산이 가능함을 얼마든지 경험할 수 있다. 매체문화에서의 의사소통과 정보가 쓰임새의 관점에서, 목적달성의 기여성에서 생산적인 의미로 구축되는 것이다. 정보교환을 통하여 인간이 생산적인 변화를 일으키거나 주어진 정보가 기폭제가 되어 확대 재생산되는 계기가 마련된다면, 이것이야말로 적극적인 의미생산의 좋은 본보기인 것이다. 그런데 의미생산활동은 우리가 평범한 일상생활을 영위하는 가운데서도 이뤄낼 수 있다. 인터넷은 인간을 위해 만들어진 것인 만큼 우리는 다양한 의미추구의 일환으로 인터넷을 윤택하게 사용하는 것이다. 윤택하게 사용하는 종류가 수다하게 많겠지만, 우리가 일상에서 평범하게 사용하는 경우의 예를 몇 가지 들어보자.

[예 1] 정보이용자가 가장 널리 이용하는 것 중 하나는 중요한 정보와 자료(학술연구 등)를 획득하여 유용하게 사용하는 것이다.

이런 역할을 인터넷은 광범위하게 기여하고 있다. 이토록 정보가 유용하게 쓰이는 것은 곧 정보가 의미생산에 기여한다는 것이다. 저 정보와 자료들의 쓰임새에 의해 의미가 획득되는 것이다. 이러한 쓰임새의 지평을 확대해 가면 오늘날 정보통신기기와 정보통신망을 이용해 구축한 사이버스페이스는 마치 새롭게 발견된 신대륙과도 같이 혹은 '지도 밖의 블루오션'과도 같이 받아들여지는 것이다.

[예 2] 긴급한 상황이 발생했을 때 인터넷은 폭발적인 위력을 발휘할 수 있다. 이를테면 어떤 수술대에 누워 있는 환자에게, 목숨이 끊어질 순간에, Rh－의 혈액이 긴급하게 필요할 때, 또 골수나 장기 등이 분과 초를 다투면서 긴급하게 필요할 때 인터넷은 순식간에 네티즌들에게 전해지며, 이를 통해 생명을 구하는 일이 종종 일어나는 편이다. 이와 유사한 경우도 인터넷망을 통해 해결되는 경우가 가끔 일어난다.

[예 3] 일반적으로 고귀하게 쓰이는 고급정보가 정보망에 주어지고 또 이를 수신하게 될 때, 매체는 의미생산에 가담하게 되고, 또 이를 유용하게 쓴 수신자는 적극적인 의미체득을 했다고 볼 수 있다. 그런 고귀한 정보는 내가 늘 필요로 하는 전공영역이 아니라도 가능하다. 이를테면 2005년 5월 16일자 주요 일간지들과 텔레비전 및 인터넷은 태양 3개를 가진 행성 '타투인'을 미국의 천문학자 마치에이 코나키가 처음 발견한 기사를 사진과 함께 실었다. 타투인은 지구로부터 149광년 떨어져 있는 백조좌 세 쌍둥이 별을 태양으로 가지고 있다는 보도였다. 더욱 신비로움을 자아내는 것은 타투인 행성의 지평선 너머로 3개의 태양이 차례로 지는

모습을 보여주는 사진이다. 상상과 신화의 세계를 현실로 바꾸는 끔찍한 사건으로 여겨지는 것이다. 인터넷이나 신문, 텔레비전과 같은 매체가 아니었으면 내가 언제 어떻게 이러한 정보를 획득하게 될지는 짐작하기조차 어렵다. 이러한 정보가 나의 의식세계에 살아 있으면서 나의 삶과 세계를 윤택하게 한다거나 또 다른 의미 있는 일을 생산해 낸다면(이를테면 시적이고 동화적인 세계를 형성한다면) 이는 바로 적극적인 의미생산의 현상이라고 할 수 있다.

[예 4] 동호인의 카페를 통한 정보교류는 말할 것도 없고 그러한 정보를 통하여 어떤 이가 자기 삶의 업그레이드 현상을 가져올 때도 의미생산 및 의미창조 현상을 목격할 수 있다. 이를테면 시(詩)동호인이나 그림동호인의 카페를 통해 삶의 의미를 획득하거나 그런 예술가의 일원으로 승화될 때, 매체의 기능은 단순한 유용성의 차원을 훨씬 넘는다. 실제로 인터넷의 동영상(말할 것도 없이 '가상실재'이지만!)을 통해 아름다운 겨울풍경이나 가을단풍을 화폭으로 옮기고 훌륭한 예술작품을 생산해낸다면 이 얼마나 의미 있는 일인가. 우리는 이러한 현상을 일반화하여 말할 수 있다: 만약 어떤 이가 쌍방향 커뮤니케이션이 이루어지는 카페나 홈페이지 및 인터넷 동호회(이를테면 글쓰기나 시, 그림 등을 비롯한 각종 취미활동 동호회 등)를 통해 뭔가 보람 있는 일을 찾는 경우, 그러한 보람된 일이 그의 삶과 생활에 윤택한 변화를 가져올 때, 생산적인 의미를 체득하는 것이다.

[예 5] 편리한 전자상거래는 복잡한 현대를 살아가는 현대인에게 시간을 절약하게 하는 좋은 기회다. 인터넷으로 여기 저기 거

래할 곳에 일일이 거래처를 쫓아다닐 필요 없이 가정에서 짧은 시간 내에 처리할 수 있는 것이다.

[예 6] 매체가 고독과 무료함을 이기게 하는 데에 기여할 때, 매체는 의미생산에 유용한 도구라고 할 수 있다. 예술적 정신을 승화시켜 주는 음악이 매체를 통해 주어질 때. 이런 음악을 시뮬라크르의 세계에 구속시키는 것은 곤란하다. 설혹 그런 음악이 실재의 가치를 많이 상실하고 가상실재의 카테고리에 묶인다고 해도, 여전히 의미 있고 창조적인 역할을 한 것은 매체가 곧 의미생산에 가담한 것임을 부인할 수 없는 일이다. 물론 의미를 경험한 당사자는 인간이고, 그가 의미를 체득한 심도는 스스로 알 것이다.

[예 7] 세상과 단절되고 대화의 상대자도 상실한, 일상생활의 무료함을 한탄하는 고독한 노인들이 인터넷 커뮤니케이션을 통하여 고독과 무료함을 극복할 수 있다면, 이 또한 매체의 생산적인 기여라고 할 수 있다. 무료함을 극복한 곳에, 고독을 딛고서 생활의 활력을 획득한 데에서 의미가 구축된 사실을 파악할 수 있다.

[예 8] 먼 곳으로 이사를 갈 때(만약 미국 동부에서 서부로 이사를 가거나 러시아의 극동에서 모스크바로 이사를 가는 경우를 생각해 보자), 그리고 이때 인터넷상에서 그곳의 부동산 정보망을 통하여 적절한 집을 구입할 때도 매체의 대단한 기능을 부인할 수 없다. 매체의 그런 기능은 나에게서 의미 있는 것으로 변환된다.

[예 9] 여행정보를 통해 유익한 정보를 획득할 때다. 실제로 이러한 정보들이 결과적으로 훌륭하고 기적적인 여행경험을 하는

데에 좋은 안내를 했다면, 그것은 당연히 의미생산에 기여한 것이다. 어쨌든 이와 유사하게 작은 규모든 큰 규모든 정보들이 우리의 삶에 의미 있는 기여를 하게 될 때 우리는 생산적인 의미를 체험할 수 있다.

우리가 매체와 정보를 이용하여, 또 정보교류와 의사소통을 통하여, 보람 있고 유익한 일을 생산하거나 자신의 승화된 삶을 야기하면, 또 결과적으로 인간성의 승화, 지성적이고 문화적인 향상, 인격적이고 도덕적인 성숙, 더 가치 있는 생활패턴의 마련 등을 가져오면 우리는 의미를 체득한다. 우리는 매체문화의 유토피아나 디스토피아를 말하지 않지만, 또한 매체문화의 특별한 보물상자나 판도라의 상자도 원하지 않지만, 저러한 방식으로 매체와 정보를 유용하게 사용할 때 미래지향적인 정보해석학과 매체문화를 기대할 수 있다. 만약 사람들이 유의미한 정보를 교환하고 이러한 정보를 자신의 삶에 유익하게 쓰면 그 유의미하게 쓰인 것을 통해 의미는 생산된다.

9 장
결론적 성찰

이 연구에서 중요한 사항은 정보해석학에서의 주체의미의 복권과 의미구성(의미생산)이다. 소기의 목적점에 도달하기 위해서 해체주의와의 논쟁도 험난했고 또한 정보사회와 매체문화에 근본적으로 깔려 있는 무의미의 위협도 큰 난관이었다. 서문에서도 밝혔듯이 일군의 철학자들(보드리야르, 칼빈 슈라그, 하이데거, 후설, 마이클 하임)의 도움이 없었다면 헤쳐 나오기 어려운 수렁인 것으로 여겨진다.

정보해석학은 분명 해석학의 범주에 속하며 정보문화나 매체문화 역시 전래의 문화와 전적으로 단절된 것이라 할 수 없다. 물론 매체와 정보의 특수성에 비추어 새로운 양상이 보완되었음은 자명한 사실이다. '정보사회' 또한 마찬가지다. 이 정보사회도 인류역사에서 도도하게 흘러내려오는 여러 형태를 띤 사회양상들과의 연장선에 있는 것이지, 전통적인 것과 전적으로 단절되고서 어떤 돌연변이와도 같은 돌출된 사건은 아니다. 우리는 이러한 맥락에서 주체문제와 의미의 문제에 천착해 보았다.

우리의 논의에서 주체는 포스트모던과 해체론의 무자비한 파괴공작에도 불구하고 살아남았으며, 또한 정보해석학에서 오히려 필연적임이 드러났다. 그것은 결코 무리한 주체주의를 옹호하는 것이 아니었으며, 자연적이고 필연적인, 그리고 매체문화와 정보해석학에서 근간이 되는 주체의 의미를 드러낸 것이다. 주체의 의미는 근세에서처럼 중심화되거나 권력화되어서도 안 되겠지만, 그 엄연한 존재사실이 부인되어서도 안 되는 것이다. 주체는 어떤 철학적 사조에 의해 퇴색되어서는 안 되는 근본적 토대를 형성하고 있다.

분명 근대의 주체중심주의는 문제가 많다. 코스모스에서 인간이 주인행세를 하고 신(神)마저도 주체의 인식과정을 거쳐야 존재의미를 갖는다는 것은 정도를 벗어난 월권행위인 것이다. 철학사는 근대가 주체로부터 시작하여 주체로 말미암아 쇠락의 길을 걸었다고 기술하고 있다. 이런 맥락에서 포스트모던의 근대비판은 정당성을 갖는다. 그러나 월권이 된 주체중심주의에 대한 비판을 확대하여 주체 자체를 폐기처분하겠다는 태도는 터무니없는 주장에 불과한 것이다. 그야말로 '목욕물을 버리면서 아이까지 버리려는 태도'와 비슷한 양상이다.

그것은 원리적으로도 불가능한 것이다. 그것은 무엇보다도 주체를 폐기처분하는(처분될 수도 없거니와) 이도 결국 주체이기 때문이다. 결코 주체를 터부시할 필요는 없는 것이다. 매체문화와 정보해석학에서는 더더욱 담론하고 교류하며, 행위하고 책임지는 주체의 의미가 강력하게 부각된다. 이러한 주체는 결코 주체중심주의를 형성하는 것도 아니며 권력화나 중심화를 꾀하는 것도 아니다. 더욱이 이러한 주체는 의미의 성(城)을 쌓아가는 당사자다.

의미를 쌓아가는 주체의 태도는 매체문화를 성숙시키고 이는 결국 '삶의 질'을 향상시키는 요인이 된다.

포스트모던에 의해 무차별적 난도질을 당한 주체는 그러나 정보사회와 매체문화에서 필수적인 요소로 드러났다. 이런 주체는 물론 근세에서 권력을 쥔 그런 주체가 아니라, 자신의 행위에 책임을 지는 주체이고 정보를 생산하고 교환하는 주체이며, 나아가 의미의 생산자와 담지자의 역할을 수행하는 당사자이기도 하다. 텍스트의 세계와 하이퍼텍스트의 세계에 영향력을 행사하는 주체가 어떤 형태로든지 엄연히 존재하고 있다. 그것은 이를테면 끊임없이 매체의 세계에 발제를 하고 정보발신을 하는 주체가 최소한 존재하기 때문이며, 정보를 수신하고 교환하는 당사자도 항상 주체의 형태로 이루어져 가기 때문이다. 그러기에 정보해석학에서는 주체의 의미가 더욱 명백하게 드러나지 않으면 안 된다. 물론 이때의 주체도 결코 주체중심주의로 기울거나 권력중심으로 귀착하는 것이 아니다.

하이데거와 보드리야르 같은 철학자는 매체문화와 기술문명에 배태되어 있는 저러한 부정적인 모습과 니힐리즘을 이미 꿰뚫어 보고서 경고하기를 주저하지 않았지만, 현대인들은 그러나 저러한 경고에는 눈도 깜짝하지 않을 정도로 무시하고, 오히려 테크놀로지 예찬과 그 기능, 상업적인 것에만 관심을 기울여 왔다. 매체문화가 지배하는 현대의 징후에서 '의미의 상실'과 '의미의 함열', '의미의 파괴'와 '의미의 죽음'과 같은 현상이 일어나는 것을 보드리야르는 마치 인류의 정신을 수호하기 위한 전령처럼 그 위기를 크게 외치고 경고하였다. 세계와 사물의 의미상실현상을 그는 '시뮬라크르 이론'과 '가상실재(hyperréel)의 이론'을 통하여 극명하게 드러낸다.

그러나 우리는 정보사회와 매체문화가 오늘날 21세기를 살아가는 우리에게 하나의 뗄 수 없는 운명이 된 지점에서 — 본론에서 지적했듯이, 이미 인류를 지배해 가고 있는 이데올로기로 자리 잡은 데에 있고, 누구도 그 흐름을 막지 못하는 현재진행형이기 때문이며, 또 현대인에게 매체의 역할을 하는 각종 기계들(텔레비전, 컴퓨터, 이동통신기기, 각종 영상매체와 음향기기 등)이 단순한 도구가 아니라, 신체의 연장물과도 같은 위치에 있기 때문이다 — '의미의 죽음'에 대해 진혼곡만 부를 수는 없는 노릇이다. 보드리야르에게서 드러난 싸늘한 비관주의를 넘어 의미구성과 의미생산의 작업에 뛰어드는 것이다. 물론 이러한 의미구성과 의미생산을 위한 노력은 인위조작적인 작업이 결코 아니며, 실제로 정보사회와 매체문화에서 가능함을 드러내는 것이다. 의미구성과 의미생산이 가능해야만 정보사회와 매체문화가 희망을 갖게 되며, 또 그렇게 되어야만 인류에게 미래도 주어지는 것이다. 따라서 의미 만들기는 네티즌의 과제이고 인류의 과제이며 동시에 정보해석학의 과제다.

의미가 인간의 삶에 어떤 결정적인 요인인 만큼, 의미의 문제는 매체문화와 정보해석학에서 중요한 테마를 차지한다. 삶의 의미는 인간을 살도록 하는 어떤 추진력이 되기 때문이다. 그러기에 의미구성 또한 정보해석학에서 본질적인 과제로 파악되었으며, 이 과제를 우리는 정보해석학적 측면에서 심도 있게 논의해 보았다. 우리는 다섯 단계의 의미구성을 통하여 의미의 차원을 드러내고 또 그 의미구성이 가능함을 제시하였다.

매체와 정보문화, 나아가 정보통신기술이 인류에게 의미 있는 기여를 하기 위해 탄생된 것은 주지의 사실이다. 그럼에도 불구하고 의미문제를 떼어놓는다는 것은 본질을 망각한 태도라고 하지 않을 수 없다. 매체문화든 정보사회든 또는 정보통신기술이든 인류에게 의미상실을 가져오는 요인이 되어서는 안 되기 때문이다. 문화적 태도는 열려 있어야 하고 폐쇄적이거나 외곬수적인 양상을 보여서도 안 되며, 매체나 정보통신기술 또한 인간의 존재의미를 등지고서 기술최고주의나 상업주의 및 유행만을 구가해서는 안 된다.

정보와 매체의 문화가 만약 의미 있는 것이 아니라면, 만약 그것이 인간에게 무의미하고 인간을 도탄과 혼란으로 이끈다면, 그런 문화야말로 용서받기 어려운 흉물이 아닐 수 없다. 따라서 매체문화와 정보해석학은 무엇보다도 '의미의 상실'이란 질병을 제거하는 일에 깨어 있어야 하며, 의미를 생산하고 창조하는 것을 핵심적인 과제로 받아들여야 한다. 인터넷 문화의 부정적인 면은 결국 매체의 문제가 아니라, 이를 이용하는 네티즌이라는 인간주체의 문제인 것이다. 매체는 그 자체로는 보물상자도 아니고 또 판도라의 상자도 아니다. 그러나 이를 지배하는 인간의 태도에 따라 보물상자로도 또 판도라의 상자로도 될 수 있다.

이때까지의 매체문화는 주로 매체의 기능성과 효율성만 강조한 반면, 그것을 운영하고 사용하는 주체의 의식수준과 책임성엔 소홀히 해왔다. 낮은 문화수준과 의식수준은 매체문화와 매체 커뮤니케이션에 있어서의 바이러스라고 하지 않을 수 없다. 따라서 수준 높은 정보해석학이 필수적이며, 네티즌도 단순한 컴퓨터의 기능인이나 매체문화의 향유자에서 벗어나 교양과 상식을 갖추어야 한다.

더욱이 오늘날 매체문화의 부정적인 모습이 속속들이 드러나고 있는데도 기술문명과 그 기능에 대한 예찬에만 정신이 팔려 있는 태도는 개탄할 일이다. 특히 호기심이 많이 발동되는 청소년기의 아이들이 건전한 정보교육을 받지도 못하고 그 부정적인 정보문화에 빠지고 있다. 인터넷 중독, 컴퓨터 게임 중독, 자폐증, 인터넷을 통한 금융사기 사건, 사이버 테러, 가상과 현실을 구분 못하고 비인간화와 외계인을 닮아가는 사이버 맨, 욕티즌과 섹티즌 양산, '디지털 질환'이라고 일컬어지는 '리셋 증후군' 등 무수히 열거할 수 있다.

정보와 매체의 문화가 만약 의미 있는 것이 아니라면, 만약 그것이 인간에게 무의미하고 인간을 도탄과 혼란으로 이끈다면, 그런 문화야말로 용서받기 어려운 흉물이 아닐 수 없다. 따라서 매체문화와 정보해석학은 무엇보다도 '의미의 상실'이란 질병을 제거하는 일에 깨어 있어야 하며, 의미를 생산하고 창조하는 것을 핵심적인 과제로 받아들여야 한다. 매체는 그 자체로는 도구에 불과하다. 그것도 인간이 필요에 의해서 인위적으로 만든 도구다. 그러나 이러한 도구에 생명력을 불어넣어 활동하는 도구로, 필요한 도구로 만드는 것은 인간의 과제인 것이다.

하이데거와 보드리야르의 기술문명 비판과 대중매체론은 현대사회와 대중매체문화 속에 니힐리즘이 배태되어 있음을 극단적으로 드러내었다. 하이데거에 의하면 기술문명은 곧 형이상학이 꽃피운 것으로서 존재망각현상이 일어나는 곳이며 니힐리즘이 도사리고 있는 곳이다. 보드리야르의 대중매체론, 특히 그의 시뮬레이션 이론에도 하이데거의 시각 못지않은 허무주의적 결론이 드러난다. '하이퍼-리얼' 혹은 '가상실재'가 실재를 압도하고 잠식해 버린 현상에서, 기호들의 홍수가 실재를 침몰시킨 곳에서, 가상실재가 실재보다 더 실재적이고 실재를 대체해 버리는 곳에서 '의미의 상실'과 '의미의 함열' 현상이 일어난다. 의미가 함열되고, 또 가상실재를 만들어내는 매체도 결국 함열하며, 나아가 모든 사회적인 것들이 붕괴하게 된다는 데에 허무주의적 결론이 탄생되는 것이다.

그러나 이토록 암울한 결론에도, 우리가 문명을 폐기하고 원시로 발길을 돌리지 않는 이상, 또한 우리가 모든 매체를 폐기처분하지 않는 이상, 저러한 어두운 허무주의를 벗어나 생산하고 창조할 의미가 있다는 것을 보이고, 더더욱 그러한 의미생상산과 창조를 확대하는 것도 허무주의를 극복할 수 있는 하나의 방편임을 보인 것이 이 연구의 성과라고 할 수 있지 않을까 하고 짐작한다. 의미의 생산과 창조는 물론 하이퍼-리얼과 가상실재의 늪을 통해서도 가능할 수 있다. 물론 그러한 의미생산과 창조가 낙관적으로 주어지는 것은 아니다.

참고문헌

1. 국내 저서

권용혁, 「칼 오토 아펠의 의사소통이론: 담화윤리학을 중심으로」, 박영식 엮음, 『언어철학연구 II』, 현암사, 1995.

김상환, 「매체와 공간의 형이상학」, 김상환 외, 『매체의 철학』, 나남출판, 1998.

김상환, 「정보화시대의 해체론적 이해」, 김상환 외, 『매체의 철학』, 나남출판, 1998.

김상환 외, 『매체의 철학』, 나남출판, 1998.

김영필, 『현대철학의 전개』, 이문출판사, 1998.

김진석, 『탈형이상학과 탈변증법』, 문학과지성사, 1992.

김형효, 『데리다의 헤체철학』, 민음사, 2001.

김형효, 『老莊사상의 해체적 독법』, 청계, 1999.

문장수, 『의미와 진리』, 경북대학교 출판부, 2004.

박순영, 「해석학적 방법론과 사회 역사 연구」, 『해석학은 무엇인가』(해석학 연구 제1집), 지평문화사, 1995.

박정호 · 양운덕 · 이봉재 · 조광제, 『현대 철학의 흐름』, 동녘, 2003.
서양철학사연구회, 『反철학으로서의 철학』, 지성의 샘, 1994.
소흥렬, 『논리와 사고』, 이화여자대학교출판부, 2003.
손봉호, 「후설의 현상학에 있어서 태도(Einstellung)의 문제」, 『哲學』 제12집, 1978.
손봉호, 「생활세계」, 한국현상학회 편, 『현상학이란 무엇인가』, 심설당, 1983.
신국원, 「가다머 철학적 해석학의 문화-사회적 지평」, 『해석학은 무엇인가』(해석학 연구 제1집), 지평문화사, 1995.
오종환, 「현대 예술이론에서 매체의 의미」, 김상환 외, 『매체의 철학』, 나남출판, 1998.
오종환, 「영화 속에 나타난 허구의 인식론적 성격」, 김상환 외, 『매체의 철학』, 나남출판, 1998.
윤명로, 「후설에 있어서의 현상학의 구상과 지향적 함축」, 『현상학이란 무엇인가』, 심설당, 1983.
윤평중, 『푸코와 하버마스를 넘어서』, 교보문고, 2005.
윤효녕, 『주체 개념의 비판: 데리다, 라캉, 알튀세, 푸코』, 서울대학교출판부, 1999.
이봉재, 「컴퓨터, 사이버스페이스, 유아론: 사이버스페이스의 철학적 의미」, 김상환 외, 『매체의 철학』, 나남출판, 1998.
이기상, 「존재 역운으로서의 기술: 사이버 시대에서의 인간의 사명」, 『하이데거 연구』 제6집, 철학과현실사, 2001.
이기현, 「정보사회와 매체문화」, 김상환 외, 『매체의 철학』, 나남출판, 1998.
이기현, 「매체의 신화, 문화의 야만」, 김상환 외, 『매체의 철학』, 나남출판, 1998.
이봉재, 「이미지와 환상: 사진 이미지의 인식론적 분석」, 김상환 외, 『매체의 철학』, 나남출판, 1998.
이서규, 『인간과 실존: 하이데거의 철학』, 이문출판사, 2000.
이승종, 「동일자의 생애: 매체적 언어관에 관한 기록」, 김상환 외, 『매체의 철학』, 나남출판, 1998.
이승종, 뉴튼 가버, 「언어의 흐름: 데리다의 '목소리와 현상'에 관한 고찰」, 김상환 외, 『매체의 철학』, 나남출판, 1998.
이정우, 「나-되기, 남-되기, 우리-되기」, 『주체』, 산해출판사, 2001.
이진우, 『이성은 죽었는가』, 문예출판사, 1998.
정기철, 「해석학과 해체주의: 가다머와 데리다의 논쟁」, 『해석학은 무엇인가』(해석학 연구 제1집), 지평문화사, 1995.
정대현 외, 『표현 인문학』, 생각의 나무, 2000.
정호근, 「근대성의 변증법과 비판적 이성의 기능 및 가능성」, 『철학』 제43집.
정호근, 「문제로서의 세계: 의미와 무의미 사이에서」, 『한민족철학자대회 1995 대회보』 제3권.
정호근, 「매체와 사회구성: 생활세계 및 '위험'의 구조변화」, 김상환 외, 『매체의 철학』, 나남출판, 1998.
정호근, 「의사소통과 매체: 매체의 기능과 역기능」, 김상환 외, 『매체의 철학』, 나남출판, 1998.
조광제, 「주체의 신화를 넘어서」, 『주체』, 산해출판사, 2001.
최종덕, 『인문학 어떻게 공부할 것인가』, 휴머니스트, 2003.
추병완, 『정보윤리 교육론』, 울력, 2001.
한국도가철학회, 『노자에서 데리다까지: 도가 철학과 서양 철학의 만남』, 예문서원, 2001.
한국철학회, 『문화철학』, 철학과현실사, 1995.
한국현상학회, 『현상학과 상호문화성』(한국현상학회 창립 20주년 기념 국제학술회의, 1998. 10. 10, 연세대), 한국현상학회/연세대 철학과.
한전숙, 『현상학』, 민음사, 1996.
한전숙, 『현상학의 이해』, 민음사, 1994.

2. 국내 번역서

Baudrillard, Jean(하태환 옮김), 『시뮬라시옹』, 민음사, 2004.

Benjamin, Walter(차봉희 옮김), 『현대사회와 예술』, 문학과지성사, 1980.

Bolz, Norbert(윤종석 옮김), 『구텐베르크-은하계의 끝에서』, 문학과지성사, 2000.

Eco, U.(김광현 옮김), 『해석의 한계』, 열린책들, 1995.

Derrida, Jacques(남수인 옮김), 『글쓰기와 차이』, 동문선, 2001.

Derrida, Jacques & Stiegler, Bernard(김재희 · 진태원 옮김), 『에코그라피: 텔레비전에 관하여』, 민음사, 2002.

Derrida, Jacques(허정아 옮김), 『시네퐁주』, 민음사, 1998.

Derrida, Jacques(김다은 · 황순희 옮김), 『에쁘롱: 니체의 문체들』, 동문선, 1998.

Derrida, Jacques(김다은 · 이혜지 옮김), 『다른 곶』, 동문선, 1997.

Derrida, Jacques 외(박정자 옮김), 『광기의 역사 30년 후』, 시각과언어, 1997.

Derrida, Jacques(김보현 편역), 『해체』, 문예출판사, 1996.

Derrida, Jacques(양운덕 옮김), 『마르크스의 유령들』, 한뜻, 1996.

Derrida, Jacques(김성도 옮김), 『그라마톨로지』, 민음사, 1996.

Derrida, Jacques(박성창 편역), 『입장들』, 솔, 1992.

Eco, Umberto(김광현 옮김), 『해석의 한계』, 열린책들, 1995.

Eribon, Didier(박정자 옮김), 『미셸 푸코』(상 · 하), 시각과언어, 1989.

Gadamer, Hans Georg(이길우 외 옮김), 『진리와 방법: 철학적 해석학의 기본 특징들 I』, 문학동네, 2000.

Gadamer, Hans Georg(한정석 옮김), 『헤겔의 변증법: 여섯 편의 해석학적 연구』, 경문사, 1993.

Gadamer, Hans Georg, Stegmuller, Wolfgang & Specht, Ernst Konrad (J. M. 커널리, T. 코이트너 엮음, 이유선 옮김), 『해석학과 과학: 독일학계의 세 가지 관점』, 민음사, 1993.

Giddens, A.(이윤희 · 이현희 옮김), 『포스트모더니티』, 민영사, 1990.

Giddens, A.(권기돈 옮김), 『현대성과 자아정체성: 후기 현대의 자아와 사회』, 새물결, 1997.

Garver, Newton, 『데리다와 비트겐슈타인』, 민음사, 1998.

Hammermeister, Kai, 『(한스-게오르크) 가다머』, 한양대학교 출판부, 2001.

Heim, Michael(여명숙 옮김), 『가상현실의 철학적 의미』, 책세상, 2001.

Jaspers, K.(황문수 옮김), 『현대의 이성과 반이성』, 문예출판사, 1974.

Johnson, Phillip E.(양성만 옮김), 위기에 처한 이성, IVP, 2000.

Lefebvre, H.(박정자 옮김), 『현대세계의 일상성』, 세계일보사, 1990.

Levinas, E.(양명수 옮김), 『윤리와 무한』, 다산글방, 2000.

Llewelyn, John(서우석 · 김세중 옮김), 『데리다의 해체주의』, 문학과 지성사, 1988.

Warx, Werner(이길우 옮김), 『현상학』, 서광사, 1989.

Norris, Christopher(이종인 옮김), 『데리다』, 시공사, 2000.

Palmer, Richard E.(이한우 옮김), 『해석학이란 무엇인가』, 문예출판사, 2001.

Poster, M.(김성기 옮김), 『뉴미디어의 철학』, 민음사, 1994.

Rombach, Heinrich(전동진 옮김), 『살아 있는 구조』, 서광사, 2004.

Sarup, Madan(인한규 옮김), 『데리다와 푸꼬, 그리고 포스트모더니즘』, 인간사랑, 1991.

Schaff, Adam u.a.(김현일 편역), 『현대철학의 제문제』, 형성사, 1983.

Schrag, Calvin O.(문정복 · 김영필 옮김), 『탈근대적 자아를 넘어서』, UUP, 1999.

Siverman, Hugh J., 『데리다와 해체주의』, 현대미학사, 1998.

Tourraine, Alain(정수복 · 이기현 옮김), 『현대성 비판』, 문예출판사, 1996.

Warnke Georgia(이한우 옮김), 『가다머의 철학적 해석학』, 사상사, 1993

Warnke, Georgia(이한우 옮김), 『가다머: 해석학, 전통 그리고 이성』, 민음사, 1999.

Zima, Peter V.(김혜진 옮김), 『데리다와 예일학파』, 문학동네, 2001.

3. 외국 서적

Aristoteles, *analytica posteriora*(Zweite Analytik), Felix Meiner: Leipzig, 1922.

____, *Nikomachische Ethik*, übersetzt von Franz Dirlmeier, Reclam: Stuttgart, 1983.

____, *Peri Hermeneias*(Lehre vom Satz), Felix Meiner: Leipzig, 1925.

Baudrillard, J., *Simulacres et simulation*, Galilée: Paris, 1981.

____, *La société de consommation*, Denoel: Paris, 1970.

____, *Pour une critique de l'économie politique du signe*, Gallimard: Paris, 1972.

Beck, U., *Risikogesellschaft*, Frankfurt a. M., 1986.

Benedikt, M., *Cyberspace: first steps*, MIT Press, 1991.

Behler, E., *Derrida-Nietzsche, Nietzsche-Derrida*, München-Paderborn-Wien-Zürich, 1988.

Birus, Hendrik(Hg.), *Hermeneutische Positionen*, Vandenhoeck & Ruprecht: Göttingen, 1982.

Blumenberg, Hans, *Die Legitimität der Neuzeit*, Suhrkamp: Frankfurt a. M., 1966.

Bolz, Norbert, *Die Sinngesellschaft*, ECON: Düsseldorf, 1997.

Brand, Gerd, "Edmund Husserl. Zur Phänomenologie der Intersubjektivität. Texte aus dem Nachlass", in *Phänomenologische Forschungen* 6/7.

____, "Husserl-Literatur und Husserl", in *Philosophische Rundschau* 8, Jahres Heft 4, 1960.

____, *Welt, Ich und Zeit*, Nach unveröffentlichten Manuskripten Edmund Husserls, Den Haag, 1955.

Capurro, R., *Ethik im Netz*, Wiesbaden, 2003.

Claesges, U., "Edmund Husserls Theorie der Raumkonstitution", in *Phänomenologica* 19, Martinus Nijhoff: Den Haag, 1964.

Coreth, Emerich, *Grundfragen der Hermeneutik*, Herder: Freiburg/Basel/Wien, 1969.

Diels, Hermann, *Die Fragmente der Vorsokratiker*, Rowohlt: Hamburg, 1957.

Derrida, Jacques, *Resistances of psychoanalysis*, Stanford University Press, 1998.

____, *Politics of friendship*, Verso, 1997.

____, *Margins of philosophy*, University of Chicago Press, 1982.

____, *Points: interviews*, 1974-1994, Stanford University Press, 1995.

____, *Archive fever: a Freudian impression*, University of Chicago Press, 1996.

____, *Spectres de Marx*, Galilée: Paris, 1993.

____, *The truth in painting*, University of Chicago Press, 1987.

____, *Grammatologie*, Suhrkamp, 1983.

____, *De la gramatologie*, Edition de Minuit: Paris, 1967.

____, *Apokalypse*, Hrg. Peter Engelmann, Edition Passagen, 1985.

Diemer, Alwin, *Elementarkurs Philosophie Hermeneutik*, Econ: Düsseldorf & Wien, 1977.

Figal, Günter, *Heidegger*, Junius: Hamburg, 1992.

Fink, Eugen, *Spiel als Weltsymbol*, Kohlhammer: Stuttgart, 1960.

____, "Die phänomenologische Philosophie Husserls in der gegenwaertigen Kritik", in *Kantstudien* 38(1933).

Fischer, Kurt, *Abschied*, Königshausen & Neumann: Wurzburg 1990.

Forum für Philosophie(Hrsg.), *Martin Heidegger: Innen- und Aussenansichten*, Suhrkamp: Frankfurt a. M., 1989.

Foucault, Michel, *Die Ordnung der Dinge*, Suhrkamp: Frankfurt a. M., 1996.

Gadamer, Hans Georg und Boehm G., *Seminar: Philosophische Hermeneutik*, Suhrkamp: Frankfurt a. M., 1976.

Gadamer, Hans Georg, *Kleine Schriften* 1, *Philosophie. Hermeneutik*,

J.C.B. Mohr, 1976.

____, *Kleine Schriften* 2, *Interpretationen*, J.C.B. Mohr, 1979.

____, *Kleine Schriften* 3, *Idee und Sprache: Platon, Husserl, Heidegger*, J.C.B. Mohr, 1972.

____, *Kleine Schriften*, 4, *Variationen*, J.C.B. Mohr 1977.

____, *Wahrheit und Methode: Grundzuege einer philosophischen Hermeneutik*, J.C.B. Mohr, 1960.

____, "Dekonstruktion und Hermeneutik", in *Gesammelte Werke* Bd. 10, J.C.B. Mohr: Tübingen, 1995.

____, "Destruktion und Dekonstruktion", in *Gesammelte Werke* Bd. 2, J.C.B. Mohr: Tübingen, 1986.

____, "Frühromantik, Hermeneutik, Dekonstuktivismus", in *Gesammelte Werke* Bd. 10, J.C.B. Mohr: Tübingen, 1995.

____, *Vernunft im Zeitalter der Wissenschaft: Aufsätze*, Suhrkamp, 1976.

____, *Hegels Dialektik: sechs hermeneutische Studien*, J.C.B. Mohr, 1980.

____, *Heideggers Wege: Studien zum Spaetwerk*, J.C.B. Mohr, 1983.

____, *Lob der Theorie: Reden und Aufsätze*, Suhrkamp, 1983.

____, *Das Erbe Hegels*, zwei Reden aus Anlass der Verleihung des Hegel-Preises 1979 der Stadt Stuttgart an Hans-Georg Gadamer am 13. Juni 1979: Habermas, Jurgen, Suhrkamp, 1979.

____, *Seminar: die Hermeneutik und die Wissenschaften*, Suhrkamp, 1978.

____, *Hermeneutics, religion, and ethics*, Yale University Press, 1999.

____, "Text und Interpretation", in *Text und Interpretation*, Hrg. von Ph. Forget, München, 1984.

Gethmann, Carl Friedrich(Hrsg), *Lebenswelt und Wissenschaft*, Bouvier: Bonn, 1991.

Grondin, Jean, *Einfürung in die philosophische Hermeneutik*, Wiss.

Buchgesellschaft: Darmstadt, 1991.

Guiraud, Pierre, *La sémiologie*, P.U.F: Paris, 1971.

Habermas, Jürgen, *Handlung und System: Bemerkungen zu Parsons Medientheorie, in Verhalten, Handeln und System*, Hrsg. von W. Schluchter, Frankfurt a. M., 1980.

____, *Theorie des kommunikativen Handelns*, Bd. 1, Frankfurt a. M., 1981.

____, *Theorie des kommunikativen Handelns*, Bd. 2(3. Aufl.), Frankfurt a. M., 1985.

Heidegger, Martin, *Aus der Erfahrung des Denkens*, Neske: Pfullingen, 1977.

____, *Beiträge zur Philosophie*(Gesamtausgabe. 65), Klostermann: Frankfurt a. M., 1989.

____, *Fragen an sein Werk*(ein Symposion), Reclam: Stuttgart, 1982.

____, *Martin Heidegger: Innen- und Außenansichten*, Suhrkamp: Frankfurt a. M., 1989.

____, *Der Satz vom Grund*(1957), Günther Neske: Pfullingen 1986.

____, *Die Technik und die Kehre*(1949/50), Günther Neske: Pfullingen, 1962.

____, *Gelassenheit*, Neske: Pfullingen, 1982.

____, *Hebel: der Hausfreund*, Neske: Pfullingen, 1965.

____, *Holzwege*(1950), Klostermann: Frankfurt a. M., 1980.

____, *Sein und Zeit*(1927), Max Niemeyer: Tübingen, 1984.

____, *Unterwegs zur Sprache*, Neske: Stuttgart, 1993(10. Aufl.).

____, *Über den Humanismus*, entstanden 1946 und zuerst erschienen 1947, Klostermann: Frankfurt a. M., 1949.

____, *Vorträge und Aufsätze*, Günther Neske: Pfullingen, 1990.

____, *Was ist Metaphysik?*, Klostermann: Frankfurt a. M., 1949.

____, *Wegmarken*(1967), Klostermann: Frankfurt a. M., 1978.

Held, Klaus, "Heidegger und das Prinzip der Phänomenologie", in A.

Gethmann-Siefert und O. Poeggeler(Hrg.), *Heidegger und die praktische Philosophie*, Suhrkamp: Frankfurt a. M., 1988.

____, “Husserl und die Griechen”, in *Phänomenologische Forschungen* 22.

Hoesle, Vittorio, *Praktische Philosophie in der modernen Welt*, C. H. Beck: München, 1992.

Horkheimer, M. und Adorno, Th. W., *Dialektik der Aufklaerung*, Frankfurt a. M., 1971.

Huyssen, Andreas(Hrg.), *Postmoderne*, rowohlts enzyklopaedie, Reinbek bei Hamburg, 1989.

Hoffmeister, Johannes, *Wörterbuch der philosophischen Begriffe*, Felix Meiner: Hamburg, 1955.

Hufnagel, Erwin, *Einführung in die Hermeneutik*, Kohlhammer: Stuttgart/ Berlin/Koeln/Maimz, 1976.

Jaspers, Karl, *Der philosophische Glaube*, Fischer: Frankfurt a. M. und Hamburg, 1958.

Jonas, Hans, *Das Prinzip Verantwortung*, Frankfurt a. M., 1984.

Kant, I., *Grundlegung zur Metaphysik der Sitten*, Reclam: Stuttgart, 1986.

Künzler, J., *Medien und Gesellschaft*, Stuttgart, 1989.

Krings, H., Baumgartner, H. M., und C. Wild(Hrg.), *Handbuch philosophischer Grundbegriffe*, Köselverlag: München, 1973.

Landgrebe, Ludwig, *Der Weg der Phänomenologie*, Gerd Mohn: Gütersloh, 1963.

____, *Philosophie der Gegenwart*, Ulstein: Frankfurt a. M./Berlin, 1961.

Leibniz, Gottfried Wilhelm, *Monadologie*, Reclam: Stuttgart, 1979.

Lenk, Hans, *Erklaerung, Prognose, Plannung*, Verlag Rombach: Freiburg, 1972.

Levinas, Emmanuel, *Humanismus des anderen Menschen*, Meiner: Hamburg, 1989.

Löwith, Karl, *Welt und Menschenwelt*, in *Gesammelte Abhandlungen*, Kohlhammer: Stuttgart, 1960.

Luhmann, Niklas, *Die Wirtschaft der Gesellschaft*, Frankfurt a. M., 1988.

Marx, Werner, *Die Phänomenologie Edmund Husserls*, UTB: München, 1987.

McLuhan, M., *Understanding Media: The Extension of Man*, McGraw-Hill: New York, 1964.

Merleau-Ponty, Maurice, *The Phenomenology of Perception*, trans. Colin Smith, Humanities Press: New York, 1962.

Naisbitt, J., *Megatrends*, Warner Books: New York, 1982.

Prechtl, Peter, *Husserl*, Junius: Hamburg, 1991.

Risser, J., "Die Metaphorik des Sprechens", in *Hermeneutische Wege*, Hrg. von G. Figal, J. Grondin, D. J. Schmidt, Tübingen, 2000.

Rodi, Frithjof, *Erkenntnis des Erkannten*, Suhrkamp: Frankfurt a. M., 1990.

Roetzer, Florian, *Denken, das an der Zeit ist*, Suhrkamp: Frankfurt a. M., 1987.

Sartre, J.-P., *Being and Nothingness*, trans. Hazel Barnes, Philosophical Library: New York, 1956.

Schuhmann, Karl, *Die Fundamentalbetrachtung der Phänomenologie*, Martinus Nijhoff: Den Haag, 1971.

Schmidt, Gerhart, *Subjektivitat und Sein*, Bouvier: Bonn, 1979.

____, *Vom Wesen der Aussage*, Verlag Anton Hain: Meisenheim/Glan, 1956.

____, "Nihil Veritate Antiquius", in *Perspektiven der Philosophie* 13 (1987).

Schrag, Calvin O., *The Self after Postmodernity*, Yale University Press, New Haven and London, 1997.

____, *Communicative Praxis and the Space of Subjectivity*, Bloomington: Indiana University Press, 1986.

Schreiber, Andreas, *Konnekionismus und Heidegger*, NORA Verlagsgemeinscaft: Berlin, 2001.

Slouka, M., *Wars of the worlds: cyberspace and the high-tech assault on reality*, Basic Books, 1995.

Stegmuller, Wolfgang, *Hauptstromungen der Gegenwartsphilosophie*, Kroner: Stuttgart, 1960.

Steiner, George, *Von realer Gegenwart*, München, 1990.

Ströker, Elisabeth, "Edmund Husserls Phänomenologie: Philosophia Perennis in der Krise der europaeischen Kultur", in *Phänomenologische Forschungen*, 22.

____, *Husserls transzendentale Phänomenologie*, Klostermann: Frankfurt a. M., 1987.

Theunissen, Michael, "Intentionaler Gegenstand und ontologische Differenz", in *Philosophisches Jahrbuch* 70(1962-63).

Thiel, Detlef, *Über die Genese philosophischer Texte*(Studien zu Jacques Derrida), Alber: Freiburg/München, 1990.

Turkle, S., *The second self: computers and the human spirit*, Simon & Schuster, 1984.

Volkmann-Schluck, Karl-Heinz, "Die technische Welt und das Geschick", in *Martin Heidegger: Fragen an sein Werk*(ein Symposion), Reclam: Stuttgart, 1982.

Waldenfels, B., *Die Abgruendigkeit des Sinns. In den Netzen der Lebenswelt*, Frankfurt a. M., 1985.

____, "Erfahrung des Fremden in Husserls Phänomenologie", in *Phänomenologische Forschungen* 22.

Wisser, Richard, *Martin Heidegger im Gespräch*, Alber: Freiburg/München, 1970.

Wittgenstein, Ludwig, *Philosophische Untersuchungen*, Suhrkamp: Frankfurt a. M., 1971.

4. 후설의 저서

※ 후설 총서로부터(Hua., Martinus Nijhoff: Den Haag, 1950ff)

Ideen I: Ideen zu einer reinen Phänomenologie und phänomenologischen Philosophie, Erstes Buch: Allgemeine Einführung in die reine Phänomenologie(Hua. III), Hrg. W. Biemel, 1950.

Dass. Text der 1.-3. Aufl.(Hua. III.1), Hrg. von K. Schuhmann, 1976.

Dass. Ergänzende Texte(1912-1929), (Hua. III.2), Hrg. von K. Schuhmann, 1976.

Ideen II: Ideen zu einer reinen Phänomenologie und phänomenologischen Philosophie, Zweites Buch: Phänomenologische Untersuchungen zur Konstitution(Hua. IV), Hrg. von W. Biemel, 1952.

Ideen III: Ideen zu einer reinen Phänomenologie und phänomenologischen Philosophie, Drittes Buch: Die Phänomenologie und die Fundamente der Wissenschaften(Hua. V), Hrg. von W. Biemel, 1952.

Analysen zu passiven Synthesis(Hua. XI) (『수동적 종합에로의 분석』), Hrg. von M. Fleischer, 1966.

Zur Phänomenologie der Intersubjektivität(I), Erster Teil (『상호주관성』 I), Hrg. von I. Kern, 1973.

Zur Phänomenologie der Intersubjektivität(III), Dritter Teil (『상호주관성』 III), Hrg. von I. Kern, 1973.

※ Aus Gesammelte Schriften(Hrg. von E. Stroeker), Felix Meiner: Hamburg, 1992.

Bd. 2: *Logische Untersuchungen* I.

Bd. 3: *Logische Untersuchungen* II/1.

Bd. 4: *Logische Untersuchungen* II/2.

Bd. 5: *Ideen zu einer reinen Phänomenologie und phänomenologischen Philosophie* (abgek. als "*Ideen*" 또는 『이념들』).

Bd. 6: *Erste Philosophie* I, II (『제일철학』).

Bd. 7: *Formale und transzendentale Logik.*

Bd. 8: *Cartesianische Meditationen. Die Krisis der europaeischen Wissenschaften und die transzendentale Phänomenologie* (『위기』).

※ 기타 후설의 저서

"Phänomenologie und Anthropologie", in *Philosophy and phenomenological Research*, Vol. 2(1941-42).

Erfahrung und Urteil(『경험과 판단』), Claassen: Hamburg, 1954.

Die phänomenologische Methode(Hrg. und eingel. von K. Held), Reclam: Stuttgart, 1985.

Phänomenologie der Lebenswelt(Hrg. und eingel. von K. Held), Reclam: Stuttgart, 1986.

윤 병 렬

독일 본(Bonn)대학교 철학과에서 마기스터 학위와 박사학위를 받았다. 현재 안양대, 중앙대, 강남대 등에 출강하고 안양대에서 겸임교수로 재직 중이다. 한국하이데거학회의 회장을 역임하였고, 연세대 연세철학연구소에서 전문연구원으로 활동하고 있다.

주요 저서 및 논문으로 『하이데거의 사유에서 진리이해의 변화: 후설과 고대 그리스 사유의 조명에서 하이데거의 진리파악에 대한 검토』(Shaker 출판사), 『노자에서 데리다까지』(예문서원, 공저), 『철학의 센세이션』(철학과현실사, 2002년 문화관광부 추천도서), 「후설 현상학에서의 세계이해: 보편지평으로서의 세계」, 「퓌시스 · 존재 · 도(道): 헤라클레이토스 · 하이데거 · 노자의 시원적 사유」, 「고대 그리스와 하이데거의 사유에서 개시와 선포의 해석학」, 「플라톤과 하이데거 및 고구려의 고분벽화가 표명한 '사방'으로서의 코스모스」, 「존재에서 존재자로?: E. 레비나스의 존재이해와 존재오해」, 「도(道)와 존재: 노자와 하이데거의 사유세계 엿보기」, 「하이데거의 존재사유에서 고향상실과 귀향의 의미」 등이 있다.

정보해석학의 전망

▪

2008년 1월 15일 1판 1쇄 인쇄
2008년 1월 20일 1판 1쇄 발행

지은이 / 윤 병 렬
발행인 / 전 춘 호
발행처 / 철학과현실사
서울시 서초구 양재동 338-10
전화 579-5908 · 5909
등록 / 1987.12.15.제1-583호

ISBN 978-89-7775-650-2 03160
값 15,000원